북한불교 백서

—조선불교도연맹을 해부하다

조선불교도연맹을 해부하다 ——— 북한불교 백서

중화 법타(中和 法陀) 지음

조계종
출판사

"우리의 소원은 통일, 꿈에도 소원은 통일"이다.

남북 분단 75년은 너무 길어 이제는 지루하고 오히려 진부한 느낌마저 든다. 분단의 고착화는 시간이 흐를수록 심화되어 가고, 젊은 세대들은 통일에 대해 별로 그 시급성이나 필요성을 느끼지 않고 오히려 못사는 북한에 대한 부담과 부작용을 말하고 있다. 6 · 25 한국전쟁으로 인한 이산가족 1천만의 한을 품은 1세대도 이제 몇만 명밖에 생존치 않고 10년 후에는 거의 다 사망할 것이다.

지금도 분명한 것은 "평화통일은 빠르면 빠를수록 좋다"는 것이다. 국가와 민족 번영의 키워드(Key word)이기 때문이다. 신성불가침의 절대권력을 가진 북한의 최고지도자를 정점으로 한 북한 체제에서 종교는 청산의 대상으로 부정되어 왔고, 그 신자들은 신분상 적대적 감시 계층으로 분류 · 관리되어 사회생활에서 수많은 불이익과 고초를 겪어 왔다. "이러한 상황에서 북한불교의 존재는 무엇이며 불교 신도들은 무슨 역할을 할 수 있을까?" 하는 의문과 명제에 대한 해답을 찾아본 것이 이 글이다.

70개도 못 되는 사찰을 보유한 북한불교는, 수만 개의 사찰과 1천만 불자를 가진 남한의 불교세에 비하면 외형적으로는 그 교세나 사회적 영향력이 비할 바 없이 왜소하고 불교적 기능도 단순하다. 그러나 분명한 것은 '조선불교도연맹'은 우리가 상대하고 교류·협력해야 할 파트너라는 것이다. 이러한 의미에서 '조선불교도연맹'(약칭 조불련)의 존재가치는 소중하고, 조불련에 대한 심층 연구와 분석은 남한 불교계의 숙제로 남아 있다.

지금까지 북한에 대한 연구는 주로 정치·군사적인 논문과 저술 등이 절대다수였다. 현실적인 남북 대치 상황의 결과다. 이에 비해 북한 사회와 문화·생활 같은 현재의 삶에 대하여는, 그리고 우리에게 필요한 사회통합에 있어서 큰 역할을 해야 하는 종교, 특히 북한불교에 대한 심층 연구는 아주 부족하다. 그런 면에서 이 책은 북한불교의 중핵인 조선불교도연맹의 역사적 뿌리와 생성 과정, 현재 상황을 종합 정리한 최초의 논문이다.

우리는 북한의 핵무기 등 위험천만한 현대 대량살상무기들을 머리에 이고 전쟁과 죽음의 공포와 위험 부담을 안고 살고 있다. 남북통일의 평화적 완수는 시간이 흐를수록 분단 고착과 남북 이질화를 심화시켜 통일은 물론 사회통합이 어렵고 복잡다단할 수밖에 없다. 언어의 차이, 생활 문화와 경제 수준의 차이는 극복해야 할 과제이지만 종교의 사회적 영향력과 기능이 거의 없는 북한의 현실과 상대적으로 정치적·사회적 영향력이 지대한 남한과의 사회통합은 분단 기간이 길어질수록 지난한 과제일 수밖에 없다.

선교에 있어서 공세적이고 타종교를 인정하는 데 인색한 한국 기독교의 선교 파급력은 북한 인민의 생활과 사회에 수많은 문제와 부작용을 야기시킬 가능성이 크다. 북한 인민에게 종교는 "민중의 아편"으로 "인민의 계급 투쟁력을 마비시켜 온 미신"이고, 특히 기독교에 대해서는 선교사들이 "미제 앞잡이"이고 "미제 스파이"라고 교육되어 왔다. 북한 인민들은 종교의 필요성을 느끼지 않고 살아왔으며 그들의 삶은 "위대한 수령"에 의해 모든 것이 주어지고 해결된다고 교육·선전되어 왔다. 90년대 이후 "고난의 행군" 시대에 살아남아 식량 배급이 끊긴 오늘에는 인민들이 "장마당"에서 상업으로 먹고살며 젊은이들에게는 "한류열풍"이 불고 있다고 한다.

이러한 종교 부정의 상황에서도 북한불교는 임진왜란 당시 의승장인 서산, 사명 대사 등과 3·1 운동의 중심이었던 만해 한용운 스님의 구국 활동으로 인해 '애국 승려'와 '애국 종교'로 칭송되고 있어 인민들에게 영향력은 적지만 거부감은 없는 것이 그나마 다행이라면 다행이다. 더군다나 북한 또한 명승지마다 천년 고찰이 있어 그 전설과 함께 인민의 휴식처가 되고 국가 보유 문화재의 상당 부분이 불교적 유산인 것도 불교에 대한 인민들의 긍정적 인식에 기여하고 있다.

필자는 30여 년 동안 '통일운동'을 해오며 평양, 금강산, 묘향산,

개성 등 100여 차례 정도 북한 방문을 하면서 북한 불교계와의 대화 통로를 열어 왔고, 교류 협력에 노력해 왔다. 1997년에 북한 황해남도 사리원시 만금동에 '금강국수 공장'을, 2006년 평양에 '금강빵 공장'을 "밥이 통일이다"라는 명제로 개설·운영해 배고픈 북녘 동포를 도왔다.

또 조불련의 신뢰 속에서 심도 있게 교류하면서 북한의 종교와 불교에 대한 직간접의 자료를 수집·정리하여 왔다. 종교세가 미미한 북한 사회는 종교에 대한 자료 확보가 상당히 어렵고 그 양도 적어서 그것들을 통해 북한 종교와 불교를 조망할 수밖에 없었음은 유감으로 남는다.

필자는 이 책이 다가오는 평화통일에 대비하고 기여하는 글이 되기를 희원한다. 업연의 호칭이었던 '통일보살 마하살'이 모든 민족 구성원에게 이름 지어지고 그 발원으로 유서(遺書)와 유언(遺言)을 남기는 심정으로 이 논문을 부처님 전에 봉정한다.

이 책을 발간하는 데 도움을 준 조계종출판사 남배현 대표와 최승천 거사 및 임직원, 구조 이지범 법사, 그리고 지도교수 고유환 박사를 비롯해 이창희 박사 등 많은 분들에게 감사드린다. 코로나19 바이러스의 창궐로 금년 학위수여식도 없었지만, 이 책이 사부대중에게 널리 읽혀 수많은 '통일보살'님들이 불교계의 통일운동에 앞장서기를 염원한다. 나무 석가모니불.

불기 2564년 경자년 중추절에,
중화 법타(中和 法陀) 합장.

|차례|

〈그림 차례〉

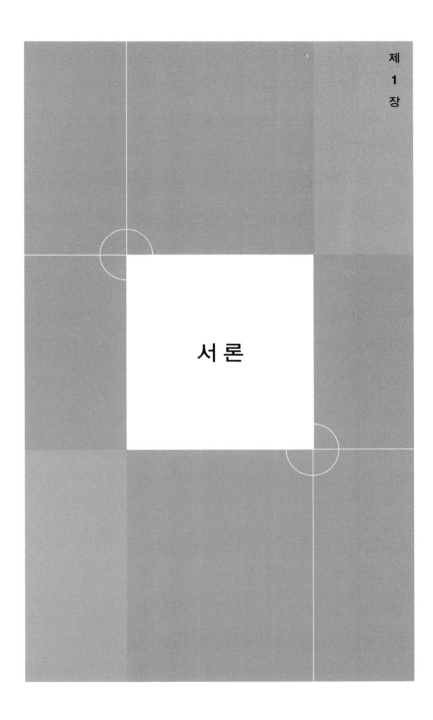

제
1
장

서 론

제1절 연구의 목적

불기 2564년, 단기 4353년, 서기 2020년, 금년은 우리 민족이 일제강점 치하에서 해방 75년이자, 남북 분단 또한 75년이다. 우리의 소원은 통일이다. 그것도 6 · 25 한국전쟁 같은 무력에 의한 통일이 아니라 평화통일이다.

1990년 독일이 통일되고, 1991년에는 냉전시대의 한 축을 이룬 소련마저 붕괴되고 말았다. 그러나 1948년 9월 9일 조선민주주의인민공화국 건국 이래 북한을 통치해 온 김일성 주석과 김정일 국방위원장이 1994년 7월 8일과 2012년 12월 17일 각기 사망하고 김일성 주석의 손자인 김정은 국무위원장까지 3대 세습의 수령 체제가 유지되고 있다.

최근 국제사회의 관심은 한반도로 집중되어 있다. 2018년 평창 올림픽에 대한 북한 선수단의 참가를 계기로 시작된 한반도 평화시대는 4 · 27 판문점 남북정상회담과 5 · 26 판문점 남북정상회담,

6·12 싱가포르 북미정상회담, 9월 평양 남북정상회담으로 이어져 2019년 2월 말 베트남 하노이 2차 북미정상회담까지 이어졌다. 한 반도에 구조화된 적대 관계가 평화 체제로 전환되려는 대역사가 시 작되었다. 물론 대역사에는 크고 작은 진통이 있기 마련이다. 2차 북미정상회담에서 북한과 미국은 서로의 입장을 확인하였고, 합의 에 이르지 못했다.

우리는 이러한 난관을 뚫고 만해 한용운 스님과 용성 스님이 참여 한 3·1 운동 100주년을 계기로 새로운 자주와 평화의 100년을 맞 이해야 하였다. 역사의 커다란 흐름에서 볼 때 이미 전조로 2000년 6월 13일부터 15일까지 평양에서는 '남북정상회담'을 통해 남한 김 대중 대통령, 북한 김정일 국방위원장이 회담에 임했다. 분단 55년 만에 최초로 남북의 최고 정상들이 자리한 회담이었다. 이 회담은 정치적 의도와 이해에 상관없이 통일의 물꼬를 여는 단초를 마련했 다. 또한 2007년 10월 1일에서 4일까지 평양에서 노무현 대통령과 김정일 국방위원장 사이에 2차 남북정상회담이 열렸다. 이런 흐름 속에서 남과 북의 종교계는 각 종교마다 대비하고, 기여하기 위한 여러 가지 대안을 쏟아냈다. 통일의 첫걸음은 남북이 서로 역지사지 하여 객관적으로 이해하려는 데서 출발하고, 특히 북한에서는 종교 와 종교인의 독립과 자율이 보장되어야 한다. 민족적 차원에서 통일 의 필요성과 절대성을 공감해야 한다.

북한은 사회주의국가로서 물질과 재화 등을 공동 생산하고 공동 분배하는 것을 이상으로 삼고 있다. 북한식 사회주의 원리는 집단화 로 재편되었다. 오늘날 김일성−김정일주의로 통칭되는 주체사상은 북한의 '민족 자주 사회주의'를 이념의 토대로 구축하였고, 북한 사회의 집단화가 사회주의를 건설하는 실천적인 양태가 되었다. 이와 같은 북한 사회에서의 종교는 사회주의 건설에 복무하는 인민 단체 조직으로 종속적 구조를 드러내고 있다.

1948년 북한 헌법이 제정된 후 14차에 걸쳐 개정된 북한의 헌법에서 북한은 인민에게 종교의 자유를 명시했으나, 그 자유는 조건과 한계가 있다. 종교를 미신과 혼용하여 미신을 타파한다는 명목으로 종교를 규제하기도 하였다. 이러한 과정에서 북한에 있었던 기존 종교와 종교인들은 존재 기반을 상실한 이후 월남하거나 북한 체제에 순응할 수밖에 없었다. 한편, 북한은 1988년을 기점으로 종교의 개방과 자립의 두 문제를 갖고 있다. 개방은 해외동포와 남한 종교계와의 실질적 교류를 통하여 지원을 받은 것이며, 자립은 당과 법으로부터 공식 인정을 받은 종교 단체로서 조직을 정비하는 것이다.

최근 북한 정권의 자신감은 종교를 제한하거나 규제하기보다 종교의 활동에 관한 가이드라인(guide-line)을 통해, 인민들에게 신앙의 자유를 주고 단체의 활동을 보장하는 것이 더 효율적이라는 판단으로 종교에 대한 정책을 변형한 것으로 추측된다. 이는 1960년대부터 진행해 온 '사회주의 체제에서의 종교에 대한 제한적 인정'이라는 신종교 정책의 본격화 과정이라고 볼 수 있다. 그러나 여전히 북한의 종교는 사회주의의 종교 소멸 의도에 따라 명목상의 신앙의 자유와 허용에 불과하여 '북한식 사회주의' 안에 매우 제한적으로 자리잡고 있는 것이다. 흔히 북한 정권의 이념 체계와 인민 생활은 일종의 종교 국가라는 관점도 있다. 하지만 현실은 구소련과 중국이 그러했듯이, 신종교 정책의 방향은 종교 소멸의 의도와 달리 종교 활동의 폭을 넓게 허용하는 수준으로 진행되었다. 따라서 우리는 북한의 종교 흐름을 연구하여 남북 종교 교류를 통해 북한에서 종교 활동이 실질적으로 보장되도록 해야 한다.

하지만 국내에서 1980년대 중반까지 북한에 대한 연구들은 한국전쟁 이후 우리 사회에 자리 잡은 냉전 이데올로기의 대립에 종속되어 있었다. 이 시기의 북한 연구가 객관성을 결여한 채 정권 안보에 악용되어 온 것도 사실이다. 그러한 환경에서 당장의 정치·군사·경제와 달리 불요불급한 북한의 종교에 대한 연구는 학술적 차원보다 정부의 정책적 목적에 이용하기 위한 경우가 많았다. 북한의 정권도 종교를 사회주의 완성을 위한 계급투쟁의 대상으로 인식하고 종교의 존재가치를 서술하여 왔다.

남한에 북한 자료가 부족한 상황에서 북한 종교를 객관적으로 연구하고 평가하는 일은 오류를 범할 수 있다. 오늘날 북한의 종교와 불교에 대한 객관적 연구는 북한의 역사서와 사전류, 그 밖의 출판물, 그리고 방북 인사들을 통해 얻는 등의 방법으로 북한불교의 어제와 오늘을 가늠할 수밖에 없다. 또한 북한 종교에 대한 기존의 많은 연구가들이 현재주의[1]의 한계를 벗어나지 못하고 있기 때문에 오류가 많을 수밖에 없다. 본 연구는 북한에 대한 경험적 관찰과 선행연구를 바탕으로 북한 종교와 북한 정권에서도 유일하게 종교적 명

....

1 현재주의란 역사적 사실을 해석할 때 그 당시의 정황과 기준으로 그것을 해석하지 않고, 해석자의 현재 관심, 목표, 가치관을 투영해서 해석하는 행위를 말한다.

맥을 이어 온 북한의 불교를 심층 연구 분석할 것이다.

이번 연구는 북한의 종교와 불교에 대해 사회과학적 방법과 이론만으로 연구한 것은 아니다. 1989년 7월 제13차 세계 청년 학생축전(평양축전) 시 방북한 이래 30년 동안 수십 차에 걸쳐 북한을 방문하며 북한 불교계를 현장 답사해 오면서 체득하고 조사한 자료들을 다수 활용하였다. 이 연구는 북한의 종교와 불교 현 상황을 학술적으로 정리한 것이다. 또한 본인의 저서 『북한불교연구』[2]에서 미진했던 부분의 보완이라는 의미도 있다. 그리고 북한불교를 실질적으로 이끌고 있는 조선불교도연맹에 관한 연구를 바탕으로 향후 남북한 불교 교류와 협력, 그리고 남북한의 통일 관점에서 다루어야 할 북한 종교 내지 북한불교와 통합의 기초 자료가 될 것이다. 북한의 불교는 한국불교의 역사에서 따로 분리할 수 없으며, 남북한 통일 과정에서도 제외될 수 없다. 북한불교에 대한 연구 작업이 선행되어야 불교도의 통일을 위한 노력이 현실에 기초하여 실제성을 획득할 수 있다고 본다.

북한불교의 유일한 종단이자 종무기관인 조선불교도연맹(이하 조불련) 중앙위원회가 1946년 12월 26일 결성되기 전, 또한 남북 분단 전과 나아가 일제 치하에서 독립운동을 한 많은 승려 중 사회주의를 신봉하던 승려들이 상당히 많았다. 그들은 중국 등 해외에 망명하여 대한민국 임시정부를 돕기도 하였다. 국내에서는 주로 서울 종로구 소재 선학원을 거점으로 활약하였다. 이 당시 중심인물이 만해 한용

....

2 신법타, 『북한불교연구』(서울 : 민족사, 2003) 참조.

운 스님이었다. 만해 스님 휘하에 진보적·개혁적 사고를 가진 승려
는 물론 그 당시 인텔리에게 풍미했던 사회주의자 승려들이 있었다.
이들이 김구 중심의 '남북연석회의'에도 동참하였고, 조선불교도연
맹 결성의 중심이었다.

따라서 그 당시 상황과 동참했던 승려들이 남북 분단 이후에도 북
한에 머물면서 '조선불교도연맹' 결성에 핵심이 되었으며, 1950년
한국전쟁 당시 북한군을 따라 남하하여 서울 조계사를 거점으로 북
한 인민군대에 대한 보급의 역할은 물론 '남조선불교도연맹'을 조직
하여 9·28 서울 수복까지 남한의 불교 조직을 대변하였다. 또한
9·28 수복 후에는 인민군을 따라 또다시 월북하여 조불련의 간부
임원으로서 북한불교 조직의 지도적 역할을 하였다. 이러한 조불련
생성과 조직의 뿌리와 그 인물들에 대한 연구와 고찰이 필요하기 때
문에 그에 관한 자료를 정리하였다.

또한 북한은 1948년 건국 이래 14차에 걸친 헌법 개정을 통해 종
교의 역할에 대한 부정적인 부분을 수정하고, 주민들의 종교 활동을
수용하는 등 종교 정책의 새로운 변화를 보여 왔다. 종교 관련 북한
의 헌법, 법률이 종교 생활에 구체적으로 적용되는 것은 북한 당국
의 종교 또는 불교에 대한 관점을 말한다. 북한에서 종교 정책과 그
것이 집행되는 과정은 수령과 당의 결정으로 진행된다. 북한의 현
행법 체계와는 달리 수령의 교시와 당의 강령 등의 결정은 주민 생
활의 전반에 직간접적으로 더 큰 영향을 미치고 있기 때문이다. 그
러므로 종교에 관한 북한의 법이 인민 생활에 나타나는 특징은 북한
수령제 사회주의의 구조에서 조선노동당, 특히 수령의 입장을 파악

해야 한다.

나아가 북한 사회의 변화, 헌법 개정 등 국가 지도체계의 변화, 사회주의에서 경제의 발전 과정, 대남 및 대외관계가 변화하는 모습 등을 주목해야 북한 사회 속에서 종교의 환경과 북한불교가 요구받는 행동 양식을 이해할 수 있다. 북한 정권의 기독교, 천주교 등에 대한 부정과 탄압, 말살 과정에서도 북한의 사찰을 보수 및 복원하고 팔만대장경을 번역하는 등 역사와 문화재 보존 측면에서 불교를 상대적으로 많이 고려해 온 것이 사실이다.

이는 북한의 불교가 사회주의국가 건설에 제기되는 각종 정책 시행에 순응하면서 독특한 생존 양식을 만들어 왔기 때문이다. 그러므로 북한 지역 안에서 북한불교를 이끌고 있는 조선불교도연맹의 역사와 조직과 활동 영역을 연구하는 것이 필요한 시대 상황이다. 또한 정치적 목적으로 한국 불교계를 상대로 한 역할도 실체 파악에 중요한 부분이다. 따라서 본 연구에서는 역사적인 북한불교의 실체를 조명하기 위해 현존하는 북한불교와 이를 관리하는 조선불교도연맹의 조직과 역사를 고찰하였다.

제2절 연구의 범위 및 방법

1. 연구의 범위

본 연구는 탈냉전적 관점에서 남북한 종교의 교류와 협력 방안을 모색하기 위해 북한불교의 실체라고 볼 수 있는 조선불교도연맹의 역사 및 조직과 주요인물에 대해 고찰하고자 한다. 조선불교도연맹의 연원인 일제 치하와 남북 분단 전후의 체제와 활동 등도 고찰할 것이다. 또한 1991년 남한의 정원식 총리와 북한의 연형묵 총리가 만나 「남북 화해와 불가침 및 교류 협력에 관한 합의서」를 발표하고, 2000년 「6·15 남북공동선언」을 발표하는 등 남북한이 공존을 통해 주장하고 있는 범위 안에서 이루어졌거나, 이루어질 수 있는 내용을 바탕으로 '조선불교도연맹'을 인정하고 대화와 교류를 통하여 공존해야 할 대상으로서 그 위상을 규정하여 연구를 진행하였다. 물론 본 연구는 여타 연구 분야와는 달리 자료수집의 한계가 존재하고 있으며, 일차 자료의 미비로 인한 제한적 연구에 머무를 수밖에 없다.

따라서 본 연구는 북한의 체제와 종교 실상을 토대로 조선불교도연맹을 연구하기 위해서, 첫째로 북한 사회가 성립된 당시부터 오늘에 이르기까지 북한 사회 속에 종교 이해와 종교의 역사를 개략적으로 검토하였다. 물론 해방 이전의 불교 역사도 살펴보았다. 즉, 해방 이전과 이후 여러 단계를 거쳐서 진행된 북한 종교의 전개 과정에 관한 간략한 검토와 오늘의 북한 종교계가 드러내고 있는 실상 및 신앙의 구체적 상황에 대하여 살펴보았다.

둘째로는 그동안 북한이 실시해 온 종교 정책을 검토하고, 그 정책이 투영되고 있는 종교인들의 심성을 조명하였다. 여기에서는 북한 정권 입안자들이 수립하고 적용했던 종교 정책의 구체적 내용과 북한의 정권이 제정·반포한 헌법에서 규정하고 있는 종교와 관련된 각종의 법률들을 분석하였다. 또한 북한 사회를 총체적으로 지휘하고 있는 주체사상에서의 종교관을 검토하였다. 이를 통해 북한 사회에서 종교가 차지하고 있는 위치에 대한 객관적 평가가 가능하기 때문이다. 이 작업은 법적 체계나 이념적 틀에서 확인되는 종교관의 확인에만 머물지 않고, 사회주의국가 건설에 필요한 법과 종교 정책이 북한 사회에 적용되어 나가는 구체적 적용 과정을 검토하였다.

셋째로는 오늘날 북한불교를 이끌고 있는 조직, 즉 조선불교도연맹에 관한 역사와 조직 전반에 걸쳐 연구함으로써 향후 남북 불교 교류와 협력에 있어 그 대상과의 파트너십을 이루기 위한 가능성에 대해서도 예측하였다.

2. 연구의 방법

북한에 관한 연구는 제한적인 영역에, 연구 방법도 상당히 제한적이고 특수한 조건을 갖고 있다. 세계의 탈냉전 체제 이후에도 남북관계는 더욱 경직되어 교류의 문이 닫혀 있어 북한에 대한 연구는 학문적으로 객관성이 부족하다. 그 원인은 북한 연구 자료가 부족하고 제약이 있기 때문이다.

1990년대 이후부터는 북한에 대한 각 분야의 연구가 그 심도를 높이면서도 폭넓게 진행된 반면에, 종교 분야의 연구는 상대적으로 양이 부족하고 그 내용 면에서도 발전적이지 못하다. 특히 북한불교에 대한 연구는 정태혁의 『북한의 종교』[3]와 신법타의 『북한의 절과 불교』[4], 『북한불교연구』[5], 『남북불교 교류의 흐름』[6] 등 소수의 단행본과 논문이 있을 뿐이다. 한편, 북한에서는 불교 단체에서 사찰의 안내와 조직 활동을 기술한 책으로 심상진 조선불교도연맹 전 위원장의 『불교도들의 참다운 삶』[7] 이외 3종 정도가 출간되어 있다. 더욱이 북한 불교인이 발간한 교리서와 경전류(經典類)의 도서는 거의 없는 현실이다. 이런 상황이다 보니 기존의 북한불교에 대한 연구는 모두 2차 자료 혹은 연관 자료들로 진행했다고 할 수 있다.

....

3 정태혁, 『북한의 종교』(서울 : 국토통일원, 1979) 참조.
4 신법타, 『북한의 절과 불교』(서울 : 민족사, 1991) 참조.
5 신법타, 『북한불교연구』(서울 : 민족사, 2003) 참조.
6 이지범, 『남북불교 교류의 흐름』(서울 : 대한불교조계종 민족공동체추진본부, 2010) 참조.
7 심상진, 『불교도들의 참다운 삶』(평양 : 조선불교도연맹 중앙위원회, 2001) 참조.

그리고 본 연구는 북한의 내부 자료, 정보 자료, 방문 자료, 기타 자료에 대한 분석과 정리로 이루어진다. 첫째는 북한 문헌과 출판물이다. 이것들은 북한 정부와 조선로동당의 종교에 대한 입장과 해석, 그리고 그 변화를 확인시켜 준다. 여기에는 김일성·김정일 저작들, 각종 보고대회의 공식 보고서, 학술 서적, 사전류, 방송과 신문 등이 포함되어 있다. 이 문건들에는 종교에 대한 직접적인 언급이 부족하지만, 본 연구에서 가장 많이 사용된 문헌들로서 직접 인용과 2차 자료의 재인용을 통해 밝혔다.

둘째는 정보 자료이다. 남북한에서 서로 정보를 얻기 위해 조직된 기구나 사람들에 의해 발굴된 종교 관련 자료이다. 탈북자들의 증언에 의해 제공되는 것들도 있으나, 원(原)자료로서는 신빙성과 경험의 한계로 인해 활용 가치는 그리 높지 않았다. 또한 특별한 목적을 위해 작성되는 경우 등이 포함되어 있어 학술적인 가치와 신뢰도가 떨어지기 때문에 본 연구에 많이 활용하지 않았다.

셋째는 방문 자료이다. 북한의 현재 상황과 실태를 파악하기에 가장 적합한 경우이다. 북한 방문을 통해 얻어진 경험적 내용이나 수집 자료는 가장 확실한 자료이다. 방문자의 수기와 답사문, 경험담, 혹은 공식 보고서를 중심으로 만들어진 것을 말한다. 그러나 이 자료는 주관성과 가치관 등의 차이로 인해 사실로부터 왜곡되어 있거나 조작될 수 있는 경우에는 자료적 가치가 떨어지기 때문에 원자료 및 2차 자료와 대조를 통해 객관성을 높이고자 하였다.

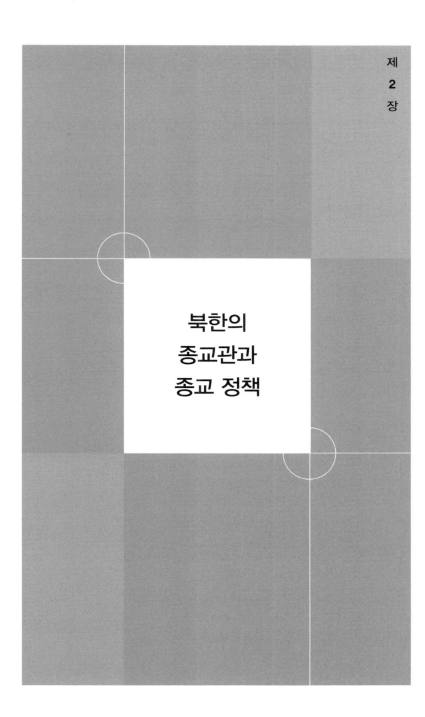

북한의
종교관과
종교 정책

해방 이후 한반도 내에는, 1948년부터 남한에는 대한민국(Republic Of Korea, R.O.K), 북한에는 조선민주주의인민공화국(Democratic Peoples Republic of Korea, D.P.R.K)이라는 두 개의 서로 다른 정부와 체제가 존립해 왔다. 그리고 1991년 9월 17일 제46차 유엔총회에서 남북한이 UN에 동시 가입을 했다. 현실의 국제정치에서 한반도의 남과 북이 두 개의 독립국가가 된 것이다.

　　2002년 5월 21일『조선중앙방송』이 북한의 사회주의는 '민족 자주의 사회주의'라고 규정하면서 "북반부의 사회주의는 처음부터 혁명과 건설에서 나서는 크고 작은 모든 문제를 철두철미 인민들 자체의 힘에 의거해서 자주적으로 해결해 왔다."[8]고 보도한 바와 같이, 북한 사회는 사회주의를 뺀 상태에서는 모든 것을 말할 수 없다. 1991

---

8 『연합뉴스』, 2002년 5월 22일.

년 붕괴된 소련이 1936년에 세계 최초로 「사회주의 헌법」을 제정한 이후, 북한은 1948년 9월 9일 「조선민주주의인민공화국 헌법」을 제정했다. 북한의 최초 헌법은 사회주의국가들이 제정하고 있는 헌법 중에서 「인민민주주의 헌법」에 속한다. 이 헌법은 사회주의로의 이행을 표방하고 있기 때문에 사회주의 대열에 같이 동참한 것이다.

이후 북한은 1972년 12월 27일에 「조선민주주의인민공화국 사회주의 헌법」을 다시 제정했다. 이 사회주의 헌법은 '사회주의국가'가 형성된 상태에서 계속 전진을 위해 제정된 것이라 할 수 있다.[9] 새로 개정된 북한 헌법은 내각제를 폐지하고 주석제를 신설하는 등 정치적 완성과 함께 사회적 생활양식에 영향을 끼치고 있는 가장 대표적인 변화이다. 주석제 신설에 의한 정치적 완성은 김일성 주석이 주체사상의 유일 사상화 작업의 하나로, 헌법적으로 그 권위를 부여한 것이다. 새로운 사회주의적 생활양식은 "사회주의 사회에서 생활하는 사람들의 활동방식이다. 따라서 사회주의적 생활양식의 확립은 정치·경제·문화·도덕의 모든 분야에서 사회주의적인 생활규범, 사회주의적 행동준칙에 따라 모든 사람이 활동하게 하는 것을 의미한다."[10]라고 김일성 주석이 말했다. 이와 같이 사회주의적 생활양식으로 확립된 주체사상은 북한 사회에 확고하게 작용하는 통치 이념이다.

이런 토대 위에서 주체사상은 1974년 2월 김정일 국방위원장에

<hr>

9 김흥수·류대영, 『북한 종교의 새로운 이해』(서울 : 다산글방, 2002), p. 115.
10 태백 편집부, 「북한의 사상 : 주체의 사상·이론·방법」, 『태백총서 11』(서울 : 태백, 1988), p. 151.

의해서 '온 사회의 주체사상화'와 '유일사상체계 확립의 10대 원칙'이 선포되면서 오늘날 '김일성주의'로까지 공식화되었다. 역사의 주인으로서의 인간 자주성과 창조성, 의식성이 핵심인 주체사상의 정립으로 인해 북한 사회에서의 종교는 "인민의 아편"이라는 고전적 정의와 함께 여러 시각으로 비판받을 수 있게 된 것이다.

1992년 4월 15일 4차로 개정된 헌법 제54조에는 "공민은 신앙의 자유와 반종교 선전의 자유를 가진다."라고 명시함으로써, 법적으로도 종교에 대해 긍정과 부정의 양면을, 양날의 칼을 갖게 되었다. 이처럼 북한은 1948년부터 헌법 개정을 통해 1999년까지 다섯 차례에 걸쳐 종교에 대한 부정적인 면은 수정하고, 주민들의 종교 활동도 수용하는 등 종교사에서 객관적으로도 변화해 왔다.

북한에서는 종교에 대한 구체적 정책의 집행 과정에서 당의 결정이 절대적이다. 당의 결정은 초법적인 구속력을 가진다. 따라서 수령과 당의 종교에 대한 관점도 살펴봐야 한다. 이러한 관점에서 사회주의와 종교, 그리고 북한 종교의 역사, 그리고 현황, 정책 등을 살펴보고자 한다.

제1절 사회주의와 종교

카를 마르크스(Karl Heinrich Marx)는『헤겔 법철학 비판』에서 종교에 대해 "환상의 행복"이라고 표현하였다. 즉, 인간은 억압받는 사회구조에서 소외된 존재로서 진정한 행복을 위해 환상의 형태로 종교를 추구한다는 것이다. 따라서『헤겔 법철학 비판』에서 종교는 "억압받는 피조물들의 한숨이며, 무자비한 세상의 본질이며, 영혼 없는 상황의 핵심"이며 "그것은 인민의 아편"이 된다.

하지만 마르크스는 종교에 대한 자유를 보장하였다.[11] 물론 그는 반종교의 자유도 언급하였다. 마르크스는 종교가 국가에 관여하는

....

11 "국가는 종교에 관여하지 말아야 하며 종교 단체는 국가와 아무 관계도 없어야 한다. 누구나 자신이 좋아하는 종교를 아주 자유롭게 고백할 수 있어야 할 뿐 아니라 종교가 없다는 것도, 즉 모든 사회주의자가 보통 그렇듯이 무신론자라는 것도 자유롭게 고백할 수 있어야 한다. 신앙을 이유로 시민을 차별하는 일은 결코 용납할 수 없다." 존 몰리뉴, 천형석 역,『중요한 것은 세계를 변화시키는 것이다 : 마르크스주의 철학 입문』(서울 : 책갈피, 2013), pp. 156~157.

것에 대해 명백히 반대하였다. 마르크스가 종교에 대한 사적인 자유를 보장한 것은 자본주의의 산업화와 소외를 극복하는 공산주의의 발전 속에서 사람들이 종교적 환상으로부터 자연스럽게 해방될 수 있을 것이라고 판단했기 때문이다.

나아가 레닌(Lenin)은 실제 사회주의혁명을 실현하였고 국가적 영역에서 종교 문제를 해결하고자 하였다. 그도 종교가 국가에 관여하지 않는다면 사적 영역에서 존재할 수 있다고 하였다. 동시에 사회주의혁명을 실현한 국가는 종교를 지원하지 않았다. 또한 레닌은 공산당 내에서는 종교의 자유를 허용하지 않았다. 물론 종교를 지닌 사람들의 당원 가입을 허용하였지만 공산당은 무신론을 적극적으로 전파해야 한다고 강조하였다.

"우리는 국가와 관련된 한에서만 종교가 사적인 일로 간주할 것을 요구한다. 그러나 우리는 당이 관련되는 한 종교를 결단코 개인적인 일로 생각할 수 없다. 종교는 국가에 관심을 가져서는 안 되며, 종교 집단들과 정부당국은 어떠한 관계도 있어서는 안 된다. 모든 사람은 자신이 좋아하는 종교를 고백하거나, 혹은 아무 종교도 없음을 — 모든 사회주의자들이 대체로 그렇듯이 무신론자임을 — 고백하는 데 자유로워야 한다. 시민들의 종교적 신념을 이유로 차별하는 것은 절대로 용납될 수 없다. 공문서에서 시민의 종교에 관해 노골적으로 언급하는 것조차도 의심할 여지 없이 삭제해야 한다. 어떤 보조금도 국교에 수여해서는 안 되며, 또 어떤 국가공제도 교회 및 종교 단체에 지급할 수 없다. 이것들은 같은 뜻을 지닌 시민들의 절대적으로 자유로운 단체, 국가와 독립된 단체가 되어야 한다."[12]

이에 따라 레닌은 '동방정교회'의 국교 지위를 해제하였다. 또한 그것을 거부하는 성직자 수천여 명을 처형하였다.[13] 스탈린도 동일하게 종교를 대하였으며, 그에 따라 1930년대 말까지 러시아정교회 신부들 가운데 80퍼센트가 체포되었고, 절대다수가 옥사하거나 처형되었다.[14]

하지만 1930년대 말부터 스탈린은 민족주의적 태도에 기초하여 종교에 대한 입장을 변화시켰다. 제2차 세계대전에서 승리하기 위하여 러시아 종교가 지니는 애국성을 활용한 것이다.[15] 따라서 스탈린은 러시아정교회와 화해를 하였고, 러시아정교회에 대한 탄압을 감소시켰다.

....

12 레닌, 김탁 역, 「사회주의와 종교」, 『레닌 저작집 3-3』(서울 : 전진출판사, 1990), pp. 347~351 참조.
13 『중앙일보』 2016년 1월 26일, 「푸틴, 소련 건설한 레닌 맹비난」 참조.
14 『자유아시아방송』 2018년 7월 10일, "소련과 사회주의 국가의 종교탄압" 참조.
15 "소련을 구하는 데도 종교를 이용한다. 1941년 독소전, 나치의 탱크가 레닌그라드와 스탈린그라드까지 밀고 들어왔다. 스탈린은 러시아정교회의 애국주의에 호소했다. 효과는 곧바로 나타났다. 우랄산맥 동편, 시베리아와 몽골과 만주와 극동에서 총동원된 병사들이 혁혁한 공을 세웠다. 응당 고의식파 신도들이 다수였다. '제3의 로마'를 수호해야 한다는 성전(聖戰)을 수행한 것이다. 그래서 1943년 스탈린은 러시아정교회와의 화해를 선언했던 것이다. 구세주 그리스도 성당을 파괴한 것이 착오였음을 인정했다. 제2차 세계대전의 명명 또한 '대조국전쟁'이었다. 불과 20년에 불과한 신생국가 소련을 위해서 헌신했던 것이 아니다. 소비에트인이 아니라 정교도 신자로서, 러시아 문명을 호위하기 위하여 분투한 것이다. 오늘날 정교회(의 보수파)가 유독 스탈린을 높이 평가하는 이유이다." 『프레시안』 2017년 12월 3일, 「러시아정교회가 스탈린을 높이 평가하는 까닭?」

사회주의와 종교와의 결합은 중국에서도 유사하게 나타나고 더욱 진화하였다. 중국 공산당은 소련과 같이 종교를 소멸될 의식의 형태로 간주하였다. 중국은 사회주의의 낮은 형태인 인민민주주의적 집권, 즉 반제 통일전선의 형태로 집권하였기 때문에 각계각층과의 연대를 고려하여 사적으로 종교의 자유를 보장하였지만, 반동적 의식 형태로 소멸될 관념으로 여겼다.

하지만 1978년 11대 3중전회 이후 중국특색사회주의와 개혁개방을 강조하면서, 종교에 대한 태도에 조금씩 변화가 발생하였다. 강제적 종교 소멸 운동의 착오를 반성하는 동시에 종교에 대한 방임적 태도를 경고하면서, 종교가 장기적으로 존속하는 실재적 특징을 지닌다는 점을 인정하게 되었다.[16]

이는 2002년 중국 공산당 제16차 대회에서 "종교 자유 방침, 법치 방침, 사회주의 적응 방침, 독립·자주·자영의 원칙 견지"라는 당의 종교에 대한 기본 방침으로 발전하였다. 또한 2007년 중국 공산당 제17차 대회에서 종교계 인사와 신도들이 경제사회 발전에서 적극적인 역할을 할 수 있다는 점이 보고되었고, 중국 공산당 정정(당헌당규)에도 그러한 내용이 포함되었다. 이는 공산당이 종교의 사회적 역할을 공식적으로 인정한다는 획기적 의미를 지닌다. 나아가 2016년 시진핑 주석은 전국종교공직자회의에서 중국특색사회주의 종교이론을 지속적으로 발전시킬 과제를 제시하였다. 이러한 과정은 종

....
16 강경구·김경아, 「중국특색사회주의 종교이론의 고찰」, 『중국학』 제61집(부산 : 대학중국학회, 2017), p. 5.

교 통제의 세련화 역사라고도 볼 수 있다.[17]

> "종교 사업은 당과 국가의 사업 전반에 있어서 특별히 중요합니다.
> 중국특색사회주의 사업의 발전에 관계되며, 당과 인민대중의 혈연적
> 연계, 사회 화합과 민족 단결, 국가 안전과 조국 통일에 관계되어 있
> 습니다."[18]

구소련이나 현재의 중국 등 사회주의국가들은 종교를 본질적으로
인정하지 않는다. 하지만 종교의 현실적 힘을 인식하면서 종교와의
연대를 꾀하는 것이다. 따라서 구소련이나 중국은 종교의 애국화를
통해 공식적인 법규 등을 만들어 외세와의 내용적 연결에 주의를 기
울이면서 사회주의와의 공존을 모색하는 것이다. 사실 현실에서 종
교의 공동체 원리와 사회주의의 공동체성 추구가 크게 다르지 않기
때문이다. 북한도 이러한 흐름과 무관하지 않다. 북한에서의 종교
변천사를 파악하면서 이를 구체적으로 살펴보기로 한다.

....

17 위의 논문, pp. 6~7.
18 宗教工作在黨和國家工作全局中, 具有特殊重要性, 關系中國特色社會主義事
業發展, 關系黨同人民群衆 的血肉聯系, 關系社會和諧, 民族團結, 關系國家安
全和祖國統一. 習近平, 全國宗教工作會議上的講話, 發展中國特色社會主義宗
教理論全面提高新形勢下宗教工作水平(人民網, 2016.04.24.)

제2절 북한의 종교 역사

1. 해방 전후의 북한 종교(1945년 8월 15일 광복~1950년 한국전쟁 이전)

해방 이후 북한 지역의 종교는, 소련에서 스탈린(Joseph Stalin)을 통해 북한에 진주했던 소련군 슈티코프 사령관에게 전한 지령에서 알수 있다. 지령 제6호는 "북한에 있는 소련 군대에게 규율을 엄격히지키고, 주민들에게 피해를 주지 않으며, 예의 바르게 행동하도록지시할 것. 종교의식과 예배를 방해하지 말고, 성당과 기타 종교시설에 손을 대지 말 것."[19]을 언급하면서, 북한에서 종교의 자유를 보장했다. 그러나 1945년 10월 12일에는 소련 제25군의 사령관 치스차코프 대장이 "성결(聖潔)과 기타 교회에서 예배를 하는 것을 금지한

---

[19] 조광, 「북한의 종교 현황과 종교적 심성」, 『민족의 화해를 향하여』(서울 : 새
남, 1996), p. 323.

다."는 내용의 성명서를 발표해 종교 관련 의식과 활동을 처음으로 규제하기 시작했다.

 더욱이 1946년 3월 5일 북한에서 김일성 위원장, 강양욱 서기장을 필두로 토지개혁을 단행하자 북한에 있던 종교 신앙인들은 실질적인 탄압을 받기 시작했다.[20] 사찰과 교회 유지의 기본재산인 토지가 무상몰수되어 경제적인 기반이 없어짐으로써 존립기반이 무너진 것이다. 이 조치는 1945년 11월 16일 제정·실시된 북한사법국 포고 제2호 「북조선에서 시행할 법령에 관한 건」이라는 북한 인민정권 최초의 법[21]과 함께 1946년 3월 7일 「친일파 민족반역자에 대한 규정」을 제정하는 등 일제의 청산 작업과 법 제정 체계의 수립이라는 목표를 달성하기 위하여 취해진 것으로 이른바 반제·반봉건 민

. . . .

20 북한의 토지개혁은 1946년 3월 5일 제정된 「북조선 토지에 관한 법령」에 의거하여 '제5조 무상몰수 무상분배의 원칙'에 따라 5정보 이내 자경지(自耕地)를 제외한 토지를 몰수하여, 제6조 ㄱ항의 경작자인 농민들에게 분배한 것으로서 북한 정권 성립의 기초가 된 중요한 사건이었다. 이 법령에서 5정보 이상을 소유한 지주의 소유지를 몰수하는 규정은 청산 대상과 범위를 정한 것으로 종교재산도 포함시켰다. 1946년 3월 말까지 토지개혁을 완전히 끝낸 북한은 그해 4월 13일 김일성 위원장이 '북조선 임시 인민위원회 제1차 확대 집행위원회'에서 종결 보고하였다. 이 보고 자료에는 "교회 및 사찰의 소유 토지는 전체 몰수 토지의 1.4퍼센트인 14,855정보가 포함되었다."고 한다.(고태우, 『북한의 종교 정책』, 개정판(서울 : 민족문화사, 1989), p. 58.) 그러나 1961년에 출판된 북한의 『국민경제발전 통계집』에 보면, 교회 사찰 종교 단체의 몰수 토지는 전체의 1.5퍼센트인 15,915정보와 호수는 전체 1퍼센트인 4,124정보가 몰수되었다고 상이하게 기록하고 있다.(『조선 민주주의인민공화국 국민경제발전 통계집 1946~1960』(평양 : 외국문출판사, 1961), pp. 59~60.)
21 김규승, 『南北朝鮮の法制定史』(일본 : 사회평론사, 1990), p. 341.

주혁명을 수행하겠다는 의도를 법제화한 것이다.[22]

북한은 인민정권 수립 이전에 "전 인민의 소유" 또는 "국가적 소유"를 표방하지 않고 "땅이 없는 농민들에게 토지를 준다(경자유전, 耕者有田)"는 슬로건을 내세우고 시작한 토지개혁의 과정에서 많은 토지를 소유했던 사찰이나 종교 기관이 소유한 토지도 무상몰수하여 농민들에게 무상분배하였다. 결론적으로 토지개혁은 종교 단체의 경제적 기반을 약화시켰거나 제거한 사례가 되었으며, 북한 기독교인들의 대규모 남하를 촉진하는 계기가 되었다.[23] 그러나 북한의 토지개혁만으로는 종교탄압의 조치로 규정할 수는 없는 것이, 남한의 토지개혁 결과로 정부에서 발행한 토지채권이 휴지화되어 토지를 근간으로 한 사찰 재산 및 재정이 피폐해진 것으로 볼 때 무리가 있다.[24]

....

22 김민배, 「북한에서의 토지개혁과 법적논리와 그 역사적 전개」, 『사회과학논문집』 제11호(인하대학교 사회과학연구소, 1993), p. 284.

23 강인철, 「현대 북한 종교사의 재인식」, 『해방후 북한 교회사』(서울 : 다산글방, 1992), p. 429.

24 우리 사회에서 토지개혁에 대한 역사적 경험은 17세기 실학자 이래 우리나라 농촌 사회의 주요 과제 중의 하나였다. 이 과제는 해방 이후 남북한에서 상이한 형태로 진행되면서 역사적 평가에 직면해 있다. 남한의 경우에는 유상몰수 유상분배로, 북한에서는 무상몰수 무상분배에 의한 농지개혁을 실시하였다. 토지개혁은 당시 사회의 농민적 욕구를 반영한 것으로, 이것 자체가 종교탄압을 목적으로 하여 진행되었다고 할 수는 없다. 북한의 토지개혁이 결과적으로 종교 기관의 재정을 약화한 것은 사실이지만, 그렇다고 종교를 직접적으로 파괴한 경우는 아니다. 북한이 실시한 토지개혁은 경작자가 토지를 소유해야 한다는 원칙을 표방하고 있는 것을 종교 단체 소유 토지에 관한 시행세칙을 보면 잘 알 수 있다. 그것은 "세칙 제2장 7조 : 토지법령 제3조 ㄹ항에 의하여 5정보를 초과하는 토지를 소유한 교회, 승원 및 기타 종교 단체의 토지는 몰수한다. 이 항은 자기의 토지를 소작 주거나 고용 로력으로 경작하는 방법으로써 농민과 고용 농민을 착취할 목적으로 리용하는 교회와 승원에 한한 것이고, 자기의 로력으로 경작하는 교회, 승원 및 기타 종교 단체의 토지를 몰수한다는 것은 아니다. 첫째 예, 12정보의 토지를 전부 소작 주

북한에서 김일성이 토지개혁을 단행한 이후 그의 권위는 물론 노동당의 위상도 현저하게 높아졌다.[25] 1948년 4월 남북연석회의가 열린 평양 대동강에 위치한 쑥섬에서는 김일성이 "통일정부에서 사유재산권을 인정한다."는 대원칙에 동의하는 수준으로 점진적 남북 통합 입장을 밝혔는가 하면, 같은 해 9월 9일에는 최초 헌법인 「조선민주주의인민공화국 헌법」 제14조에서 "신앙 및 종교의식을 할 수 있는 자유를 갖는다."고 밝히며 조선의 공민들에게 종교의 자유를 법적 보장했다.

한편 1946년 3월 23일 발표한 「북조선노동당 20개 정강」에는 "전체 인민에게 언론·출판·집회 및 신앙의 자유를 보장시킬 것."[26]이라 명문화하면서 종교의 자유를 분명히 밝혔다. 당시에 존재하는 주요 종교로는 불교, 천도교, 기독교 등이 있었다. 또한 자발적으로 발생한 중앙의 종교 조직은 그 활동만 보장했다.

북한은 드디어 1948년 9월 9일에 인민정권 수립을 시작으로 각 부문에 걸쳐 사회주의가 뿌리내리기 시작했다. 특히 종교가 지속되기 위한 필수 요소인 교육 부문에서 노동당은 종교와 교육을 분리하는 등 북한 사회 속에서 종교의 기본적인 입지가 빠르게 축소되고

는 교회의 토지는 전부 몰수한다. 둘째 예, 8정보의 토지 중에서 5정보는 고용 로력으로 경작하고 3정보는 소작을 주었던 그 교회의 토지는 전부 몰수한다. 셋째 예, 9정보의 토지 중에서 3정보는 자력으로 경작하고 6정보는 소작을 주었다면 소작 준 6정보만 몰수한다."고 되어 있다. 강인철(1992), p. 429.

25 와다 하루키, 『북조선 : 유격대 국가에서 정규군 국가로』(서울 : 돌베개, 2002), p. 81.

26 조선중앙통신사, 『조선중앙연감』(1950).

있었다. 그러나 정권을 수립한 이후 종교에 관한 활동을 인정하지
않던 북한이 "신앙의 자유를 보장하기 위해 당은 직접적으로 간섭하
지 않는다."고 언급하며 '민의'를 대변하는 수단으로 종교에 대한 공
개적인 비판이나 탄압까지는 시행하지 않았다.

　하지만 남북 사이에 통일에 대한 대립이 점점 양극화로 치닫자,
북한은 종교인들에게 사회주의국가를 건설하는 사업에 적극적으로
참여할 것을 요구했다. 이것은 김일성이 1949년 10월에 묘향산의
보현사에서 종교계 일군들과 진행한 대화[27]에 잘 나타나 있다.

　　"지금 우리나라에서는 법적으로 신앙의 자유를 보장하고 있습니
　　다. 그러나 교인들이 종교를 리용하여 건국 사업에 지장을 주는 행동
　　을 한다면 그것은 허용할 수 없습니다. 교인들은 '하느님'을 믿어도
　　다른 나라의 '하느님'을 믿을 것이 아니라 조선의 '하느님'을 믿어야
　　합니다. 교인들은 조국의 번영과 우리 인민의 행복을 위하여 '하느님'
　　을 믿어야 합니다. 력사가 보여주는 바와 같이 외래 침략자들에게 나
　　라를 빼앗긴 인민은 망국노의 비참한 처지를 면할 수 없으며, 종교도
　　마음대로 믿을 수 없습니다. 그러므로 교인들도 나라를 사랑하며 건
　　국 사업에 적극 기여하여야 합니다."[28]

．．．．．．．．．．．．．
27　심상진, 『불교도들의 참다운 삶』(평양 : 조선불교도연맹중앙위원회, 2001), p. 18.
28　김일성, 「민족문화유산을 잘 보존하여야 한다」, 『김일성 저작선집 5』(평양 :
　　　조선로동당출판사, 1968), p. 285.

이후에 북한의 종교인들은 김일성의 이 언급을 기본으로 삼아 '체제종교로서의 전환'을 바탕으로 생존을 모색하기 시작했다. 한편, 북한에서는 1950년 3월 형법을 제정하며 "종교 단체에서 행정적 행위를 한 자는 1년 이하의 교화노동에"(제21장 258조), 그리고 "종교 단체에 기부를 강요하는 자는 2년 이하의 징역에 처한다."(제21장 259조)고 규정했다.[29] 이처럼 북한에서는 법률과 제도를 종교 및 사회의 각 부문별로 정비하던 중 6·25 한국전쟁이 발생했다. 1945년 8·15 해방과 더불어 남북 분단 이후 정치·군사·외교·경제 등 양 체제 간의 대결과 적대적인 관계는 깊어져 갔고, 남북한 종교 교류와 접촉은 시도조차 할 수 없었고, 6·25 한국전쟁 정전 후에는 더욱더 소모적인 적대 관계가 깊어졌고 이것은 1960년대까지 지속되었다.[30]

2. 한국전쟁 시기의 북한 종교(1950년 6월 25일~1953년 7월 27일 휴전)

북한의 종교계는 6·25 한국전쟁을 일으킨 김일성이 1950년 6월 26일 각계각층의 전쟁 동참에 대한 방송 연설을 한 후 전쟁에 참여

....

29 형법에서의 '행정적 행위'에 대한 개념은 무엇인지 분명하지 않다. 그러나 선교사들의 선교활동에 대해 "미제의 종교 침략의 목적은 기독교와 숭미사상을 퍼뜨려 조선 인민의 민족 자주의식을 마비시키며 조선 사람들을 동정하는 듯이 가장하면서 제 놈들의 세력을 부식함으로써 장차 조선을 지배하기 위한 침략적 지반을 닦으려는 데 있었다."(고태우, 『북한의 종교 정책』 개정판(서울 : 민족문화사, 1989), p. 100.)고 기술한 점으로 보아, 행정적 행위는 개인이나 단체 차원에서 선교를 통한 정권 반대 운동이나 간첩과 같은 부정적 조직체의 활동을 뜻한다고 할 수 있다.

30 윤여상·정재호·안현민, 『북한종교자유백서 2014』(서울 : 북한인권정보센터, 2014), p. 97.

하게 된다. 북한의 불교계는 1950년 7월 15일 평양에서 불교신앙협회, 불교청년사, 여성불교도회 등 불교 단체를 중심으로 연합회의를 열고 1,300명이 인민군에 입대했다고 한다.[31] 또한 보현사와 석왕사 등 북한불교를 대표하는 사찰과 신도들은 당시 화폐로 수백만 원의 성금과 1만 수천여 점의 각종 위문품을 인민군에 보내고 파괴된 도로와 교량, 철도 복구에 참가했다고 한다.[32]

기독교계는 1950년 8월 5일에 평양의 서문 밖에 위치한 교회에서 각 교단의 대표와 신자가 개최한 '평양시 기독교 교역자 궐기대회'에서 "미제국주의자들의 범죄적 죄악"을 규탄했으며 이를 여러 날에 걸쳐, 다른 장소에서 규탄 기도회, 궐기대회 등을 열었다. 천도교의 최고지도자였던 최동오는 남하했던 인민군을 따라 자진 월북했다.[33]

3년 동안의 6 · 25 한국전쟁은 남한과 북한 양쪽에서 500만 명도 넘는 사상자를 내고 한반도 전체를 초토화시켰다. 한국전쟁은 민족 내부의 전쟁이면서도 자본주의와 사회주의의 이데올로기 사이에 일어난 전쟁, 그리고 마르크시즘과 기독교라는 보편적 신앙체계 사이

....

31 정태혁, 『북한의 종교』(국토통일원, 1979), p. 29. 남한에서는 정훈국 국장(이선근 박사) 아래 계급 없이 민간인으로 각 종교인이 참여하였고 불교계는 숭산행원 스님이 참여하였다고 직접 들은 바 있다.

32 심상진(2001), pp. 22~23.

33 최동오는 남한에서 육사교장, 외무부장관 등을 역임한 후 북한으로 망명한 최덕신의 부친으로, 김일성이 수학한 화성의숙 교장을 지냈으며, 일제 시기 광복군 장군을 지낸 사람으로 알려져 있다. 현재 북한 천도교를 대표한다. 2002년 서울에서 열린 제1차 남북 이산가족 남한방문단 단장을 맡았던 류미영 위원장의 시아버지이다.

의 갈등과 대립이 개입된 전쟁이었다.[34]

이 전쟁으로 말미암아 북한에서의 집단 적개심은 대외적으로는 '남조선 혁명', 즉 통일 사명감과 결부되어 있었고, 대내적으로는 북한의 '주체'를 위한 민족적 감정과 결부되어 있다고 볼 수 있다.[35] 남한에서의 적개심은 반공이데올로기와 결부되어 국정 지표이었을 뿐만 아니라 기존 질서를 의문시하는 모든 형태의 사회적 갈등을 제압할 수 있는 무기로 나타났다.

모든 민족 구성원의 사회적 기반과 관계없이 개인을 실존적 상황에 처하게 한 전쟁의 체험은 전후 갈라선 남북한의 실질적인 주민들이 자연스럽게 반공적 국가체계와 전쟁의 공포로부터 해방적인 신앙체계에 의존하도록 하는 한편으로, 이데올로기나 정치적 이해에 의해서 단일민족이란 운명공동체도 붕괴될 수 있다는 것을 보여주었다. 이런 전쟁은 1953년까지 지속되다가 7월 27일에 휴전협정이 조인되며 드디어 끝맺었으며, 남과 북의 각기 사회에서는 피난민으로 인한 대규모 인구 이동이 발생하면서 기존 사회계층에도 새로운 움직임이 발생했다.

....

34 김흥수, 『한국전쟁과 기복신앙 확산 연구』(서울 : 한국기독교역사연구소, 1999), p. 23.

35 박갑수, "북한에서의 집단 적개심과 남북한 관계에 미치는 영향", 「남북의 장벽을 넘어서―통일과 심리적 화합」, 한국심리학회 대외심포지움, Vol. 1993, No. 1(한국심리학회, 1993), p. 146.

3. 주체사상 확립 시기의 북한 종교(한국전쟁 이후~1970년대 초반)

전쟁으로 남한의 반제 · 반봉건 혁명을 시도했으나 북한이 이에 실패하면서 전쟁의 폐허가 된 국토를 복구하는 한편, 분단의 현실에서 사회주의를 건설하며 강화시켜 나갈 수밖에 없었다. 한국전쟁에 참전했던 중국 인민지원군이 1958년 10월에 북한에서 완전히 철수하면서부터 냉전시대가 본격화한다.

김일성은 1965년 4월 인도네시아 반둥에서 개최된 반둥회의 10돌 기념행사에 참석하여, 알리 아르함 사회과학원에서 「조선민주주의인민공화국에서의 사회주의 건설과 남조선 혁명에 관하여」라는 강연을 통해, 조선노동당의 노선은 "사상에서의 주체, 정치에서의 자주, 경제에서의 자립, 국방에서의 자위"라고 규정하면서 그 요체는 '주체사상'이라고 밝혔다.[36] 이러한 김일성의 행보는 중국과 소련 사이에 분쟁이 심화되던 상황 속에서 등거리 외교와 자주노선을 천명한 것이다.

김일성이 공표한 주체사상을 더욱 굳건하게 하기 위해 1967년에 기존의 사상 · 문화 담당 간부들의 대대적인 숙청을 진행한 후, 김일성주의로서의 주체사상을 옹립하기 위해 기존의 문화전통과 역사적 인물에 대한 비판적 재평가 작업을 단행하게 했다.[37] 이 상황에서 국

....
36 김흥수 · 류대영, 『북한 종교의 새로운 이해』(서울 : 다산글방, 2002), pp. 108~109.
37 김일성, 「당대표자회 결성을 철저히 관철하기 위하여」, 『김일성 저작선집 21』(평양 : 조선로동당출판사, 1983), p. 337. ; 이종석, 『새로 쓴 현대북한의 이해』(서울 : 역사비평사, 2000), p. 206.

방 4대 군사노선과 함께 3대 혁명 역량 강화 방침을 결정하여 김일성 중심으로 유일 지도체계를 확고히 하고, 북한만의 사회주의를 구축할 수 있게 하였다. 이런 '북한식 문화혁명'은 1967년에 시작되었고, 북한 사회의 종교에 대한 견제 혹은 탄압이 한층 강화되었다.

북한은 통치 철학인 주체사상의 전 인민화와 사회화를 통해 1967년을 기점으로 사회주의국가로서의 틀이 본궤도로 진입하자, 북한에서 사회주의를 부정하는 종교의 생존 가능한 영역은 급속히 축소되었다. 이에 따라 북한의 사회주의 정착 과정 속에서 기존의 북한 종교가 암흑기를 맞이한다.

사실 북한 종교의 암흑기는 북한이 당 차원에서 1958년 12월부터 1960년대 말까지 '중앙당 집중지도 사업'으로 사상 검토와 성분 조사 사업을 시행하면서 시작되었다. 주민들에 대한 계급성과 당성 조사 사업이 종교탄압을 목적으로 시행된 것은 아니라 할지라도 많은 종교인들이 적대 계층으로 분류됨에 따라 북한의 종교와 종교인은 설 자리를 잃었다.

또한 북한은 '주민 재등록 사업'을 1966년 4월부터 1년 동안 시행한 결과에 따라 1967년 4월부터 1970년 6월까지 2년에 걸쳐 전 주민을 핵심 · 동요 · 적대 등 세 개의 계층 51개 부류로 구분했다. 적대 계층으로 분류된 미신숭배자 29, 천도교 32, 기독교 37, 불교 38, 천주교 39, 유교 40위 등이 하위 계층으로 정해져 북한 체제 내에서의 감시와 불이익의 대상이 되었다.[38] 그러나 종교인들 가운데

....
38 강인철(1992), pp. 189~190.

는 애국열사 유가족으로 평가되어 핵심 계층에 포함된 경우도 있었지만[39] 그들조차 해방 이전의 신앙생활과 종교 본연의 기능을 수행하기는 어려웠다고 할 수 있다.

이 시기의 북한은 종교를 봉건시대처럼 지배계급이 피지배계급을 억압하고 착취하는 도구로 이용했고, 미국을 비롯한 서구 강대국들이 제국주의자들의 침략 도구로 종교를 이용했다는 판단 아래, 종교인에 대한 인간 개조 사업을 통해 사회주의의 인민으로 통합시켜 왔다. 이 시도는 '교양 개조'란 이름으로 전개되었다. 성직자는 종교를 버리거나 숙청되고 승려는 환속해야 하는 등 북한 종교의 존재 기반을 완전히 잃게 한 교양 개조의 기본적인 입장은 다음과 같다.

"사람은 누구나 다 낡은 사상의 잔재를 가지고 있는 까닭에 과오를 범할 수 있으며 결함을 나타낼 수 있습니다. 낡은 사상을 가진 사람들, 과오를 범한 사람들을 버리는 것은 우리 당의 방침이 아닙니다. 우리 당은 시종일관 낡은 사상을 가진 사람들을 꾸준히 교양하여 새로운 인간으로 개조하는 방침을 견지하고 있습니다."[40]

교양 개조된 북한 종교인들의 각 종교 교단과 천도교 청우당 같은 정당들로 1961년 5월 드디어 김일성은 북한 내의 정당과 사회단체,

....
39 김일성, 『세기와 더불어 : 회고록 1』(평양 : 조선로동당 출판사, 1992), p. 355.
40 김흥수 · 류대영(2002), p. 102.

각 부문의 인사들을 포함한 '조국평화통일위원회'를 구성하며, 적극 참여함으로써 북한 사회에서 공적인 단체로 지위를 획득했다. 이것은 바로 북한의 신종교 정책의 출발이라고 할 수 있다. 1950년대 북한에서 사회주의 제도를 확립함으로써 사회주의적 자신감에 기초하여 종교가 소멸된다는 확신 아래 제한된 수준에서 현실의 종교를 인정하는 신종교 정책을 추진한 것이었다.

더욱이 북한 정권이 인간 개조 사업을 본격적으로 시작하기 전, 통일전선에서의 종교인의 필요성을 느끼면서 1968년 4월부터 일정 기간 노동당 정치국은 '풀어주는 사업'을 광범위하게 실시했다.[41] 그 당시까지 비공식적 종교 행위를 계속하던 60세 이상의 노인층을 대상으로 종교 행위는 철저하게 금지하였지만, 예배와 같은 종교의식은 허용하였다. 특히 조선불교도연맹은 해방 이후 처음으로 1965년에 승려 교육과 양성을 위한 기관으로 3년제의 '불교학원(佛學院)'을 량강도 삼수군 중흥사에 설립하였다.[42] 불학원은 북한의 종교사에서 비교적 앞선 시기에 공식적으로 설립된 것이다. 그 이유는 사회주의 체제에서도 천년 고찰 관리, 불교 문화재 관리, 불교 서적 번역 등 전문적인 불교 승려의 기능과 역할이 필요했기 때문으로 추정된다.

북한 종교의 암흑기에는 기독교와 미국을 동일 범죄자로 몰았다. "선교사라는 이름을 걸고 정탐 행위를 일삼지 않은 놈이란 하나도

....
41 신길평, 「노동당의 반종교정책 전개과정」, 『북한』, No. 283.(북한연구소, 1995), p. 58.
42 심상진(2001), p. 73.

없다. 선교사의 탈을 쓴 제국주의 정탐배들의 간첩 모략 행위는 일찍이 학교, 병원 등을 설치해 놓고 조선 사람에게 숭미 사상을 불어넣는 데 광분하였다."[43]고 평가할 만큼, 미국과 관련된 모든 것은 철저하게 부정되었다. 또한 김일성은 1968년 3월 교육 부문 일꾼들에게 "옛날의 책들과 유물들을 옳게 평가하여 잘 처리하여야 한다."고 하고, "불교, 예수교 같은 종교와 불교 문화 및 유교 문화도 옳게 평가하여야 한다."[44]고 강조함으로써 종교 전통과 관련된 기존의 입장에 대한 비판도 함께 전개되었다.

이와 같이 이 시기에 북한 사회에서 종교를 부정하고 존립 기반을 무너뜨리게 한 것은 북한 정권의 종교에 대한 강압책이라기보다 북한 사회의 사회주의화라는 더 큰 목표에 매몰되었기 때문이다. 당시 북한에는 휴전 뒤 국토 복구와 사회 안정의 회복 등 조직 원리의 필요성이 부각됨으로써 북한 사람들에게 종교는 필요조건이 아닌 상황에서 "하나님은 우리를 일본의 속박으로부터 구해 내지 않았습니다. 우리가 굶주렸을 때 한 조각의 빵도 주지 않습니다. 그런데 이 모든 것을 우리 주석님이 하셨습니다. (…) 우리는 주석님으로 족합니다."[45]라고 할 만큼, 김일성 주석에 대한 믿음이 종교보다 더 크고

....

43 정하철, 『우리는 종교를 왜 반대하여야 하는가?』(평양 : 조선로동당출판사, 1959) ; 고태우, 『북한의 종교정책』 개정판(서울 : 민족문화사, 1989), p. 292 재인용.

44 김일성, 「학생들을 사회주의, 공산주의 건설의 참된 후비대로 교육·교양하자」, 『김일성 저작집 22』(평양 : 조선노동당출판사, 1983), pp. 51~52. ; 김홍수, 류대영(2002), pp. 110~111. 재인용.

45 루이제 린저, 『또 하나의 조국 : 루이제 린저의 북한방문기』(서울 : 공동체, 1988), p. 53.

현실적으로 인민의 삶을 좌우하였기 때문이다.

따라서 과거의 종교에 대한 물리적 탄압보다는 반종교 선전을 강화하여 신문이나 공연물들이 1960년대 후반부터 반종교 선전의 중요한 매체로 등장했다. 당 기관지인 『로동신문』을 비롯하여 『민주조선』 등 신문들과 『천리마』, 『금수강산』 등의 잡지들은 「선교사는 미제국주의의 앞잡이」, 「선교사의 탈을 쓴 정탐배」, 「숭미사상의 학습장」 등 선교사들의 반인륜적이고 제국주의적 모습을 비판하는 글들을 실었다.[46] 「혁명가극」, 「성황당」 등과 같은 공연물에서도 종교의 비과학적·봉건적 모습을 비판하는 내용으로 일관되게 표현하였다.[47]

4. 통일전선 시기의 북한 종교(7·4 남북공동성명~1990년대 초반)

시대가 변하면서 1972년에는 남북적십자회담이 열리고 7·4 남북공동성명을 통해 남북한 간 화해 무드가 조성되어 감에 따라 북한의 불교계를 비롯한 기독교, 천도교 등 각종 종교 단체가 오랜 동면에서 깨어나 활동을 재개하였다. 북한은 남한의 종교인들과 함께하는 통일전선의 중요성을 부각시키며 남한의 정치적 상황에 따라 비난 성명과 연대를 강조하였다. "북의 사회주의 력량과 남의 애국적

....

46 고태우(1989), pp. 129~136.
47 고태우(1989), pp. 136~140.

민족주의 력량의 대련합으로 자주적 통일운동에 나설 것을 요구하였다."[48]

1970년대에 들어오면서, 북한에서는 통치 이념으로 주체사상이 뿌리를 내리고, 사회주의화가 구체적으로 진행되는 가운데 종교는 북한 사회가 요구하는 존재의 양태로 변화되어 갔다. 북한은 1972년 5월 자주 · 평화통일 · 민족대단결의 「조국 통일 3대 원칙」을 공포한 후, 연이어 남북 간에 「7 · 4 공동성명」을 발표함으로써 북한 사회에서는 반종교 선전이 상대적으로 약화되고, 해방 전후의 통합전선 형태가 아닌 새로운 구조의 통일전선이 강조되었다. 같은 해 12월 27일에는 1948년 제정한 「조선민주주의인민공화국 헌법」을 「조선민주주의인민공화국사회주의 헌법」으로 다시 제정했다. 1936년 소련이 최초로 사회주의 헌법을 제정한 이후 북한도 강력한 사회주의 체제를 갖추고 사회주의국가로 나아간 것이다. 또한 개정 헌법에서는 내각을 폐지하고 '주석제'를 신설했다.

주석제는 주체사상의 유일 사상화 작업으로 북한의 절대 권위를 일컫는 법적 표현이다. 이에 1974년 2월 마침내 김정일 국방위원장에 의해 「온 사회의 주체사상화」와 「유일사상체계 확립의 10대 원칙」이 선포되면서, 주체사상은 '김일성주의'로 공식화되었다. 역사의 주인으로서의 인간 자주성과 창조성, 의식성이 핵심인 주체사상의 정립으로 북한 사회에서 종교는 "인민의 아편"이라는 고전적 정의와 함께 여러 시각으로 비판할 수 있게 된 것이다. 또한 개정된 헌

....
48 윤여상 · 정재호 · 안현민(2014), pp. 97~98. 일부 인용.

법 제52조에는 "공민은 신앙의 자유와 반종교 선전의 자유를 가진다."고 명시함으로써, 법적으로도 종교에 대해 대중적이고 논리적인 비판을 보장받게 되었다.

이런 변화를 담아 출판된 책들은 김일성이 지적한 바와 같이 "종교의 본질과 해독성"을 파악하여 대중적으로 알리기 위한 목적이 있었다. 1976년에 출판된 최봉익의 『봉건 시기 우리나라에서의 불교 철학의 전파와 그 해독성』이라는 책은 불교를 "력사적인 근로 인민 대중을 억압·착취하고 기만하기 위한 착취계급들의 사상적 도구로 복무하여 왔다."는 점을 분석하여 강조하고 있다. 이런 평가는 기존의 '마르크스–레닌주의'에 따른 전통적 종교 비판의 궤와 함께한다고 볼 수 있다.

1978년 김명호가 쓴 『미제가 남조선에 퍼뜨리고 있는 부르죠아 인생관의 반동적 본질』이란 책은 기독교를 "세상에 가장 힘이 있고 귀중한 존재인 인간을 철두철미 신에게 예속된 보잘것없는 존재로 왜곡하고 있다."고 지적할 만큼 전통적으로 종교 비판에 충실하고 있다.

또한 기독교적 세계관의 반동성과 해독성은 "근로 인민 대중에게 노예적 굴종으로 일관된 그릇된 삶의 태도를 설교함으로써 자주적이고 창조적인 생활을 위한 혁명 투쟁에 힘차게 떨쳐나서지 못하게 하는 데 있다."는 시각으로 분석하여 종교를 부정하고 있다.[49]

이과 같이 반종교 선전이 심화됨에도, 북한의 종교는 1972년을 분기점으로 다시 활동을 재개한다. 1960년대 초반부터 시작된 신종교

----

49 김흥수·류대영(2002), pp. 120~122.

정책이 점진적으로 본격화되기 시작한 것이다. 1965년에 설립된 불학원의 기능과 같은 목적으로 1972년에 '평양신학원'이 다시 개설[50]되어 교회 조직의 유지를 위한 활동을 시작했다.

특히 이해 7월 7일 북한의 종교로서는 전쟁 이후 최초로 천도교 청우당 중앙위원회가 활동을 시작했다. "민족적 대단결을 위한 남북 정당과의 다무적 협상을 하자."는 천도교 청우당 박신덕 중앙위원장의 담화 발표[51]로 그 활동은 재개되었다.

같은 해 9월 3일에는 조선불교도연맹 중앙위원회 안숙용 위원장이 "남조선 종교인들에 대한 파쑈 분자들의 야만적 탄압 행위를 준렬히 규탄한다."는 담화를 발표[52]하면서 다시 조직 활동을 시작했고, 조선기독교도연맹 중앙위원회는 1974년 2월 4일에 "남조선 파쑈도당은 기독교인들을 포함한 남조선의 각계각층 민주인사들에 대한 탄압 만행을 당장 중지하며 체포 구금한 애국자들과 청년 학생들을 즉시 석방하여야 한다."는 성명[53]을 내면서 활동을 재개했다.

더욱이 그해 2월 15일에는 조선그리스도교연맹(조그련)과 조선불교도연맹(조불련), 조선천도교회 중앙위원회가 함께 연합회의를 갖고, "남조선 파쑈당은 기독교인들을 포함한 애국적 인사들과 종교 단체들에 대한 파쑈적 폭압 만행을 당장 중지하라."는 공동성명을 내면

....
50 김홍수, 「조선기독교도연맹과 국가 : 북한에서의 정교관계 연구」, 『한국기독교와 역사』, 제7호(한국기독교역사연구소, 1997), p. 239.
51 『로동신문』, 1972년 7월 7일.
52 『로동신문』, 1972년 9월 4일.
53 『로동신문』, 1974년 2월 5일.

서 전쟁 이후 종교 간의 연대활동이 이루어졌다. 이날, 조선 천도교회 중앙지도위원회는 공동성명을 같이 발표하면서 첫 활동을 시작했다.[54] 또한 1977년 2월 5일 조그련은 중앙위원회의 성명으로 남한 기독교계를 처음으로 거명하고, 통일전선의 연대를 제안했다.[55]

같은 해 1977년 2월 6일에 조불련은 "남조선 불교도들은 정견과 신앙을 초월하여 남북의 애국 역량의 대련합을 실현하는 데 지체 없이 합류해 나서야 한다."는 대변인의 성명을 통해, 분단 이후 처음으로 남한 불교계에 대한 공식적인 거명을 하고 통일전선에서의 연대 의사를 밝혔다.[56] 같은 해 4월 19일 조국평화통일위원회는 "남조선 파쑈 무리들은 종교계를 비롯한 각계 인사들에 대한 야수적 탄압을 당장 중지하라."는 서기국 보도 제13호를 통해 남한 종교계를 공식적으로 거명하게 되었다.[57]

그리고 1979년 6월 24일 조불련과 조그련은 천도교 청우당과 공동으로 세계의 여러 나라 정당, 사회단체들과 평화 애호 인민들에게 보내는 '호소문'을 처음으로 보냈다.[58] 그해 10월 9일에는 재일본조선인불교도연맹 대표단이 분단 이후 국외 불교 단체로서는 처음으로 방북이 이루어졌다. 재일본 일행은 방북 일정에서 부주석인 강양

....
54 『로동신문』, 1974년 2월 16일.
55 『로동신문』, 1977년 2월 6일.
56 『로동신문』, 1977년 2월 7일.
57 『로동신문』, 1977년 4월 20일.
58 『로동신문』, 1979년 6월 25일.

욱 조선기독교도연맹 위원장을 만나기도 했다.[59]

이와 같이 조직 활동을 재개한 북한의 종교 단체는 '반종교 선전의 강화'라는 실질적 과제와 '종교 세력과의 통일전선 강화'라는 실천적 과제에 묶여 있으나, 국외 단체 또는 재외동포들과 접촉으로 인한 통일전선 구축이 진행되면서 조직의 위상이 새로이 강화되었다. 또한 중앙 종교 단체의 역할이 제고되면서 전국적으로 조직 정비도 이루어졌다.

조불련 중앙위원회에서는 1980년 하반기 9월 27일 전원회의를 거쳐 11월 25일에는 제7기 중앙위원회를 개최, 제3차 전원회의를 통하여 실질적으로 체계를 이루면서, "전체 불교도들은 고려민주련방공화국을 창립할 데 대한 새로운 통일강령의 실현을 위하여 한 사람같이 떨쳐 나서자."는 성명을 발표해 통일을 실천적인 사업으로 설정하기도 했다.[60] 또한 1984년 여름 8월 21일에 조불련에서 제8차 확대전원회의를 개최하고 증가하는 불교 교류를 포함한 종교·문화재 관리의 활동에 대비해 중앙위원회의 위원장을 재선출했으며 시·도 지부 결성을 추진하는 등의 조직 재정비를 시행했다.

그리고 조불련, 조그련, 조선천도교회는 천도교 청우당과 공동으로 1980년 11월 11일에 '남조선 인민들과 해외동포들에게 보내는 편지'를 처음으로 채택하여 보내는 등 대외관계를 넓혀갔다.[61] 대외

....

59 『로동신문』, 1979년 10월 10일.
60 『로동신문』, 1980년 9월 28일, 1980년 11월 26일.
61 『로동신문』, 1980년 11월 12일.

관계를 이렇게 확장하면서 1983년에 들어서자 3월 2일에 조불련은 남한의 불교도들에게 전하는 편지를 공식 발표해 남한 불교계와 최초로 접촉을 시도하기도 했다.[62]

북한불교를 비롯한 북한 종교계의 이러한 변화는 조선노동당 중앙위원회 위원 겸 비서 허정숙이 1989년에 쓴 『위대한 사랑의 력사를 되새기며』라는 책에 잘 나타나 있다. "나라가 없이는 신앙의 자유도 있을 수 없습니다."라며 김일성 주석이 종교를 반대하지 않고 있다는 말을 인용[63]함으로써 당시 종교의 정책적 변화를 예시하고 있다. 이 시기에 있어 북한은 전략적 과제로 제시한 국제외교 강화와 조국통일전선 형성에 종교를 복무시키기 위해 기존의 종교 중앙단체는 조직을 강화하였다.

1988년 6월 30일 '조선천주교인협회'의 결성에 이어, 지난 시기의 역사적 경험을 토대로 북한 종교의 통합을 위해 '조선종교인협회'를 1989년 5월 30일에 새로이 조직하였다. 이 협회는 출범 이후 8월 27일 자로 남한의 '한국종교인협의회(宗協)'에 보내는 편지를 채택하여 보내는 등 남한과의 통합 파트너십을 시도했다.[64] 한편으로 조선천주교인협회는 1989년 9월 14일 중앙위원회 대변인 담화를 처음 발표하면서 이 대열에 동참했다.[65] 또한 조불련은 중앙위원회 대

....

62 『로동신문』, 1983년 3월 2일.
63 허정숙, 『위대한 사랑의 력사를 되새기며』(평양 : 조선노동당출판사, 1989), pp. 292~293.
64 『로동신문』, 1989년 8월 28일.
65 『로동신문』, 1989년 9월 15일.

변인 담화로 「북남불교도 대표회담의 의의」를 1989년 10월 7일 자로 처음 발표[66]하면서 실제적인 교류를 추진했다. 1989년 7월, 평양에서 제13차 세계청년학생축전(일명 평양축전)이 열리면서 북한은 서구 유럽 지역과 남한의 종교 단체들과 다각적인 접촉을 시도하고, 대미 관계 개선의 일환으로 미국의 선교단체들을 평양에 초청하는 등 적극적인 활동을 전개했다.

이처럼 북한은 1980년대 들어와서 국제적 고립을 탈피하기 위하여 국제행사를 개최하거나 합영법(合營法)을 발표하는 등 개방적 움직임을 보였다. 이에 따라 북한의 종교는 국제사회로부터 종교적 고립을 피하고, 사회적 과제로 떠오른 조국통일전선의 형성에 참여하는 방법으로 활동하기 시작했다. 그 동기가 어떻든 이제 "종교를 없애야 할 것"이 아니라, 주체사상의 틀 안에서 "종교에 대한 체계적 이해와 설명이 필요한 것"으로 점차 실용적인 인식으로 전환되고 있는 것이다.[67]

이런 현상으로 인해 북한에는 종교가 없다는 서방의 거센 비난에 부딪혀서 반종교 정책을 완화하기 시작하였으며, 종교인들을 해외 순방이나 국제 종교회의에 참석하게 함으로써 북한에도 종교가 존재하고 있음을 홍보했다. 또한 남한이나 외국 종교인의 방북 허용, 사찰의 보수, 교회와 성당을 건립하는 등 비로소 종교의 존재를 부

....
66 『로동신문』, 1989년 10월 8일.
67 한국종교연구회, 『한국 종교문화사 강의』(서울 : 청년사, 1998), p. 477.

각시키는 일련의 조치를 취하였다.[68] 따라서 1980년대 기독교인들을 중심으로 남북 종교인 대화가 시작되었고 한국전쟁 이후 처음으로 봉수교회와 장충성당이 세워졌다. 또한 북한의 조불련은 1983년 3월 2일 '남조선 불교도들에게 보내는 편지'에 묘향산 보현사에서 최초의 "조국통일기원법회"를 봉행하였다고 밝혔다. 같은 해 5월 5일에는 종전 이후 북한에서 "석가탄신일 기념법회"를 최초로 봉행하는 등 기념적인 행사를 개최했던 것이다.

5. 교류 모색기의 북한 종교(1990년대)

1990년대는 1980년대보다 남북 종교 단체 간의 교류가 촉진되었다. 1990년 8월 1일 남한에는 「남북 교류 협력에 관한 법률」이 제정되었다. 북한에서 1994년에 우박 피해와 1995년 7월과 9월에 홍수가 발생하자, 남한에서는 1990년부터 진행한 "사랑의 쌀 보내기"를 비롯해 1991년 시작한 "사랑의 의약품 보내기 운동" 등이 확대되면서 북한 지원 활동이 다양한 종교계와 시민 단체가 함께하는 운동으로까지 확산되기에 이르렀다.

북한은 이전까지 내적으로 종교 제거 정책을 실시하고 외적으로 통일전선 산하로 활용했다. 그러나 1990년대 들어오면서 각 종교 교단에 대해 교류 협력이라는 국제 외교의 실리 추구에 이용하는 양

---

68 김준철, 「북한선교의 사명과 전망」, 『사목연구』 제7집(가톨릭대학교 사목연구소, 1999), p. 138.

상으로 변화하였다. 또한 이전의 과학적 무신론이나 반종교 선전과는 달리 현실적 실용가치를 이용하기 시작하였으며 주체사상에 입각해서 종교를 긍정적인 면으로 재평가하려는 작업을 진행하였다. 즉, 과거와 같이 종교가 인민의 정신과 사회생활에 부정적 기능만을 가지는 것이 아니라 인간 해방과 평화를 위해 한반도 내에서도 긍정적 기능을 수행할 수 있다는 현실적 이용가치의 관점을 보인 것이다.[69]

1992년에 개정된 북한의 헌법 제68조에는 "공민은 신앙의 자유를 가진다. 이 권리는 종교건물을 짓거나 종교의식 같은 것을 허용하는 것으로 보장된다. 종교를 통해 외세를 끌어들이는 행위를 하거나 국가 사회질서를 위험하게 만드는 일에 이용할 수 없다."[70]고 명시했다. 이 헌법의 개정 내용을 보면 종전의 "반종교 선전의 자유"라는 문구를 삭제했으며, 이를 통하여 종교 활동의 자유를 형식적으로나마 인정하는 조치를 취하였다. 그리고 유명무실했던 종교 단체가 1980년대 중반부터 활동을 재개하여 국제 관련 회의나 남북 간 교류를 위한 회의에 적극 참여하면서 국가이익과 종교의 건재를 선전하는 등 과거와는 크게 달라진 모습을 보였다.

더구나 1972년 12월 28일 사회주의 헌법으로 개정한 이후 당과 인민, 수령이 하나라는 '주체사상'에서는 종교에 대한 재해석과 재평

....
69 윤이흠, 『종교가 북한 사회에 미치는 영향』(서울 : 통일연구원, 1990), p. 6.
70 신법타, 「북한 종교정책의 변천」, 『북한불교연구』(서울 : 민족사, 2003), p. 71.

가가 이루어지고 종교 단체의 사회적 위상도 크게 달라지고 있다[71]고 한다. 이러한 조치들로 볼 때, 북한에서 종교의식을 행할 수 있는 건물을 공식적으로 짓거나 의식을 허용한 것은 그간 북한이 우려했던 외세 개입의 매개체 혹은 체제를 위협할 요소로서의 종교의 영향력이 크지 않다고 진단한 것이다. 즉, 북한의 종교 활동은 주체사상 체제로 전환이 완전히 이루어졌음을 인정한 것이다.

이는 북한의 내부적 판단 아래 주민들에게 종교를 제한하거나 규제하기보다 종교 활동의 가이드라인을 설정해 주민에게 신앙을 가질 자유를 허용하는 한편, 단체들은 활동의 영역을 보장하며 운용하는 것이 더 효용적이라는 진단을 내렸기 때문에 종교 정책에 대한 궤도를 수정한 것으로 볼 수 있다. 그러나 북한의 종교는 아직 헌법상의 하위 단체이고 워낙 적은 숫자로 인해 자체적인 종교 기능을 수행하기보다 '북한식 사회주의'가 인정하는 활동만을 하는 것처럼 보이는 부정적인 요소를 감안해야만 한다.

조선종교인협의회는 1993년 3월 20일에 비상확대회의를 열고, 국제종교기구 및 각국 종교 단체들에게 보내는 호소문을 처음으로 채택하였다. 4월 28일에는 확대회의를 열고, 남조선 종교 단체들과 종교인들에게 보내는 편지를 보냈다. 4월 30일에는 다시 확대회의를 열고 해외동포 종교 단체들과 종교인들에게 보내는 편지를 보냈다.[72] 이어 조선종교인협의회는 이듬해인 3월 30일에도 확대회의를

....

71 한국종교연구회(1998), p. 478.
72 『로동신문』, 1993년 3월 21일, 4월 29일, 5월 1일.

열고, 남조선에 있는 종교 단체, 교직자를 포함한 신도들에게 전하는 편지를 택하여 보내면서 그동안 해외와 남한의 종교 단체에만 국한했던 활동과는 달리 남한 종교 단체의 '신도'를 교류 대상으로 포함하여 혁신적인 의미가 있는 행사를 가질 수 있도록 단행했다.[73]

그러나 1994년 7월 8일 묘향산 별장에서 김일성 주석이 사망함으로 인해 북한은 모든 것을 정지했다. 국내적으로 장례위원회를 제외한 모든 사업 활동은 국가 추도 기간인 만 3년 동안 거의 중지되었고, 국제관계는 냉각 국면으로 빠져들었다. 이미 1990년에 독일이 통일되고, 1991년에는 냉전시대의 한 주축인 소련마저 붕괴되고 말았다. 이러한 상황에서 북한의 최고지도자로 50년 절대적인 존재로 권좌를 지켜 온 김일성 주석이 1994년 사망함으로써 한반도를 비롯한 국제사회는 탈냉전의 기대가 정점에 이르렀다. 세계의 이목은 한반도의 변화에 집중되었다. 그러나 북한의 확실한 권력자가 된 김정일 국방위원장과 한국 김영삼 정부의 '김일성 사망 조문 불가'로 남북 간의 악감정이 고조되어 모든 교류가 단절되었다.

그러한 가운데 북한의 종교 단체는 1995년부터 그동안 중앙당과 산하 해외동포원호위원회와 해외동포영접위원회에서 추진하는 해외동포의 평양 초청 등에 따른 보조적인 활동과 기능을 넘어 남한의 종교계와 직접 교류를 시도했다. 이것은 조문 파동으로 인한 남북관계의 정치적 냉각 국면을 풀기 위한 민간단체의 역할이 증대했기 때문이다. 또한 1994년 이후 연이은 북한의 자연재해에 대한 국제

73 『로동신문』, 1994년 3월 31일.

여론의 환기에 따른 반대급부적인 반영이기도 했다.

이렇게 국내외적으로 어려운 상황에서도 조선종교인협의회는 1997년 2월 28일 전원회의와 확대회의를 개최하여 재차 조직 정비를 단행하였다.[74] 조선기독교도연맹은 1999년 2월 11일 단체 명칭을 '조선그리스도교연맹'으로 개칭하였다.[75] 조선천주교인협회도 1999년 6월 1일 단체 명칭을 '조선가톨릭교협회'로 바꾸었다.[76] 북한 종교 단체가 명칭을 변경한 것은 각 단체의 대내외적인 활동이 확대되면서 각 종교가 표방하는 교리성에 대한 인정 및 문화적 특성을 고려함으로써 기존 종교의 내적 문화와 다원화가 이루어졌기 때문이다. 또한 중앙 조직과 지방 조직 간의 연대가 조직화되면서 종교 단체의 존재 기반이 한층 강화된 것이라 할 수 있다.

1998년부터 매년 '남북종교인 평화모임'이 조선종교인협의회를 중심으로 남과 북의 종교인들이 회동을 하고, 북한은 같은 해 10월 9일부터 열린 북한의 노동당 행사에 남한의 인사들을 초대했다. 노동당 창건 55돌 기념식에 초대받은 정당 및 사회단체 인사 42명은 고려 민항기를 통해 직항으로 평양에 갔으며, 교류사업의 독자성을 구축하는 데 큰 계기가 되었다.

또한 이해 11월 4일 평양 광법사에서는 1998년 11월 4일에 이어서 세계적인 작곡가 윤이상의 명복을 비는 재의식 '천도재'를 해방

<hr />

74 『로동신문』, 1997년 3월 1일.
75 『로동신문』, 1999년 2월 12일.
76 『로동신문』, 1999년 6월 2일.

이후 처음으로 봉행함으로써, 전통적·종교적인 종교의식의 복원이 가능해졌다.[77] 이 천도재는 남한 불교 단체인 조국평화통일불교협회(회장 법타 스님. 약칭 '평불협')가 제공한 윤이상 초상의 대형 현수막을 광법사 대웅전 안 서쪽 벽면에 시설하고 남북한 승려와 신도들이 함께 진행하였다. 북측에서는 의식 집전을 담당하고 공동주최한 남한에서는 축원 의식을 가졌으며, 제1회 윤이상통일음악회에 참가한 국악인 안숙선이 판소리 대목의 '보렴'을 불렀다. 이 행사는 북한이 과거 불교에 대해 "봉건 통치배들이 인민들을 기만하고 억압 착취하기 위한 사상적 도구", "막대한 국가재정을 탕진하여 불교 미신 행사를 번다하게 벌였다."는 반종교에 대한 이미지를 극복하는 계기를 만들었다는 점에서 의의가 있다. 한편, 1990년대 중반부터 남한 및 해외 동포들의 적극적인 지원 활동으로 이루어진 국수 공장 및 경제 협력에 관한 사업들은 북한 종교 단체의 자립성을 높이는 데 많은 기여를 했다고 볼 수 있다.

6. 남북 교류 시기의 북한 종교(2000년대 이후)

2000년 6월 13일부터 15일까지 평양에서 김대중 대통령과 김정일 국방위원장의 '남북정상회담'이 열렸다. 분단 55년 만에 최초로 남북의 최고 정상들이 자리한 이 회담은 정치적 의도와 이해와 상관없이 통일의 물꼬를 여는 단초를 마련했다. 이런 흐름 속에서 남과

----

77 심상진(2001), p. 40.

북의 종교인들은 통일을 대비한 종합적인 대안을 쏟아냈다. 종교인에 있어 통일의 첫걸음은, 남한에서는 무엇보다도 북한을 객관적으로 이해하려는 데서 출발하고, 북한에서는 정치적으로부터의 독립권과 자율권을 획득하는 것에 있다.

이전의 북한 종교는 당에서 설정한 가이드라인과 자체적인 힘을 발휘할 수 있는 하부구조의 결여로 인해 중앙당의 보조기관으로 전락해 있었다고 할 수 있다. 그러나 2000년 남북정상회담을 기점으로 북한은 대남, 종교를 담당하는 기관들의 업무를 재조정하면서, 종교도 자체적인 동력을 갖기 시작했다. 북한의 각 종교 단체는 '조선종교인협의회'를 중심으로 남북 종교회의와 교류 및 행사를 추진하고, 각 종교별로는 남북 당사자 사이의 교류와 협력에 자율적으로 참여하였다. 북한 종교 단체가 남한 종교계와 추진한 사업과 내용은 조선종교인협의회로부터 지원을 받고 있다. 참고로 정무원 산하의 '민족경제협의회'는 남북의 경제협력 등을, '조선아세아태평양평화위원회'는 대외정보와 금강산 경협 및 경제특구와 같은 대규모 경협 사업 등을 담당하고 있다. 2001년 2월에 결성된 '민족화해협의회'는 남북한의 문화와 예술은 물론 비정부기구(NGO)와의 교류 혹은 인적 교류를 각기 관장하고 있다.

물론, 아직 북한의 종교 단체가 가진 자체적인 동력은 남한 종교인과 해외동포 등 관련 인사들에 대한 평양 초청과 교류 사업에서의 독자성과 부문적인 자립성으로 국한되고 있다. 보조기관으로 교류 당사자를 초청하는 경우와 직접 교류 대상을 접촉하고 교류 내용을 협의하는 것은 분명 차이가 있다.

2000년 이후 남북한 종교 교류는 초기의 인도적 자원 사업을 넘어 공동으로 북한 종교시설의 복원 사업 등 각 종교 단체 간의 교류 협력이 실질적인 성과를 가져왔다. 남한 불교계는 금강산 신계사와 개성 오관산 령통사의 복원과 평불협의 금강국수 공장 설립 운영, 북한 문화재의 공동 발굴 등의 긴밀한 교류 협력이 이뤄졌다.

남북정상선언의 성과는 2001년도에 들어와서 가장 많이 나타났다. 남북의 각 부문별 교류 행사가 시기마다 개최되었다. 2001년 1월 10일에는 '천도교 청우당 중앙위원회' 류미영 위원장이 제안하여 공식적으로 열린 「우리 민족끼리 통일의 문을 여는 2001년 대회」를 통해 2001년을 '우리 민족끼리 통일의 문을 여는 해'라고 선포하는 등 행사의 성격과 주관이 자연스럽게 종교 단체로 이관되기 시작했다. 그러나 정치적인 성향에서 좀처럼 벗어나지 못했다. 2001년 11월 2일 '조선종교인협의회'는 "최근 미국이 「국제종교 자유에 관한 연례 보고서」에서 북한의 종교가 종교 자유법에 저촉된다고 발표하여 우리의 종교문제에 대해 시비해 나선 것과 관련하여 이를 규탄"하는 성명을 발표했고,[78] 연이어 조그련, 조불련, 조카협이 차례로 이 문제에 대한 대변인 성명을 발표하면서, 종교 문제는 종교 단체가 적극 대응하는 형태로 접근했다.

이 시기의 종교 관련 행사는 북한 당국의 지원을 받으면서, 6 · 15 민족통일 대토론회, 8 · 15 민족통일 대토론회, 이산가족 상호방문

....
78 『로동신문』, 2001년 11월 3일.

등의 굵직한 남북한 교류 행사로 연계되었고, 그 행사의 장소도 제 3국이 아닌 금강산과 평양을, 그리고 서울을 오가며 전개되었다. 이런 행사들이 지속적으로 개최되면서, 북한의 종교는 남한의 종교계와 함께 남북의 공동의 문제를 해결하고자 하는 정책의 변화와 교류 형태의 다변화를 모색하고 있다. 중앙당의 종교 활동에 대한 가이드라인이 상존하는 가운데, 북한 종교는 2003년 3월 1일 서울에서 개최한 '3 · 1절 남북종교인대회'를 통해 종교의식의 복원과 보존, 그리고 성직자와 신도로 구성된 신행체계를 갖추기 시작했다.

남북 대화 시기에 있어 남북 종교 교류는 세 가지 방향에서 이루어졌다. 그 패턴은 '3 · 1절 민족대회 ⇨ 6 · 15와 8 · 15 민족대축전 ⇨ 10월 개천절 민족행사'로 추진되었다.

2001년부터 정기적 교류 형태를 가져왔던 남북 종교 간 교류는 2008년 금강산에서 발생한 관광객 여성에 대한 피살사건 이후, 남한 이명박 정권이 북한에 사과와 재발 방지 요구를 하면서 금강산 관광을 중지시킨 것을 기점으로 대체로 중단되었다. 또한 2010년에는 천안함 폭파 사건이 있었다. 이에 이명박 정부가 발표한 「5 · 24 조치」 이후 남북한의 종교 교류가 거의 중단되기에 이르렀다. 같은 해 연평도에서 벌어진 포격 사건으로 종교 교류는 완전한 중단 상태로 나아갔다. 하지만, 2011년 이후 인도적인 지원과 역사적인 근거에 의한 종교 교류는 부분적으로 재개되었다. 남북한 종교 교류에 있어 가장 협력 여건이 좋은 종교는 불교로서, 천안함 사건 이후에도 남북 불교 교류는 한동안 지속되었다.

〈표 2-1〉 2000년 이후 주요 종교 단체의 남북 교류 현황[79]

연도	종교 단체명	교류 협력 내용
2001	천도교	▶ 남북공동행사 등 북한 천도교 차원의 기념식 공동 개최 (천도교 중앙총부 김철 교령)
	기독교	▶ 평양 신학원 재개원 및 운영 지원(대한감리회서부연회)
2002	기독교	▶ 평양과학기술대학교 착공(새에덴교회)
2003	불교	▶ 북한 내 사찰 단청불사 및 관련 부대 행사
	기독교	▶ 조선그리스도연맹 교육관 및 평양신학원 신축 (대한예수교장로회총회)
	천주교	▶ 조선가톨릭교회 대표단 명동성당 방문
2004	불교	▶ 금강산에서 남북공동기도회 개최 ▶ 금강산 신계사 복원 착수(대한불교조계종)
2005	불교	▶ 개성 영통사 복원 완공(대한불교천태종)
	기독교	▶ 평양 제일교회 건립(대한예수교장로회총회) ▶ 북한 성경 및 찬송가 제작 자재 지원(대한예수교장로회총회) ▶ 왜성사과과수원 조성사업 지원(대한예수교장로회총회) ▶ 평양 신학원 운영 지원(대한감리회서부연회) ▶ 평양 봉수교회 및 선교 교육관 재건축((사)기쁜소식) ▶ 북한 봉수 빵공장 냉동설비 설치(동북아한민족협의회)
2006	불교	▶ 조선불교도연맹 전국신도회 금강산에서 남북 불교도 합동 법회 개최(대한불교조계종 중앙신도회)
	기독교	▶ 평양 봉수교회에서 남북 합동예배 거행 : 한국 종교인 91명 방북(11.29)
	천주교	▶ 북한 장충성당 내 주일학교 건립 지원(천주교 서울대교구)
2007	한국 종교인 평화회의	▶ 평양에서 조선종교인협의회와 남북 종교 교류 10주년 공동 행사 개최(한국종교인평화회의)
	불교	▶ 금강산 신계사 복원 완공(대한불교조계종) ▶ 개성 영통사 성지순례사업(대한불교천태종)

79 윤여상 · 정재호 · 안현민(2014), pp. 102~107.

연도	종교 단체명	교류 협력 내용
2007	기독교	▶ 평양에 조용기 심장전문병원 건립 추진(여의도 순복음 교회) ▶ 평양과학기술대학교 개교 준비
	천주교	▶ 조선가톨릭교협회와 지원 협력 협의(천주교 서울대교구 민 족화해위원회)
2008	불교	▶ 북한 사찰 복원 및 인도적 지원 사업 지속
	기독교	▶ 조선그리스도교연맹과 평양 봉수교회에서 '평화 통일 남북 교회 기도회' 개최(한국기독교교회협의회) ▶ 인도적 지원 사업 지속
	천주교	▶ 북한 장충성당에서 평화통일 기원 미사 개최(96명 참석) ▶ 인도적 지원 사업 지속
2009	천도교	▶ 3 · 1절, 8 · 15, 개천절 등을 계기로 남북 공동성명 발표 (단군민족평화통일협의회)
	불교	▶ 금강산 신계사에서 '신계사 낙성 2주년 기념 남북공동법회' 개최(대한불교조계종과 조불련, 10월) ▶ 개성 영통사에서 '대각국사 의천 열반 다례법회' 개최 (대한불교천태종)
	기독교	▶ 평양과학기술대학교 건물 준공식 및 공동 총장 임명
	천주교	▶ 북한 장충성당 보수 및 대북 지원에 대한 협의
2010	불교	▶ 조선불교도연맹 대표단과 회담 : 해외에 반출된 문화재 반 환 사업 협의(대한불교조계종) ▶ 평양 용화사, 법운암, 묘향산 보현사 등 사찰 순례(대한불교 조계종)
	기독교	▶ 북한 내 한국 성경 보급 문제 협의((사)기쁜소식) ▶ 평양 봉수교회 운영 상황 점검(새에덴교회) ▶ 평양과학기술대학교 개교(새에덴교회)
	천주교	▶ 북한 장충성당 보수 협의 및 조선가톨릭교협회와 '사목권' (교황청의 천주교 관련 입법 · 사법 · 행정에 관한 제반 권 리) 협의

연도	종교 단체명	교류 협력 내용
2011	한국 종교인 평화회의	▶ 한국종교인평화회의 의장단 방북 : 조선종교인협의회, 조선 그리스도교연맹, 조선불교도연맹, 조선천도교 중앙지도위 원회와 남북한 종교인 교류 합의
	천도교	▶ 조선천도교 중앙위원회 교당에서 '남북합동시일식' 봉행 (천도교 종무원장 이범창) ▶ 실무접촉을 통해 남북 민족종교 간 교류문제 논의(단군민 족평화통일협의회)
	불교	▶ 조선불교도연맹이 묘향산 보현사에서 '팔만대장경 판각 1천 년 기념 고불법회' 거행(대한불교조계종) ▶ 금강산 신계사에서 낙성 4주년 기념 법회 개최(대한불교조 계종) ▶ 조선불교도연맹 중앙위원회와 개성 영통사 복원 6주년 기 념 및 '대각국사 의천 910주기 열반 다례제' 개최(대한불교 천태종) ▶ 평양에서 남북 종교인 모임 및 공동성명 발표 ▶ 약탈 문화재 환수 실무협의 관련 개성 방문(대한불교조계종)
	기독교	▶ 조선그리스도교연맹이 '한반도 평화를 위한 기도회' 개최 (한국기독교교회협의회) ▶ 봉수교회 및 칠골교회 방문하여 남북 종교 교류 협력 방안 논의(한국기독교교회협의회)
	천주교	▶ 북한에 밀가루와 의약품 및 이유식 지원(천주교 한국카리 타스) ▶ 북한 장충성당 방문(한국종교인평화회의 대표 김희중 대주 교 및 민족화해위원회)
2012	천도교	▶ 분단 이후 최초 일본 규탄 성명 남북 천도교 공동 발표 ▶ 천도교 청우당 중앙위원회와 「10 · 4 공동선언 이행 촉구 남북공동 호소문」 채택(동학민족통일회)
	불교	▶ 서울 조계사와 평양 광법사에서 동시에 '조국통일 기원 8 · 15 남북 불교도 동시법회' 봉행(대한불교조계종) ▶ 금강산 신계사에서 낙성 5주년 기념 조국통일 기원 남북합 동법회 봉행(대한불교조계종) ▶ 중장기 남북 불교 교류 활성화 방안 협의 : 평양 지역의 불교 유적 발굴 · 복원, 평양불교회관(가칭) 건립, 북한의 불교 문 화재 공동 전수 조사 방안 등 논의(대한불교조계종) ▶ 개성 영통사 '대각국사 다례제 및 영통사 낙성 7주년 합동 법회'(대한불교천태종) ▶ 금강산을 성지로 규정하는 내용 논의(대한불교조계종)

연도	종교 단체명	교류 협력 내용
2012	기독교	▶ 중국 선양에서 조그련과 남북 공동기도회 개최와 세계교회 협의회(WCC) 부산총회 참여 논의(한국기독교교회협의회) ▶ 조그련과 8·15 '평화통일 남북공동 기도 주일' 연합 예배 진행(한국기독교교회협의회) ▶ 대북수해복구 지원 밀가루 154톤 조그련에 전달(한국기독 교교회협의회) ▶ 조용기 평양 심장전문병원 건립 재개 및 준공식 개최 예정 (여의도순복음교회) ▶ 평양에서 남북 합동미사 거행(평화3000) ▶ 평양에서 1백 주년 기념대회 개최(평북노회)
	천주교	▶ 대북 수해복구 지원 밀가루 및 의약품 전달(민족화해협력 범국민협의회&대북협력민간단체협의회) ▶ 평양 장충성당에서 성탄절 축일 미사 거행 합의(안중근 의 사 기념사업회) ▶ 조선가톨릭교협회 장재언 위원장과 안중근 의사 추모 공동 행사 및 생가 복원사업 재개 합의(안중근 의사 기념사업회)
2013	천도교	▶ 남북 관계 악화로 인해 실질적인 종교 교류 전무
	불교	▶ 8월 18~19일 중국 심양에서 대한불교조계종 민족공동체 추진본부(민추본)과 북한 조선불교도연맹(조불련) 중앙위 원회와 합동법회 논의(대한불교조계종) ▶ 8월 21~22일 중국 심양에서 진각종 대표단과 조불련 중앙 위원회와 남북 불교 교류 실무 회담(대한불교진각종) ▶ 10월 12일 조계종 금강산 신계사 낙성 6주년 기념 합동 법 회(대한불교조계종) ▶ 11월 7일 영통사 낙성 8주년 및 대각국사 의천 912주기 열 반 다례재 남북 합동 법회(대한불교천태종)
	기독교	▶ 10월 14일 중국 심양에서 북한 조선그리스도연맹의 초청 으로 한국 기독교교회협의회와의 만남 성사(한국기독교교 회협의회) ▶ 8·15 '평화통일 남북공동 기도 주일' 기도문 합의(한국기 독교교회협의회)
	천주교	▶ 2013년 6월 파주 남북합작 성당 건립 완공 ▶ 11월 10일 장충성당 설립 25주년 기념 합동 미사

연도	종교 단체명	교류 협력 내용
2014	천도교	▶ 7월 31일 북한 개성에서 동학혁명 120주년 공동행사 논의
	불교	▶ 6월 29일 만해 스님 열반 70주기 남북 공동행사(대한불교 조계종) ▶ 9월 19일 개성에서 조선불교도연맹 중앙위원회(위원장 강 수린)와 남북 불교 교류 회담 ▶ 10월 13일 조계종 금강산 신계사 낙성 7주년 기념 합동 법 회(대한불교조계종)
	기독교	▶ 6월 17~29일 스위스 제네바에서 한국 기독교 교회협의회 와 북한 조선그리스도교연맹 만남 성사(한국기독교회협의 회)
	천주교	▶ 5월 18~19일 중국 선양에서 북한 조선천주교협의회, 한국 천주교 주교회의와 서울대 교구 민족화해위원회의 한반도 평화기원 미사 관련 만남 성사
2015	불교	▶ 10월 15일 조계종 금강산 신계사 낙성 8주년 기념 합동 법 회(대한불교조계종)

이 시기의 북한 종교에 나타난 변화의 특징은 먼저, 국제 관계에서든 남북 관계에서든 종교와 관련한 문제는 북측의 종교 단체가 적극 대응하는 정책을 펴고 있는 양상이다. 다른 하나는 북한 종교가 본질을 찾는 복원작업을 추진하고 있다는 사실이다. 이것은 그동안 남한 종교계와 종교학자들이 지속적으로 제기한 문제로 각기 교류와 협력을 해 온 종교 간의 종교적 신뢰 구축에 북한의 종교가 적극 나서고 있다. 종교의식과 의례 등에 대한 공유를 시작한 것이다. 외적으로는 남한 종교와 교의적 공유를 통하여 신뢰를 쌓고, 내적으로는 종교인 양성과 관련 업무와 내용을 개발하였다.

이미 1980년대를 기점으로 북한의 종교는 개방과 자립을 둘러싼

두 개의 문제가 존재했다. 2000년대 북한의 종교는 재외동포 및 남한 종교계와의 실질적 교류를 통해 개방 형태로 접근하면서 공식적으로 활동의 허가를 받은 종교 단체들이 자체적인 조직 기반을 정비하고 국내외의 지원을 통해 자립할 수 있는 기반을 만들고 관련 사업을 추진하기 시작했다. 이러한 변화는 중국의 마오쩌둥(毛澤東)이 1942년 봄부터 3년 동안 계속 추진한 정풍운동(整風運動)의 시원(始源)이 되는 「옌안(延安) 강화의 선언」의 "민중 내부에 깃든 양식을 먼저 배우고, 그 양식을 통해 다시 민중을 교육하라."는 내용과 같이, 북한의 종교는 남북한 종교 교류에서 얻어진 공통분모를 중요시하고 본연의 순수한 존재가치와 인민의 안심입명에 기여해야 하는 종교의 존재가치를 인정하여 인민과 정권에게도 종교가 필요함을 알게 되는 계기가 마련되었다.

제3절 북한 종교 정책의 변화

북한에서는 정권을 수립하던 초기부터 종교 활동에 대한 자유를 탄압했다. 1950년 발발한 한국전쟁 이후 기독교와 천주교는 반공활동에 준거하여 "미제의 앞잡이, 스파이"라고 교육하였으며, 그 결과 완전히 종교가 제거되는 결과를 낳았다. 결국 1960년 말에는 공식적으로 종교 활동이 말살된 것이다. 이처럼 북한이 종교에 대해 말살·탄압하는 정책을 편 것은 "종교는 아편"이라고 판단한 마르크스의 논리에 준거한 김일성의 1960년대에 발표한 연설에서도 확인할 수 있다. 그는 종교에 대해 "미신의 일종으로 지배계급이 인민들을 착취하고 압박하는 도구"라고 연설에서 규정했다. 이런 상황에서도 천년 고찰은 전통예술로서 복원되고 보전되어 유지돼 왔다.

1992년에 북한의 헌법이 개정되기 전까지 북한은 헌법에서 종교의 자유와 함께 '반종교 선전의 자유'도 인정했다. 1972년에 북한에서 개정한 조선민주주의인민공화국 헌법에 종교의 자유를 인정하는

제54조도 존재했다. 이처럼 헌법상으로 보장받은 종교였으나, 정권 수립기에는 체제에 반하는 장애 요소로서 종교를 척결했다. 그러나 1972년 남과 북이 「7·4 남북 공동성명」을 발표하고 남북한 간에 상호 방문도 시작하면서 종교 단체의 활동도 재개되었다.

1980년대 이후에는 기독교, 천주교에서도 대북 교류를 시작했고, 현재는 불교를 비롯해 기독교와 천주교는 물론 원불교나 민족 종교 등이 북한의 각 종교계와 활발히 교류를 진행하였다. 특히 북한에 닥친 식량난이나 생필품난에 대해 다양한 지원이 이루어졌다. 1992년 헌법 개정을 통하여 신앙의 자유를 크게 신장시켰으며, 그후 1998년의 헌법 개정에서는 신앙의 자유와 함께 "누구든지" 외세를 끌어들일 수 없다는 68조항에서 "누구든지"를 삭제하여 2002년 5차 헌법 개정에까지 이어오고 있다. 더구나 2000년 「6·15 남북공동선언」 이후 남한의 김대중, 노무현 대통령 집권 10년간, 종교 등 다방면에서 남북 교류 협력이 활발했다. 이러한 변화는 북한 당·국가 차원의 종교 정책 변화에 기인한 것이다.

1. 북한 법률에 나타난 종교 정책의 변화

북한은 헌법에서 종교에 대해 부분적으로 자유를 허용하고 있으나, 북한의 사회 내에서 실질적으로 종교 자유는 허용되지 않고 있다. 북한은 종교에 대해 기본적으로 극복의 대상으로 삼으며, 이 때문에 구문적으로 '종교의 자유'가 의미하는 포괄적 자유는 인정하지 않되, 헌법에서 명시한 '신앙의 자유'는 일부분 인정해 왔다.

하지만 본래 신앙의 자유에 신앙의 형성, 변경, 포기 및 불신앙의 자유도 포함된다. 북한의 헌법에서 명시한 신앙의 자유란 어떤 특정 종교를 믿으며, 종교의식을 위해 필요한 건물을 짓거나, 종교의식을 행할 수 있는 자유를 보장한다는 것일 뿐이다. 즉, 포교나 전도에 필요한 행위, 종교에 대한 교육, 예배소 이외의 장소에서 신앙생활에 필요한 성경이나 교리서를 지참하는 등의 종교 행위를 할 수 있는 자유는 실질적으로 금지된 것이라 볼 수 있다. 북한에서는 해방 직후부터도 사회주의혁명에 반대한다면 종교에 대한 자유에 제한을 두거나 허용하지 않았으며, 종교인들 또한 신앙의 자유를 획득하기 위해 사회주의 건설 과정에 협조해야 했다.

북한 당국의 종교 정책과 태도는 외부의 정세와 당의 필요성에 따라 점차 변화했다. 북한의 종교 관련 헌법 규정 또한 당국의 입장에 따라 시기별로 변화됐다. 1948년 9월 북한이 공포한 헌법에서 공민의 기본적인 권리와 의무 관련 항목은 "공민은 신앙 및 종교의식 거행의 자유를 가진다."고 명시했다. 그러나 한국전쟁을 겪고 난 후 1972년에 개정한 헌법에서는 "공민은 신앙의 자유와 반종교 선전의 자유를 가진다."로 수정했다. 이를 통해 실질적으로는 '반종교 선전의 자유'에 무게 중심을 두고, 종교를 억압하거나 핍박할 수 있는 가능성을 존속시켰다고 볼 수도 있다. 이후 1992년 개정한 헌법에서 '반종교 선전의 자유'의 문구를 삭제해서 부정적 요소는 제거했으나, "종교를 외세를 끌어들이거나 국가 사회질서를 해치는 데 리용할 수 없다."고 첨언함으로써 종교에 대한 제한은 여전하다고 볼 수 있다.

1948년 9월 9일 북한에서 제정된 「조선민주주의인민공화국 헌법」을 보면 "공민은 신앙 및 종교의식 거행의 자유를 가진다(제15조)."
고 밝혔으나, 1950년 3월 3일 제정한 「조선민주주의인민공화국 형
법」의 제21장 관리질서 침해에 관한 죄, 제257조를 보면 "종교 단체
에 기부를 강요하는 자는 2년 이하의 징역에 처한다."고 명시함으로
써 종교의 재정 기반을 박탈했고, 이어 제258조에서는 "종교 단체에
서 행정적 행위를 한 자는 1년 이하의 교화 노동에 처한다."고 규정
하여 종교 관련의 행정을 한 사람을 처벌하였다. 결과적으로 각 종
교계의 승려와 신부, 목사 등 성직자들의 종교적 역할을 위축하고,
'신앙의 자유'를 규제하였다. 북한의 형법상 2년 이하의 징역, 1년
이하의 교화 노동이라면 첩을 둔 사람이 받는 형벌과 같은 것이다.[80]

한편, 1992년 4월 9일에 열린 최고인민회의 제9기 3차 회의를 통
해 개정된 헌법의 특징은 종교와 신앙의 자유가 대폭 신장되었는데,
이는 80년대 중반부터 이어진 종교계의 남북 교류, 남북 관계의 정
치적 비중을 감안한 변화이다. 기존의 부정적 태도, 규제와 통제 일
변의 정책에서 진일보해 상당한 자유를 부여했다. 개정된 헌법을 살
펴보면 제5장 제68조는 "공민은 신앙의 자유를 가진다."고 명시했
다. 단, "주체적 입장에서 외세를 끌어들여 체제에 부정적이거나 국
가사회 질서를 해치지 못하도록 하였다". 이런 변화는 남한의 통일
운동가들과 해외 교포 종교인들의 통일운동, 남한에서 종교의 비중,
종교의 사회적 영향력 등을 다양하게 고려하는 한편 북한이 개방과

----

80 신법타, 『북한불교연구 : 20세기 최근세의 북한불교 변화에 대한 연구』(서울
    : 민족사, 2000), pp. 69~70.

자유로 인한 문제를 대비하기 위해 북한 종교계에 대한 조치였다고 볼 수 있다.[81]

유사하게 북한은 1998년 9월 5일 개최한 최고인민회의 제10기 1차 회의에서 헌법을 개정했으며, 그 결과 헌법상 주석제 폐지, 최고인민회의 상임위원회 신설 등 북한의 권력 구조를 상당 부분 개편했다. 또한, 주목할 만한 부분으로 "공민은 거주·여행의 자유를 가진다."고 제75조를 신설했다. 이는 UN을 비롯한 국제사회에서 요구하던 '거주 이전의 자유 보장'을 일부 수용했다고 해석할 수 있다. 물론 북한 내에서 식량난이 발생하여 주민들의 지역 이동을 강제적으로 막을 수 없는 현실을 상징하는 조항이기도 하다.[82]

북한이 헌법에서 밝힌 종교 관련 조항을 보면 '제5장 공민의 기본 권리와 의무' 중에서 제66조, 제67조, 제68조 등이 있다. 특히 주민들의 종교 생활에 대해 규정한 제68조 등에서 많은 변화를 찾을 수 있다.[83] 그러나 조선노동당이 유일사상 확립을 위해 제정한 10대 원칙 제4조의 10항을 보면, "김일성 수령님의 혁명사상에 어긋나는 봉건 유교사상, 수정주의, 교조주의를 비롯한 온갖 반당적·반혁명적 사상 조류를 반대하여 투쟁하며 김일성의 혁명사상 주체사상을 철저히 고수한다". 즉, 공산당의 정책, 노선에 반하는 어떤 이념, 사상도 허용치 않고 오직 김일성주의(주체사상)만을 실천하고 전파해야 한

....
81 신법타(2000), p. 70.
82 신법타(2000), p. 70.
83 신법타(2000), p. 70.

다는 주장이다.[84] 북한에서 노동당의 강령은 헌법보다 강력한 권위를 갖고 있기 때문에 이 사항이 구체적으로 개정되거나 변화하지 않는 한, 북한의 주민들에게 '종교와 신앙의 자유'는 지속적으로 한계에 봉착할 수밖에 없다.[85]

북한 헌법에 규정하고 있는 종교 관련 조문의 변화는 다음의 〈표 2-2〉와 같이 정리할 수 있다.

〈표 2-2〉 북한 헌법에 규정된 종교 관련 조문의 주요 변화[86]

제정 및 개정 연도	종교 관련 조문
조선민주주의인민공화국 헌법 (1948년 9월 8일)	• 제2장 공민의 기본적 권리 및 의무 • 제14조 공민은 신앙 및 종교의식 거행의 자유를 가진다.
조선민주주의인민공화국 사회주의 헌법 (1972년 12월 28일)	• 제4장 공민의 기본적 권리 및 의무 • 제54조 공민은 신앙의 자유와 반종교 선전의 자유를 가진다.
조선민주주의인민공화국 사회주의 헌법 (1992년 4월 9일)	• 제5장 공민의 기본적 권리 및 의무 • 제68조 공민은 신앙의 자유를 가진다. 이 권리는 종교 건물을 짓거나 종교의식 같은 것을 허용하는 것으로 보장된다. 누구든지 종교를 외세를 끌어들이거나 국가사회 질서를 해치는 데 리용할 수 없다.
조선민주주의인민공화국 사회주의 헌법 (1998년 9월 5일)	• 제5장 공민의 기본적 권리 및 의무 • 제68조 공민은 신앙의 자유를 가진다. 이 권리는 종교건물을 짓거나 종교의식 같은 것을 허용하는 것으로 보장된다. 종교를 외세를 끌어들이거나 국가사회질서를 해치는 데 리용할 수 없다.

....

84 『내외통신』 제672호(서울 : 내외통신사), 1989년 2월 17일.

85 고태우(1989), p. 84.

86 윤여상 · 정재호 · 안현민, 『2015 북한 종교자유 백서』(서울 : 북한인권정보센터, 2015). ;『블루투데이』, 2015년 11월 20일. 재인용.

제정 및 개정 연도	종교 관련 조문
조선민주주의인민공화국 사회주의 헌법 (2012년 4월 9일) *변화 없음	• 제5장 공민의 기본적 권리 및 의무 • 제68조 공민은 신앙의 자유를 가진다. 이 권리는 종 교건물을 짓거나 종교의식 같은 것을 허용하는 것 으로 보장된다. 종교를 외세를 끌어들이거나 국가사 회질서를 해치는 데 리용할 수 없다.
조선민주주의인민공화국 사회주의 헌법 (2019년 8월 29일) *최근 개정으로 변화 없음	• 제5장 공민의 기본 권리와 의무 • 제68조 공민은 신앙의 자유를 가진다. 이 권리는 종 교건물을 짓거나 종교의식 같은 것을 허용하는 것 으로 보장된다. 종교를 외세를 끌어들이거나 국가사 회질서를 해치는 데 리용할 수 없다

2. 북한 최고지도자의 종교관과 사찰 현지 지도

(1) 북한 최고지도자의 종교관 변화

북한 헌법상 영원한 주석인 김일성의 말씀은 그대로 법이요, 실천
강령이다. 1945년 해방부터 1994년 7월 8일 사망 시까지 근 반세기
동안 북한을 통치해 온 무소불위의 절대 권력자가 한 말은 모든 통
치와 가치관의 기준이 되므로, 그의 말이나 성명·저서를 통하여 종
교에 대한 언급을 살피는 것은 북한 종교 정책의 변화를 그대로 알
수 있는 것이다. 절대 권력의 자리가 큰아들 김정일에게 이어지고,
지금은 손자 김정은이 절대 권력의 자리에 있다. 김일성 주석과 김
정일 국방위원장의 종교에 대한 많은 언급은 가장 정확하고 빠른 북
한의 종교관이 된다.

김일성은 첫째로 종교에 대해 봉건 지배계급의 장악 아래 역사적
으로 인민들을 속이고 착취하며 압박하는 도구로서 인식했다는 것

이다. 이는 반봉건적인 측면에서 종교를 탄압하는 원인으로 작용하였다. 둘째는 종교를 후진국 인민들을 침략하기 위한 제국주의자들의 사상적 도구로 인식하였다. 즉, 김일성은 미국이 한반도를 식민지화했다고 보고, 식민지화 과정에서 천주교, 기독교 등 서양 종교가 선교 목적으로 유입되면서 대중을 조직화하여 사회 혼란과 국가 전복을 기도하였다고 보았다. 이러한 김일성의 인식은 종교에 대한 적대적인 정책으로 나타날 수밖에 없었다.[87]

북한이 기독교에 대해 '조국해방전쟁' 중에 했던 비판은 미국이 기독교(하나님)를 내세워 여러 만행과 살상을 일삼는다는 데 중심을 맞추고 있다. 바로 김일성의 교시, 회고록을 통해 분명하게 드러난다.

"과거에 조선에 와서 십자가를 들고 하느님을 우러러 '주여'를 부르던 미국 선교사들이 오늘에 와서는 십자가 대신 카빈총을 들고 임신부를 몇십 명씩 한데 모아 총살하며 땅크로 어린애를 깔아 넘기고 있습니다. (…) 조선 처녀들을 나체로 자동차와 땅크에 싣고 다니면서 인간적으로는 상상조차 할 수 없는 능욕과 만행을 감행하고 있습니다."[88]

"종교는 반동적이며 비과학적인 세계관입니다. 사람들이 종교를 믿으면 계급의식이 마비되고 혁명하려는 의욕이 없어지게 됩니다. 결국 종교는 아편과 같은 것이라고 할 수 있습니다."[89]

....

87 하종필, 『북한의 종교문화』(서울 : 선인, 2003), pp. 24~31. ; 윤여상 · 정재호 · 안현민(2014), p. 36. 재인용.
88 김일성, 『김일성 저작선집 3』(평양 : 조선로동당출판사, 1979), p. 245

"종교는 력사적으로 지배계급의 수중에 장악되어 인민들을 기만하며 착취·억압하는 도구로 이용되었으며, 제국주의자들이 후진 국가 인민들을 침략하는 사상적 도구로 이용되었습니다."[90]

"종교는 일종의 미신입니다. 예수를 믿든지 불교를 믿든지 그것은 다 본질상 미신을 믿는 것입니다. 종교는 역사적으로 지배계급의 수중에 장악되어 인민들을 기만하고 착취·압박하는 도구로 이용되었으며, 또 근대에 들어와서는 제국주의자들이 후진 국가 인민들을 침략하는 도구로 이용되었습니다."[91]

해방 후 북한에서는 종교를 '아편'으로 규정했으며, 봉건시대의 낡은 잔재이자 미신에 불과하다고 평가했다. 김일성은 "종교는 반동적이며 비과학적인 세계관입니다. 사람들이 종교를 믿으면 계급의식이 마비되고 혁명하려는 의욕이 없어지게 됩니다. 결국 종교는 아편과 같은 것이라고 말할 수 있습니다."라고 언급한 바 있다.[92]

그러나 1990년대 발간된 김일성의 『세기와 더불어』에는 "종교를 아편이라고 한 마르크스의 명제를 극단적으로, 일면적으로 해석해서는 안 된다. 그 명제는 종교적 환상에 유혹당하는 것을 경계하라는 의미에서 한 말이지 종교인 일반을 배척하라는 것이 아니다."라

....
89 김일성, 『김일성 저작선집 5』(평양 : 조선로동당출판사, 1980), p. 154.
90 김일성, 『김일성 저작선집 3』(평양 : 조선로동당출판사, 1979), p. 245.
91 김일성, 『김일성 저작선집 1』(평양 : 조선로동당출판사, 1979), p. 37.
92 김일성, 『김일성 저작선집 5』(평양 : 조선로동당출판사, 1980), p. 154.

고 언급되어 있다. [93]

　"종교를 아편이라고 한 마르크스의 명제를 나는 물론 부정하지 않소. 그러나 이 명제를 어떤 경우에나 다 적용할 수 있다고 생각한다면 그것은 오산이요. 일본에 천벌을 내리고 조선 민족에게 복을 내려달라고 비는 천불교에다 그래 아편이라는 감투를 함부로 씌울 수 있겠소? 나는 천불교를 애국적인 종교라고 생각하며 이 교의 신자들을 다 애국자라고 생각하오. 우리가 할 일이 있다면 이 애국자들을 하나의 력량으로 묶어세우는 것뿐이요." [94]

　"내가 성장과정에서 기독교적인 영향을 많이 받지 않았느냐고 묻는데 나는 종교적 영향은 없지 않았지만, 기독교 신자에게서 인간적으로 도움을 많이 받았다. 그리고 그들에게 사상적 영향도 주었다." [95]

　"어른들이 례배당에 갈 때면 아이들도 따라가서 례배를 보군 하였다. 신자의 대렬을 늘이려고 례배당 측에서는 이따금씩 아이들에게 사탕도 주고 공책도 주었다. 아이들은 그것을 받아 보는 맛에 일요일만 되면 패를 지어 송산으로 밀려가곤 하였다. 나도 처음에는 호기심이 나서 동무들과 함께 가끔 송산으로 다니었다. 그러나 동심에 맞지 않는 엄숙한 종교의식과 목사의 단조로운 설교에 싫증을 느낀 다음

....
93 김일성, 『세기와 더불어 : 회고록 5』(평양 : 조선로동당출판사, 1994), p. 349.
94 김일성, 『세기와 더불어 : 회고록 1』(평양 : 조선로동당출판사, 1992), p. 267.
95 김일성, 『세기와 더불어 : 회고록 5』(평양 : 조선로동당출판사, 1994), p. 104.

부터는 례배당에 잘 다니지 않았다. 어느 일요일날 나는 할머니가 달여준 콩엿을 먹으면서 아버지에게 말했다. '아버지, 오늘은 례배당에 안 갈래요. 례배를 구경하는 게 재미없어요.' 아버지는 아직 철부지라고 할밖에 없는 어린 나를 앉혀 놓고 이런 말씀을 하였다. '가고 안 가는거야 네 마음대로지. 사실상 례배당이라는 데는 아무것도 없다. 그러니 안 가도 좋다. 너는 예수보다도 자기 나라를 더 믿고 자기 나라 사람들을 더 믿어야 한다. 그리구 나라를 위해서 큰일을 할 생각을 해야 한다.' 이런 말씀을 들은 다음부터 나는 례배당에 잘 다니지 않았다. 칠골에서 학교를 다닐 때에도 례배당에 다니지 않는 학생들은 통제하였지만 한 번도 가지 않았다. 나는 례수의 복음이 우리 인민이 겪고 있는 비극과는 너무나도 거리가 멀다고 생각하였다. 례수의 교리 가운데 인도주의적인 것도 많았으나 민족의 운명을 두고 깊은 고뇌에 빠져 있던 나에게는 구국애로 부르는 력사의 외침 소리가 그보다 더 절박하게 들리었다. 사상으로 보면 아버지도 무신론자였다. 그러나 신학을 가르치던 숭실학교 출신이었기 때문에 아버지의 주위에는 교인들이 많았고, 따라서 나도 교인들과의 접촉을 많이 하였다. 어떤 사람들은 내가 성장과정에 기독교적인 영향을 많이 받지 않았는가 묻는데 나는 종교적 영향은 받지 않았지만 기독교 신자들에게서 인간적으로 도움은 많이 받았다. 그리고 그들에게 사상적 영향도 주었다. 온 세상 사람들이 평화롭고 화목하게 살기를 바라는 기독교적 정신과 인간의 자주적인 삶을 주장하는 나의 사상은 모순되지 않는다고 나는 생각한다. 나는 어머니가 례배당에 갈 때에만 송산으로 다니었다. 어머니는 례배당에 다니었지만 례수를 믿지 않았

다. 어느 날 나는 어머니에게 슬그머니 물어보았다. '어머니, 어머니
는 (하느님이) 정말 있어서 례배당에 다니시나요?' 어머니는 웃으면
서 머리를 가로 흔들었다. '무엇이 있어서 다니는 게 아니라, 죽은 후
에 (천당) 가서는 뭘 하겠니, 사실은 너무 피곤해서 좀 쉬자고 간다.'
그 말씀을 들으니 어머니가 불쌍하고 더 정이 들었다. 어머니는 례배
당에서 기도를 드리다가도 피곤에 못 이겨 졸곤 하였다. 그러다가 목
사가 뭐라고 한 후 모두가 '아멘.' 하고 일어날 때에야 잠에서 깨어났
다. '아멘.' 소리가 난 뒤에도 잠에 몰려 깨어나지 못하면 내가 슬그머
니 흔들어서 어머니에게 기도가 끝났다는 것을 알려드리곤 하였다."[96]

1991년 8월 김일성은 '조국평화통일위원회' 책임 일꾼들과의 담
화에서 종교에 대한 긍정적 입장과 대외적인 종교 교류 의사를 표명
하였다. 물론 이러한 김일성의 발언 이면에는 통일전선 전술의 차원
에서 나온 것이지만 북한의 절대적 지도자인 김일성·김정일의 종
교에 대한 인식 변화는 1990년대 남북한 종교 교류에 긍정적으로
작용하였다.[97] 1986년 김정일이 종교에 긍정적 인식을 표출하기 시
작하였다. 김정일은 김일성의 교시를 바탕으로 종교에 긍정적 요소
가 존재한다는 논리를 내세웠다.

"종교에 대한 올바른 리해를 가지고 종교를 믿는 사람들과의 사업
을 잘하는 것은 매우 중요합니다. 사람들이 종교를 믿게 되는 것은

....
96 김일성, 『세기와 더불어 : 회고록 1』(평양 : 조선로동당출판사, 1992), p. 349.
97 윤여상·정재호·안현민(2014), p. 64. 일부 인용.

대체로 현실 생활에서의 고통과 불행을 숙명적인 것으로 받아들이고 래세에 가서라도 행복한 삶을 누려 보고자 하는 념원에서 출발한 것입니다. 그러므로 종교를 믿는 사람을 나쁘다고 할 수 없습니다. 나쁜 것은··· 종교를 악용하는 반동 통치배들입니다."[98]

"수령님께서는 종교를 악용하는 반동적 지배계급과 제국주의자들의 책동을 배격하기 위한 것이었지 종교와 신자를 배척하신 일이 없습니다. 종교에는 나쁜 점만 있는 것이 아니라 좋은 점도 있습니다. 종교에서 사람들이 서로 사랑하면서 평화롭게 살라고 주장하는 것은 좋은 점이라고 볼 수 있습니다."[99]

이러한 종교에 대한 인식은 1990년대에 들어와서도 그대로 나타나고 있다. 그러나 이러한 북한 당국의 종교에 대한 정책적 변화를 종교에 대한 근본적인 인식의 변화와 동일시하기는 어렵다. 오히려 종교를 통한 북한 체제의 생존 전략이 내포되어 있다고 보아야 할 것이다. 2012년 북한에서 공식적으로 집권한 김정은은 2014년 "민족유산 보호 사업은 우리 민족의 력사와 전통을 빛내이는 애국 사업이다."라는 내용의 담화를 제시하였다. 담화의 특이점은 관광 수입을 통해 민족 문화유산을 보수 관리할 것을 지시하고 있다는 것이

98 김일성, 「우리 민족의 대단결을 이룩하자」, 『조선중앙년감』(평양 : 조선중앙통신사, 1992), p. 49.

99 김정일, 「주체사상의 기본에 대하여」, p. 189. ; 박승덕, 「기독교에 대하는 주체사상의 새로운 관점」, 『기독교와 주체사상』(서울 : 신앙과 지성사, 1993), p. 81. 재인용.

다. 북한의 민족 문화유산에는 사찰의 비중이 크게 존재한다.[100]

"지금 적지 않은 일꾼들이 민족 문화유산을 보존 관리하는 것은 해
도 되고 안 해도 되는 부차적인 일로 여기면서 이 사업을 뒷전에 미
루어놓고 있습니다. (…) 내각과 해당 성, 중앙기관들에서 력사유적과
박물관, 명승지들의 건설과 보수관리에 응당한 관심을 돌리고 요구
되는 설비, 자재, 자금을 책임적으로 보장하여야 합니다. 력사유적과
명승지들에 대한 참관, 관광을 통하여 번 자금 가운데서 필요한 몫을
민족유산 보호 부문에 돌려 자체로 정상 보수관리할 수 있도록 하여
야 하겠습니다."[101]

물론 최고지도자의 종교관을 통한 북한 종교 정책의 변화에는 대
남 및 통일전선 전략에 종교인들을 활용하려는 의도, 해외 종교인들
과의 교류 · 협력을 통해 북한에 대한 국제적 이미지를 개선하려는
의도, 종교 단체의 지원을 통한 식량 확보 등의 의도가 존재한다. 또
한 형식적인 종교 활동의 허용이 북한 체제에 위협이 될 수 없다는

....

100 "원산 국제관광지대의 주요 력사유적으로서는 세 나라 시기의 유적인 안변
    보현사와 가학루(안변군), 고려 시기의 유적인 명적사(원산시)와 석왕사(고
    산군)가 있다. 우리 인민들이 력사 발전 과정에서 창조한 이러한 민족문화
    유산들은 나라의 귀중한 국보로, 세계적으로 이름 있는 력사문화 관광자원
    으로 되고 있다. (…) 대표적인 력사유적들로서는 표훈사, 정양사, 장연사 3
    층탑, 금장암사자탑, 정양사 3층탑, 보덕암, 신계사 3층탑, 서산대사비, 그리
    고 여러 비들과 많은 부도들이 있다."며 대표적인 역사유적으로 사찰들을 명
    시하였다. 조영남, 「원산-금강산 국제관광지대의 관광자원 분포의 특징」, 『김
    일성종합대학학보』 제61권 제2호(평양 : 김일성종합대학출판사, 2015), p. 105.
101 『로동신문』, 2014년 10월 24일, 「민족유산 보호사업은 우리 민족의 력사와
    전통을 빛내이는 애국사업이다」 참조.

자신감 등이 복합적으로 작용한 것으로 판단할 수 있다.[102] 그러나 종교에 대한 형식적 활용을 넘어서 종교에 대한 인정으로 나아갈 수 있는 가능성도 분명히 존재하는 것이다. 즉, 김정은 집권기에서 사찰이 관광자원으로 부각되는 가운데 북한의 불교는 대외적으로 인정될 수밖에 없는 것이다. 이에 따라 사찰을 관리하는 불교 기관과 소수이지만 불교도들의 신행 활동도 보장될 수 있는 것이다.

(2) 북한 최고지도자의 사찰 현지 지도

김일성 주석은 해방 직후부터 1994년 7월 사망 시까지 2만 600 개의 단위를 현지 지도하였다. 그 속에서 역사유적 현지 지도는 총 126회로 정치와 경제·군사 등 다른 부문에 비해서 적었다. 이는 북한 사회주의 체제 건설의 특성상 정치와 경제·군사 부문이 중요하였기 때문이다. 하지만 특이하게 역사유적 현지 지도 126회 가운데 사찰 방문이 50회였다.

〈표 2-3〉 김일성 주석의 역사유적 현지 지도 횟수

연대	1945~ 1950	1951~ 1960	1961~ 1970	1971~ 1980	1981~ 1990	1991~ 1994	합계
횟수	35	24	23	18	13	13	126

··············
102 문장순, 『북한 종교의 이해』(서울 : 도서출판 대명, 2007), pp. 107~108.

〈표 2-4〉 김일성 주석의 사찰 현지 지도 횟수

연대	1945~ 1950	1951~ 1960	1961~ 1970	1971~ 1980	1981~ 1990	1991~ 1994	합계
횟수	13	6	6	10	12	3	50

이는 북한 유적의 대부분이 과거 한반도에 전래된 전통 종교였던 불교와 유교 등에 기초한 것이기 때문이다. 또한 상대적으로 불교가 유교보다 더 오래전부터 북한에 전파되어 역사유적으로 불교 사찰이 많았기 때문이다. 나아가 북한이 수령의 현지 지도를 통해 역사유적의 보존을 강조한 것은 민족 문화유산으로 사회주의적 애국주의, 즉 민족성을 고취시키기 때문이다. 공산주의를 고취하며 종교의 소멸을 꾀하였지만, 현실적으로 역사유적으로서 사찰의 중요성이 강조되었던 것이다.

나아가 유물론적 세계관을 지닌 사회주의자인 김일성 주석이 사찰을 방문한 것은 매우 의미 있는 일이다. 이는 과거 소풍의 추억에서 비롯되기 때문이다. 김일성 주석은 일제강점기였던 어릴 적 창덕학교 시절, 정방산 사찰로 소풍을 온 기억을 지니고 있다.

"나라 없는 민족의 슬픔을 뼈에 사무치도록 체험한 나에게는 고향에 있는 한 대의 나무, 한 포기의 풀, 한 이삭의 곡식이 이전보다 몇 갑절 더 소중해 보였다. 그런 데다가 강량욱 선생이 학생들에게 민족의식을 부단히 고취하였으므로 나는 가정에서나 학교에서나 일상적으로 애국심을 심어주기 위하여 원족이나 수학려행 같은 것을 많이 조직해 주었다. 그때 있던 여러 가지 일들 중에서도 황해도 정방산

묘향산 보현사(2006년 12월 촬영)

수학려행이 매우 인상 깊다. 해방 후 강량욱 선생은 최고인민회의 상임
위원회 서기장과 공화국 부주석으로 일하면서 나와 사업상 접촉할 기
회가 많았는데 우리는 창덕학교 시절의 수학려행에 대하여, 우리가 본
정방산의 성불사와 남문루에 대하여 감회 깊이 회상하군 하였다."[103]

따라서 해방 후 가족들과 함께 사찰을 방문하기도 한 것이다. 이러한
연유에서 김일성 주석은 사찰을 현지 지도하면서 한국전쟁 시기에
파괴되거나 전소된 묘향산 보현사를 비롯해 대성산성 광법사, 금강
산 표훈사, 정양사 보덕암 등을 역사유적 차원에서 많이 복원하였다.
그는 해방 직후, 1970~80년대 사찰을 많이 방문하였다. 가장 많
이 방문한 곳은 묘향산 보현사였다. 김일성 주석의 보현사 방문은

103 김일성, 『김일성 저작집 45 : 회고록 「세기와 더불어 1」(1912.04~1930.05)』
(평양 : 조선로동당출판사, 1996), p. 88.

50회 사찰 방문 중 17회에 달한다. 두 번째로 방문한 곳은 황해북도 사리원시 정방산 성불사로 8회였다. 성불사는 한국전쟁 때 많이 파괴되었으나, 김일성 주석의 지시로 1960년대 초 복원 공사가 진행되었고, 직접 여러 차례 방문하기도 하였다.

〈표 2-5〉 김일성 주석의 사찰 현지 지도

구분	일시	내용	비고
1	1946.04.08.	모란봉 영명사 부벽루, 8각 5층 탑	가족 동행
2	1946.05.06.	룡악산 룡곡서원, 법운암	가족 동행
3	1946.11.10.	정방산 성불사	김정일 동행
4	1947.05.03.	묘향산 보현사, 상원암, 축성전, 불영대, 5층탑, 보윤암, 극락전	
5	1947.07.29.	룡강 부운사	
6	1947.09.28.	금강산 신계사	가족 동행
7	1947.09.29.	강원도 석왕사	김정일 동행
8	1948.04.08.	룡악산 법운암	김정일 동행
9	1948.08.22.	해주 신광사, 벽성 소현서원	
10	1948.10.16.	금강산 신계사	
11	1949.07.	금강산지구 사찰 : 신계사, 석왕사, 장안사, 백화암, 보덕암, 불지암, 삼불암	
12	1949.10.15.	묘향산 상원암, 칠성각 : 보현사	가족 동행
13	1949.10.16.	녕변 철옹성, 천주사, 서운사	가족 동행
14	1951.10.02.	강원도 안변 석왕사	
15	1952.10.	내금강 장안사	
16	1954.04.10.	묘향산 보현사	
17	1957.08.24. ~08.26.	개성 남대문, 관덕정, 공민왕릉, 천마산 관음사, 대흥산 성북문, 범사정	
18	1957.12.10.	해주 석빙고, 5층탑	김정일 동행
19	1958.11.02.	묘향산 력사박물관	
20	1962.08.26.	정방산 성불사	가족 동행
21	1963.05.11.	정방산성, 성불사	
22	1964.01.31.	정방산 성불사	

구분	일시	내용		비고
23	1964.05.20.	정방산성 남문, 성불사		
24	1964.10.27.	정방산 성불사		
25	1965.04.24.	정방산 성불사		
26	1971.02.19. ~02.20.	묘향산 력사박물관		
27	1971.10.10.	묘향산 력사박물관		
28	1972.04.10.	묘향산 력사박물관		
29	1973.06.03.	묘향산 력사박물관		
30	1974.02.23.	정방산 성불사		
31	1974.04.11.	룡악산 법운암		
32	1974.11.05.	묘향산 보현사 대웅전		
33	1978.08.26.	묘향산 보현사 대웅전		
34	1979.04.	묘향산 보현사(요사채 건축 지시)		
35	1979.10.15.	묘향산 력사박물관		
36	1981.04.26.	묘향산 력사박물관		
37	1981.05.	묘향산 보현사와 산내 암자		
38	1981.06.	금강산 표훈사 보덕암		
39	1984.06.	모란봉 룡화사		
40	1984.09.	유점사 범종 묘향산 보현사로 옮김		
41	1985.06.	묘향산 산내암자 불영암, 하비로암 보수 지시		
42	1989.02.	동명왕릉 정릉사터 : 국가 복원 지시		
43	1989.04.02.	동명왕릉 정릉사터 : 국가 복원 지시		
44	1989.06.17.	묘향산 력사박물관		
45	1989.11.09.	대성산 광법사터		
46	1990.04.19.	모란봉 룡화사		
47	1990.10.	함경남도 룡흥사		
48	1991.02.12.	대성산 광법사		
49	1993.02.20.	동명왕릉, 정릉사 복원 현장		
50	1993.05.16.	동명왕릉, 정릉사 복원 완료 현장		

김일성 주석에 비해서 김정일 국방위원장은 해방 이후 유년시절 부터 2011년 12월 사망 때까지 역사유적지를 72회 방문하였다. 김

일성 주석에 비해서 더 오래 북한에서 생활했음에도 역사유적 방문이 적은 것은 김정일 국방위원장이 역사유적에서 느끼는 애국적 관념보다 사회주의적 지향의 추구가 명확했기 때문이다. 그럼에도 김정일 국방위원장의 사찰 방문은 역사유적 방문 72회 가운데 34회에 달한다.

〈표 2-6〉 김정일 국방위원장의 역사유적 방문 및 현지 지도 횟수

연대	1946 ~1950	1951 ~1960	1961 ~1970	1971 ~1980	1981 ~1990	1991 ~2000	2001 ~2011	합계
횟수	22	9	12	5	7	9	8	72

〈표 2-7〉 김정일 국방위원장의 사찰 방문 및 현지 지도 횟수

연대	1946 ~1950	1951 ~1960	1961 ~1970	1971 ~1980	1981 ~1990	1991 ~2000	2001 ~2011	합계
횟수	12	1	2	1	6	5	7	34

이는 김정일 국방위원장이 역사유적을 봉건적이라고 판단했음에도 불교 유적에 대해 관심이 있었음을 의미한다. 김정일 국방위원장은 소련에서 귀국 후 어린 나이였던 1946년부터 1949년까지 가족과 함께 12차례 사찰을 방문하였다. 따라서 이는 기독교적 환경에서 아동기를 보낸 김일성 주석과 다르게, 유년시절 기억으로 사찰 방문을 많이 한 것으로 추측된다. 또한 아버지의 현지 지도를 중심으로 북한의 정치활동을 생각했기 때문에 자신의 현지 방문을 많이 공개하지 않았을 가능성이 크다. 나아가 김일성 주석과 유사한 권위 있는 개념의 현지 지도는 1980년 제6차 당 대회 이후 공식적인 후계자가 된 이후 진행되었을 가능성이 크다.

금강산 내금강
삼불암

　일단 공식화된 기록에 따르면 김정일 국방위원장은 해방 직후와 1980년대, 1990년대, 2000년대 사찰을 많이 방문하였다. 김정일 국방위원장이 많이 방문한 사찰은 묘향산 보현사로 9회 방문하였다. 두 번째로 황해북도 사리원시 정방산 성불사에도 4차례 방문하였다. 표 〈2-6〉, 〈2-7〉을 보면 김정일 국방위원장이 공식 후계자가 된 이후 1980년대 역사유적 방문 24회 가운데 사찰 방문은 18회로 대부분을 차지하였다.

　김정일 국방위원장이 역사유적 가운데 주로 고찰들을 방문한 것은 불교 유적을 중심으로 전통문화를 보존하고 계승·발전시키는 데 관심을 가졌으며, 사찰 건축을 '주체 건축'이라고 명명하기도 하였기 때문이다.[104] 이에 따라 사찰을 인민들의 전통적인 휴식 공간으로서, 애국적 유산으로 이용하였다. 이러한 관점은 김정은 국무위원장도 계승하고 있다. 하지만, 김정은 국무위원장의 공식적인 사찰 현지 지도는 발표되고 있지 않다.

‥‥‥‥‥‥‥

104　이정, 「북한의 사찰과 문화재」, 『불교평론』 5호(서울 : 만해사상 실천선양회, 2000), 참조.

<표 2-8> 김정일 국방위원장의 사찰 방문 및 현지 지도

구분	일시	내용	비고
1	1946.04.08.	모란봉 영명사 부벽루, 8각 5층 탑	가족 동행
2	1946.04 중순	정방산성 남문, 성불사	
3	1946.05.06.	룡악산 룡곡서원, 법운암	가족 동행
4	1946.10.06.	모란봉 을밀대, 영명사	
5	1946.11.10.	정방산 성불사	김일성
6	1947.09.28.	금강산 신계사	가족 동행
7	1947.09.29.	강원도 석왕사	김일성
8	1948.04.08.	룡악산 법운암	김일성
9	1948.09.30.	묘향산 보현사	
10	1948.10.01.	묘향산 안심사, 상원암, 축성전, 불영대, 5층탑, 보운암, 수충사	
11	1949.10.15.	묘향산 상원암, 칠성각	가족 동행
12	1949.10.16.	녕변 철옹성, 천주사, 서운사	가족 동행
13	1957.12.10.	해주 석빙고, 5층탑	김일성
14	1962.08.26.	정방산 성불사	가족 동행
15	1966.10.30.	룡악산 법운암	
16	1973.06.10.	묘향산 보현사 상원암	
17	1981.05.19.	묘향산 보현사, 상원암, 축성전, 불영대, 수충사	
18	1981.05.25.	묘향산 불영대, 상원암	
19	1981.05.26.	묘향산 하비로암	
20	1981.05.27.	묘향산 하비로암, 보련대	
21	1981.06.17.	내금강 장안사터, 삼불암, 표훈사, 보덕암	
22	1983.06.27.	모란봉 룡화사	
23	1996.05.13.	묘향산 력사박물관	
24	1996.06.03.	칠보산 개심사	
25	1997.05.01.	정방산 성불사	
26	1997.09.23.	구월산 월정사	
27	1998.05.03.	강원도 석왕사	
28	2001.11.07.	칠보산 개심사	
29	2002.06.01.	광천사	
30	2003.02.10.	박천 심원사	

구분	일시	내용		비고
31	2003.04.14.	함남 금양군 동흥리 안불사		
32	2007.08.09.	정광사		
33	2008.05.24.	룡홍사		
34	2009.01.27.	법운암		

3. 북한 중요 사전의 종교 용어 정의의 변화

북한은 국가 지도자가 바뀌었어도 변화가 없다고 극언한다. 그러나 실제적으로 1980년대 이후 줄기차게 변화하고 있다. 이 변화가 우리의 기대에 못 미치거나 다르다는 것을 인정치 않으려는 데 문제가 있다.

아직도 종교 역시 종래의 공산·사회주의의 '아편' 범주에서 우리들의 인식이 고착되어 있다. 그러나 실제적으로는 엄청난 변화, 거의 코페르니쿠스적 변화가 일고 있다. 1992년도 헌법 개정에서 종교의 자유가 더욱 신장되었고, 동년에 발행한 『조선말대사전』에 기술된 종교 관련 용어 해석이 80년대 이전과 거의 바뀌어 긍정적·수용적으로 바뀌었기 때문이다.

북한에서 편찬되어 국내에 알려진 국어사전은 『조선말대사전』(1962·63·64년 판) 이래 『현대조선말사전』(1968년 판), 『조선문화어사전』(1973년 판), 『현대조선말사전』(1981년 판), 『조선말대사전』(1992년 판) 등 모두 7종 가운데, 1981년 판까지는 "종교를 착취와 침략의 도구"로 규정하는 등 대부분 부정적 입장에서 정의(定義)하였다. 이것은 북한의 종교 활동 확대 움직임들이 통일전선 전술을 바탕에 둔 형식적 조치라는 주장에 대한 방증으로도 활용되어 왔다.

『조선말대사전』의 변화는 이러한 논박에서 벗어날 토대를 마련함으로써 국제적인 사회주의 종교 부정의 정책에서 벗어나 새로운 모습과 견해로 보일 수 있어 남북 종교 교류에 희망을 주고 있다. 이것은 그동안 북한 종교를 부정해 왔던 많은 한국 종교계의 선입관을 바꿀 수도 있는 계기가 되기 때문이다.[105] 여기서 달라진 부분은『철학사전』,『정치용어사전』의 개정판과 종교 활동을 실제적으로 제한했던 북한의 형법상 개정 내용들이 기재된 자료를 토대로 할 때 포괄적인 비교가 가능하다.[106]

(1) 중요 사전을 통해 본 북한 종교 정의의 변화

북한의 사회과학원 언어학연구소에서 1981년에 발간한『현대조선말사전』, 1992년 발간한『조선말대사전』, 두 사전에 대한 비교 분석 결과에 의하면, 사전에 실린 종교 관련 용어 중에서 1970~80년대에 '반동적 세계관'으로 표현됐던 견해는 완전히 사라졌다. 모두 33만 단어를 수록해서 규모 면으로 3배가 늘어난『조선말대사전』은 종교 용어에 대해 착취 도구라거나 아편 또는 현혹이나 위선 등의 단어는 사라지고 '중립적'인 시각을 견지했으며 성령 또는 삼위일체나 십일조 등의 항목을 새로 게재하는 등 그 양이나 내용도 풍성해

----

105 신법타(2000), p. 256.
106 신법타(2000), p. 256.

졌다. 한편『현대조선말사전』에서는 종교에 대해 "반동적인 세계관"
이며 "인민들의 혁명의식을 마비시키는 아편"이라고 정의한 것에
반해『조선말대사전』에서는 종교에 대한 정의가 비교적 가치 중립적
으로 서술되어 있다.[107]

1) 북한의 종교 정의 : 북한 중요 사전의 종교에 대한 정의의 변화

〈표 2-9〉 북한 종교의 정의 변화[108]

항목	현대조선말사전(81년 발간)	조선말대사전(92년 발간)	변화된 내용
종교	신, 하느님 등과 같은 자연과 사람을 지배하는 그 어떤 초자연적이고 초인간적인 존재나 힘이 있다고 하면서 그것을 맹목적으로 믿고, 그에 의지해서 살게 하며, 이른바 저승에서 행복한 생활을 꿈꿀 것을 설교하는 반동적인 세계관 또는 그러한 조직. 종교는 인민대중의 혁명의식을 마비시키고 착취와 억압에 무조건 굴종하는 무저항주의를 고취하는 아편이다.[109]	사회적 인간의 지향과 렴원을 환상적으로 반영하여 신성시하며 받들어 모시는 초자연적이고 초인간적인 존재에 대한 절대적인 신앙 또는 그 믿음을 설교하는 교리에 기초하고 있는 세계관. 신이나 하느님과 같은 거룩한 존재를 믿고 따르며 그에 의지해 살아갈 때에만 온갖 소원이 성취될 뿐 아니라 래세에 가서 영원한 행복을 누릴 수 있게 된다고 설교한다. 원시 종교로부터 시작하여 불교, 기독교, 회교 등 수많은 종교와 그의 크고 작은 류파들이 있다.[110]	81년 사전의 부정적 견해가 92년 조선말대사전에서는 단편적이나 긍정적으로 변화했음을 알 수 있다.

....
107 윤여상·정재호·안현민(2014), p. 39.
108 북한 사회과학원 언어학연구소,『현대조선말사전』하권(서울 : 백의, 1981),
   p. 1831. ; 북한 사회과학원 언어학연구소,『조선말대사전』하권(평양 : 사
   회과학출판사, 1992. ; 서울 : 동광출판사, 2004), p. 264. ; '변화된 내용' 란
   은 필자가 추가 작성하였다.
109 북한 사회과학원 언어학연구소,『현대조선말사전』하권(서울 : 백의, 1981),
   p. 1831.

2) 불교 관계의 정의

〈표 2-10〉 불교 관련 용어의 정리[111]

항목	현대조선말사전 (81년 발간)	조선말대사전 (92년 발간)	변화된 내용
불교	"기원전 6세기 무렵에 인도에서 발생해서 동방의 여러 나라들에 퍼진 종교이다." "불교에서는 모든 사람에게 다 고통이 있는데 여기에서 벗어나는 길은 오직 부처를 믿고 현실 생활을 잊어버리는 데 있다고 설교한다." "불교의 반동성은 사람들에게 불행으로부터 벗어나기 위해서는 압박자들을 반대하여 투쟁하는 대신 모든 욕망을 억제하고 운명에 순종하여야 한다고 하며, 죽어서 '극락세계'로 가기 위해서는 현실 세계에서의 모든 고통을 참고 견디어야 한다는 노예적인 굴종 사상과 무저항주의를 설교하는 데 있다."	"동방에 퍼져 있는 세계 3대 종교의 하나, 불타(부처) 석가모니의 교리를 따르며 그를 교주로 숭상한다." "고대 인도에 노예소유자 사회가 완성되던 역사적 환경에서 기원전 6세기경에 인도의 갠지스강 중류 지방에서 생겨나 인도 전국과 아세아에 급속도로 퍼져 오늘에 이른다." "'불타'(석가)는 범어로 '진리를 깨달은 자' 또는 '슬기 있는 자'라는 뜻이다." "'인간을 고뇌에서 해방'하며 자비심을 베푸는 것을 이념으로 하고 속세를 떠나 도를 잘 닦으면 '극락세계'에 이른다고 설교한다. 여러 유파로 갈라져 있다."[113]	• 북한의 철학사전에서는 불교를 종교로서보다는 일종의 철학 또는 종교철학으로 보는 견해가 많고, 그 교리 내용에 대한 설명은 '비과학적'이며 '미신적'인 황당한 논리라는 부정적인 입장을 보여주고 있다. • 불교와 관련된 승려를 비롯한 사상가들은 대부분 관념론자로 단정하고 있고, 관념론 자체를 종교를 철학으로 각색한 것에 지나지 않는다고 보고 있다. • 『현대조선말사전』의 불교 내지 종교 전반에 대한 부정적 견해가 시정되어 중립적이고, 객관적 입장에서 정의하려고 노력한 것을 철학사전의 기술 내용과 비교를 통하여 쉽게 알 수 있다.

....

110 북한 사회과학원 언어학연구소, 『조선말대사전』 하권(평양 : 사회과학출판사, 1992. ; 서울 : 동광출판사, 2004), p. 264.

111 『현대조선말사전』 상권, 하권(1981). ; 『조선말대사전』 상권, 하권(1992). ; '변화된 내용' 란은 필자가 추가 작성.

항목	현대조선말사전 (81년 발간)	조선말대사전 (92년 발간)	변화된 내용
	"불교는 낡은 사회에서 지배계급의 이익을 위하여 복무하였으며, 특히 봉건제도를 강화하는 데 큰 역할을 하였다." "불교는 봉건 시기 우리나라에도 들어와 봉건 지배계급의 사상적 지배 도구로 이용되면서 인민대중의 계급의식과 투쟁의식을 마비시키고 우리나라의 문화와 과학 발전에 막대한 해독을 끼쳤다."[112]	※조선대백과사전에 의하면, 고통이 인간의 삶의 본질이므로 '온갖 집착을 버리고 자기가 추구하는 지향을 억제하며 정신 수양을 통해 모든 것을 해탈하고 열반에 도달해야 한다'고 설교한다.[114]	• 유물론적이거나 정치적 견해를 제거한 조선말대사전의 기술 내용은 크게 긍정적인 진전으로 본다.
부처	"불교를 믿는 사람들이 종교미신적으로 숭배하는 우상."[115]	"불교에서 세상의 이치를 깨달은 자를 이르는 말. 불교에서 신자들이 숭배하고 믿는 우상. 쇠, 돌, 흙, 나무 같은 것으로 만든다."[116]	우상에서 붓다라는 인도 원어의 뜻풀이에 충실함.
불경	"불교의 반동적인 교리를 적은 글이나 책."[117]	"불교의 경전."[118]	부정에서 객관적으로 기술함.
극락세계	"불교에서 인간세계에 대비하여 죽은 뒤에 행복하게 살 수 있는 세계라는 뜻으로 인민들을 착취 사회의 비참한 현실에서 외면하려는 목적으로부터 꾸며낸 가상적인 세상을 말한다."[119]	이 단어는 "아미타불이 살고 있는 곳으로서 죽은 뒤에 즐겁게 할 수 있다는 극락정토가 있는 세계를 인간세계에 상대하여 이르는 말"[120]이라고 정의하고 있다.	죽은 뒤의 행복한 세계보다도 현실에서의 행복을 강조하는 것이 불교인데 부족하기는 하나 상당히 발전함.
중	"불교를 미친 듯이 믿는 자로서 절에 속해 있으면서 불교를 퍼뜨려 착취계급에 복무하며, 종교의 탈을 쓰고 인민을 착취해 기생생활을 하는 자."[121]	"집을 떠나 절에 들어가 불교 교리를 전문적으로 닦고 선전하는 사람."[122]	북한 사전에는 스님이란 단어가 없을 정도로 불교의 영향력이 적었는데, 상당히 긍정적으로 진전되었음.

항목	현대조선말사전 (81년 발간)	조선말대사전 (92년 발간)	변화된 내용
절	"중들이 부처를 놓고 종교의식을 지내는 집. 불교를 퍼뜨리는 거점으로 인민을 기만하고 그들을 착취하여 기생생활을 하던 곳."[123]	"중들이 부처를 놓고 종교의식을 지내면서 살고 있는 집. 불교를 퍼뜨리는 기본 거점이다."[124]	단편적이나 부정적 견해에서 객관적으로 발전함.

불교 용어의 변화에 대한 결론을 보면, 종래 종교의 부정적 견해가 무용론, 해악론에서 1992년『조선말대사전』에서는 중립적·긍정적으로 발전되었다. 특히 공산주의의 기본인 계급투쟁과 혁명의식을 마비시키고 굴종과 무저항주의에서 벗어나 정신적·초자연적·초인간적 존재에 대한 절대 믿음의 세계관으로 발전하였다. '불교'에 대해서는 과거 낡은 사회에서 지배계급의 이익에 복무, 봉건제도를 강화하는 지배 도구, 계급·투쟁의식을 마비시키고, 민족문화와 과

....
112 『현대조선말사전』 상권(1981), p. 1254.
113 『조선말대사전』 상권(1992), p. 1509.
114 『조선대백과사전 29』(평양 : 백과사전출판사, 2001), p. 161.
115 『현대조선말사전』 상권(1981), p. 1232.
116 『조선말대사전』 상권(1992), p. 1479.
117 『현대조선말사전』 상권(1981), p. 1253.
118 『조선말대사전』 상권(1992), p. 1508.
119 『현대조선말사전』 상권(1981), p. 300.
120 『조선말대사전』 상권(1992), p. 374.
121 『현대조선말사전』 하권(1981), p. 1872.
122 『조선말대사전』 하권(1992), p. 316.
123 『현대조선말사전』 하권(1981), p. 1762.
124 『조선말대사전』 하권(1992), p. 164.

학 발전에 큰 해독을 끼쳤다는 관점에서 불교의 성립 배경과 부처님에 대한 해석을 객관적으로 보고 있으며, 자비심을 베푸는 것을 이념으로 속세를 떠나 도를 닦아 극락세계에 이른다고 규정하는 등 불교에 대한 부정적 견해를 버리고 있다.

그리고 '부처'나 '불경', '극락세계' 등에 대해서는 미신적·반동적으로 해석하거나 인민들의 비참한 현실을 외면하려는 목적의 가상적인 세상이라는 인식에서 1992년 이후에는 '깨달은 자', '불교의 경전'으로 긍정적인 측면을 보이고 있으며, '아미타불의 세계' 등으로 극락세계를 표하는 등 종교적인 의미를 가미하고 있다. 특히, '스님'에 대한 표현을 아직도 '중'이라고 하고 있는데, 과거에는 공적·착취 계급에 복무, 종교의 탈로 인민에 기생하는 자로 해석하다가 이후에는 집을 떠나서 절에 들어가 불교의 경전과 교리를 전문적으로 연구하여 선전하는 사람으로 부정적인 측면을 줄여 해석하고 있다. '사찰'에 대해서도 불교를 퍼뜨리는 거점과 기생생활하던 곳이라는 부정에서 이후 종교의식을 행하는 곳이라고 하여, 다소 북한불교의 변화된 인식을 보여주고 있다. 하지만, 전체적으로는 여전히 불교의 중요한 교리와 종교성을 부정하고 있다.[125]

3) 기독교 용어 관련 사전적 정의

기독교 변화에 대한 결론을 보면, 1981년 『현대조선말사전』에서 보이는 종래 종교의 부정적 견해가 제국주의 침략의 앞잡이 등과 같

....
125 신법타(2000), pp. 259~260.

은 해악론에서, 1992년 이후부터는 종합적이기보다 부분적·단편적으로나마 그 인식이 변화되었다. 특히 공산주의의 기본인 계급투쟁과 혁명의식을 마비시키고 굴종과 무저항주의를 가져온다는 종교관에서 점차 벗어나고는 있으나, 계급적 관점에 따라 종교의 성직자와 그들의 행위를 규정하는 것은 변하지 않았다.

'신교'에 대해 살펴보면, 자본가의 입장을 정당화하며, 제국주의자들의 착취와 약탈 등에 복무하는 종교로 부정적인 시각을 가졌다. 이후 신교를 프로테스탄트로 규정하고 기독교의 한 교파로 보고 있다. 또한 '구약성서'는 비과학적이고 허황한 거짓이라고 하다가 하느님의 언약을 담은 거룩한 책으로 해석이 달라졌으며, '구세주'는 인민의 계급성을 없애는 허황된 존재로 보다가 세상을 구제하는 주인의 의미로 변화되었다.

'신부'에 대한 해석은 미국 제국주의의 앞잡이라며 부정했으나 종교를 전문적으로 연구하고 선교하는 사람으로 해석하고 있다. '교회', '복음서', '선교사', '십자가', '장로' 등에 나타난 종교의 해석 변화는 1980년대까지는 미국을 위시한 제국주의를 선봉으로 우리 민족의 침략에 앞장서는 주축이라던 입장으로 관철되고 있었으나, 1990년대 북한의 종교를 인정하는 흐름에 따라 정치적인 성향이 내포하지 않은 범위 안에서 종교성을 크게 강조하여 종교에 대한 긍정적인 입장을 싣고 있다.[126]

....
126 신법타(2000), p. 263.

〈표 2–11〉 기독교 관련 용어에 관한 정의 1[127]

구분	현대조선말사전 (1981년 판)	조선말대사전 (1992년 판)	조선대백과사전 (2000년 판)
기독교 (예수교)	낡은 사회의 사회적 불평등과 착취를 가리우고 합리화하며 허황한 천당을 미끼로 하여 지배계급에게 순종할 것을 설교.	• 예수 그리스도교를 교주로 숭상하여 그의 교리를 신조로 하는 종교. 기원 1세기에 로마제국의 관할 밑에 있었던 중근동에서 생겨나 널리 퍼진 세계적인 종교이다. • 교회의 주된 이념은 평등과 박애이다. 그리스도의 교훈을 잘 지키면 천당을 간다고 설교한다.[128]	신의 아들이라는 예수를 크리스트로 내세우고 그에 의한 인류의 구제를 설교하는 종교.
교회당	• 낡은 사회에서 반통치계급의 정치적 비호 밑에 근로자들의 계급의식을 마비시키고 예수교의 교리와 사상을 선전하여 퍼트리는 거점으로서 신자들을 모아 놓고 례배를 보게 하며 여러 가지 종교적 의식을 하는 곳. • 오늘 교회는 제국주의 침략자들의 반동적인 사상 문화적 침투의 주요한 수단으로 리용되고 있다.[129]	기독교에서 여러 가지 종교적 의식을 하고 사람들에게 기독교를 믿도록 선전하기 위하여 지은 건물, 례배당.[130]	종교를 믿는 신자들이 예배, 세례, 성찬과 같은 예식을 집행하는 집합 장소.

....

127 『현대조선말사전』 상권(1981). ; 『조선말대사전』 상권(1992). ; 북한 사회과학원 어학연구소, 『조선대백과사전』(평양 : 백과사전출판사, 2000).

128 『조선말대사전』 상권(1992), p. 412.

129 『현대조선말사전』 상권(1981), p. 229.

130 『조선말대사전』 상권(1992), p. 294.

<표 2-12> 기독교 관련 용어에 관한 정의 2[131]

항목	현대조선말사전 (81년 발간)	조선말대사전 (92년 발간)	비고
신교	"예수교에서 16세기에 상층 부르주아들의 이익을 옹호하기 위한 종교개혁과 관련하여 천주교에서 갈라져 나온 교파." "자본가들의 착취를 정당화하며 로동계급과 사회주의를 반대하는 지배계급의 반동적 사상의 도구로서 적극 복무하고 있으며 지금도 제국주의자들의 착취와 약탈 및 남의 나라에 대한 사상문화적 침투에 적극 복무하고 있다."[132]	"종교에서 새로운 교리라는 뜻으로 프로테스탄트를 이르는 말. 16세기 종교개혁 때 새로운 교리와 계율을 주장하면서 로마 가톨릭교에서 갈라져 나온 기독교의 교파이다."[133]	반종교적인 입장과 해석에서 벗어나 종교개혁 이후의 신생 종교의 태동을 긍정적으로 해석함.
구약 성서	"예수교에서 예수가 나기 전의 기사를 모았다고 하는 예수교의 「성서」. 깨지 못한 사람들을 끌기 위한 비과학적인 허황한 거짓으로 엮어 있다."[134]	"기독교에서 하느님의 언약을 담은 거룩한 글이라는 뜻으로 예수 출생 이전의 천지창조설과 인류의 번성 역사, 예언자들을 통하여 주어진 하느님의 언약을 기록하였다는 책이다." "창세기를 비롯하여 39권으로 되어 있다."[135]	종교의 부정과 폐쇄적인 관점에서 벗어나 기독교 입장으로 성서를 보고 있음.

....

131 『현대조선말사전』상·하권(1981).;『조선말대사전』상·하권(1992).;비고란은 필자가 추가 작성하였다.
132 『현대조선말사전』상권(1981), p. 1570.
133 『조선말대사전』상권(1992), p. 1911.
134 『현대조선말사전』상권(1981), p. 250.
135 『조선말대사전』상권(1992), p. 323.

항목	현대조선말사전 (81년 발간)	조선말대사전 (92년 발간)	비고
구세주	"(이른바 인류를 구원하는 우두머리라는 뜻으로) 착취 사회에서 지배계급과 그 대변자들이 근로대중의 계급적 각성을 무디게 하며 저들에게 순종하게 만들 목적 밑에 꾸며 내어 맹목적으로 믿게 한 종교적인 허황한 존재로서 예수 등을 이르는 말.[136]	"세상을 구제하는 주인이라는 뜻으로 기독교에서는 예수, 불교에서는 석가모니를 이르는 말."[137]	계급적 관점의 종교 성직자를 구원을 돕는 사람으로 봄.
신부	"천주교에서 종교 교리를 전문적으로 선전하는 직책 또는 그 직책에 있는 자. 미제는 신부들을 여러 나라에 파견하여 착취와 약탈, 침략과 억압을 정당화하는 데 리용하고 있다."[138]	"천주교에서 교리를 전문적으로 선전하는 교직 또는 그 직위에 있는 사람. 교구의 말단 조직의 책임자이다."[139]	성직자를 부정하다가 종교를 연구하고 선교하는 자로 해석함.
장로	"예수교의 한 갈래인 장로교 직책의 하나 또는 그 직책에 있는 사람." "낡은 사회에서 종교의 탈을 쓰고 인민을 기만하여 착취계급의 리익을 옹호하기 위하여 복무한다."[140]	"기독교의 한 갈래인 장로교에서 목사와 집사 사이의 직책의 하나 또는 그 직책에 있는 사람."[141]	부정적인 입장이 없어지고 직책의 관점에 해석함.
복음서	"예수교에서 구세주의 은혜나 구원에 대하여 쓴 책. 사람들을 속이며 사상의식을 마비시키는 데 이용된다."[142]	"기독교에서 구세주의 은혜나 구원에 대하여 썼다고 하는 책."[143]	종교서의 부정적인 점을 버리고, 종교적인 해석을 함.

· · · · · · · · · · · · ·

136 『조선말대사전』상권(1992), p. 316.

137 『현대조선말사전』상권(1981), p. 1573.

138 『조선말대사전』상권(1992), p. 1915.

139 『현대조선말사전』하권(1981), p. 1702.

140 『조선말대사전』하권(1992), p. 88.

141 『조선말대사전』하권(1992), p. 88.

142 『현대조선말사전』상권(1981), p. 1205.

143 『조선말대사전』상권(1992), p. 1441.

항목	현대조선말사전 (81년 발간)	조선말대사전 (92년 발간)	비고
십 자 가	"예수교에서 예수쟁이들이 들고 다니면서 이른바 '위선'과 '박애'의 위장물로 삼는 '+' 자 모양의 막대기."[144]	"기독교에서 교인들이 기도를 할 때 손에 들거나 일상적으로 목에 걸고 다니는 '+' 표 모양의 표."[145]	단편적인 관점에서 종교적인 의미로 해석함.
선 교 사	"지난날 십자가를 들고 '하느님'을 부르던 미국 선교사 놈들은 침략의 척후대로서 가슴에 칼을 품고 기어든 살인백정들이다." "미제를 비롯한 제국주의자들이 예수교를 선전하고 보급한다는 명목으로 다른 나라에 파견하는 종교의 탈을 쓴 침략의 앞잡이."[146]	"기독교를 보급 선전할 사명을 띠고 다른 나라에 파견되는 사람."[147]	기존 입장과 관점은 변화되지 않았고 기독교를 선전하는 사람으로 봄.

4) 기타 종교에 관한 정의

북한 사회에 존재하고 있는 '각 종교계'에 대한 변화는 유교, 회교, 신도교 등 북한 정권 수립 시에 적극적인 복무를 했느냐가 중요한 변화의 기준 요소가 되는 가운데, 봉건성 · 관념론적 · 반계급적인 관점에서 종교의 탄압과 봉쇄를 가하고 있다. 다만 천도교의 경우는 예외로 현재 북한 내에서도 상당히 높은 위치를 유지하고 있다. 아울러 천도교는 북한 정권의 이념과 전술에 많은 기여를 했다는 점이 종단의 운영에 큰 영향을 받고 있다.[148]

··············
144 『현대조선말사전』 상권(1981), p. 1595.
145 『조선말대사전』 상권(1992), p. 1944.
146 『현대조선말사전』 상권(1981), p. 1430.
147 『조선말대사전』 상권(1992), p. 1736.
148 신법타(2000), p. 265. 인용 전재.

실제적으로 천도교가 우리나라에서 생성된 종교로서 근세사에서 3·1 운동 등 독립해방운동과 민족 주체를 살리기 위한 서학에 맞선 동학운동이 북한의 통치 이념인 주체사상과도 여러모로 통한다. 또한 현존하는 천도교 청우당이 조선노동당의 우당으로 있어 가장 환영받는 종교이다. 더구나 한국에서 캐나다로 망명하여, 1986년경에 월북한 최덕신 교령과 그의 뒤를 이은 그의 부인 류미영이 있어서 남북 종교 교류에도 북한 당국의 신뢰로 상당한 역할을 하였다.

〈표 2-13〉 기타 종교 관련 용어의 정의[149]

	현대조선말사전 (81년 발간)	조선말대사전 (92년 발간)	비고
유교	"기원전 6세기경에 중국에서 발생하였으며 봉건적 윤리 도덕을 중심내용으로 한 사회 정치적 및 종교적 학설. 근로 인민에게 노예적 굴종사상을 불어넣고 봉건 통치배들의 이익을 옹호하는 데 복무하여 온 반동적이고 관념론적인 교리이다."[150]	"중국 봉건사회에서 오랜 기간에 걸쳐 존속된 정치·윤리학설. 사상가는 공자이며, 유교의 경전은 4서 5경이다. 기원전 5세기에 공자가 처음으로 제창한 교리가 기원전 4세기 말 3세기 초에 맹자에 의해 더욱 구체화되었다." "중국 한나라의 무제 때 공자의 학설이 종교화되고 송대에 와서 유교의 체계가 더욱 완성되었다." "유교의 의식으로서 하늘, 공자, 조상에게 제사 지내는 일이 있다. 유교는 중국에서 천 년 이상 존재하면서 봉건질서를 유지하고 봉건사회의 수명을 연장하는 데서 많은 작용을 하였다." "유교가 고구려 시기에 들어온 이후 우리 나라의 사회·정치·문화·도덕·풍습 등에 커다란 영향을 미치었다."[151]	봉건적인 요소로 규정하고 유교를 반동적·관념론으로만 보고 있음.

....
149 『현대조선말사전』 상·하권(1981). ;『조선말대사전』 상·하권(1992). ; 비고란은 필자가 추가 작성하였다.

	현대조선말사전 (81년 발간)	조선말대사전 (92년 발간)	비고
봉건 유교 사상	"유교 교리를 봉건통 치제도의 착취적 본 성에 맞게 꾸며 인민 들 속에 설교한 보수 적이며 반동적인 사 상."[152]	"유교 교리를 내용으로 하는 봉건 통치 배들의 보수적이며 반동적인 사상. 주 로 관념론적 세계관과 봉건 유교 도덕, 봉건적 사회정치 사상으로 이루어져 있다." "봉건 군주에 대한 절대적 복종과 우상 화, 엄격한 계급적 · 신분적 차별과 근 로대중에 대한 멸시 및 노동에 대한 천 시, 봉건적 가부장제와 여성에 대한 학 대, 안일, 해이와 보수주의, 소극성. 이 것이 봉건유교 사상의 본질적 특성들 이다."[153]	반봉건적인 입장에서 벗 어나지 못하 고, 과거 역 사 속의 사회 제도 등의 긍 정적인 측면 을 제외하고 있음.
회교	"7세기에 아라비아 마호메트를 교의 조 상으로 하고 그의 교 리를 적은 『코란』을 경전으로 하며, '알라 호'라는 신을 최고의 유일신으로 하는 종 교. 서부 아세아와 북 부 아프리카 지방에 많이 퍼졌다.", "(같은 말) 회회교, 마호메트교, 이슬람 교."[154]	"아세아의 중근동, 북부 아프리카 등지에 널리 퍼져 있는 세계 3대 종교의 하나." "7세기경에 아랍의 마호메트가 창시한 종교로서 유일신인 알라신을 숭상한다." "기본교리는 경전인『코란』에 집대성되 어 있는데, 유일신인 알라신과 그의 의 사를 체현한 무함마드(마호메트)를 절 대적으로 믿는다." "여러 교파가 있는데 2대 교파로서는 '순니'파와 '싸아'파가 있다." "이 종교 문화는 구라파 문화에 일정한 영향을 주었다."[155]	비교적 객관 성을 나타내 는 종교적 입 장이며, 회교 에 대해서는 학술 · 종교적 으로만 해석 함.

··············

150 『현대조선말사전』하권(1981), p. 2818.

151 『조선말대사전』하권(1992), p. 1620.

152 『현대조선말사전』상권(1981), p. 1214.

153 『조선말대사전』상권(1992), p. 1452.

154 『현대조선말사전』하권(1981), p. 2417.

155 『조선말대사전』하권(1992), p. 1068.

	현대조선말사전 (81년 발간)	조선말대사전 (92년 발간)	비고
신도	"일본의 고유한 종교. 일본 제국주의자들이 침략과 약탈 정책을 집행하는 도구로 삼아왔으며 지금도 퍼뜨리고 있다."[156]	"일본의 민족적 종교. 태양신인 천조대신을 민족과 천황의 조상신으로 숭배하고 있다." "제2차 세계대전 후는 민간 종교로 되었다."[157]	제국주의의 종교로 보고 있으며, 일본의 민족종교로만 해석함.
천도교	"봉건사회 말기 우리나라에 발생한 종교의 하나. '사람이 곧 하늘이다'라는 것을 기본교리로 내세우고 '나라를 돕고 백성을 편하게 한다'는 표방 밑에 '지상에 천국을 건설한다'고 하면서 사회를 구원하는 길은 모든 사람들이 천도교를 믿고 자기를 수양하여 도덕적으로 완성해야 한다고 주장한다." "깨지 못한 농민들을 우매화하고 투쟁의식을 마비시키는 데 이용되기도 하였다."[158]	"우리나라 종교의 하나인 '동학'을 갑오농민전쟁 이후에 고쳐 이름 지은 것. 교조는 최재우이다." "'사람이 곧 하늘'이라는 것을 기본교리로 내세우고 '보국안민'의 지향 및 '지상천국'을 건설할 것을 주장한다."[159]	천도교는 북한정권 권리의 옹호성으로 인한 긍정과 부정을 동시에 하고 있으나 현재 북한 내 위치를 감안하여 객관적으로 기술함.

....

156 『현대조선말사전』 상권(1981), p. 1571.
157 『조선말대사전』 상권(1992), p. 1912.
158 『현대조선말사전』 하권(1981), p. 2027.
159 『조선말대사전』 하권(1992), p. 506.

제4절 북한 종교 단체의 현황과 북한 인민들의 종교적 심성

1. 북한 종교 단체의 현황

1945년 판 조선중앙년감[160]에는 불교의 경우 일제치하에서 30대 본산 중에서 9개 대본산에 500여 개 사찰이 있었고, 1950년 판 조선중앙년감[161]에는 400여 개의 사찰이 있었다. 불교 신도는 1945년 판에는 37만 5천 명으로 기록되어 있으며, 1950년 판 연감에는 37만 5천 438명으로 되어 있다. 신도는 1945년 이후 1950년까지 별 변화가 없음을 보여준다. 승려의 숫자는 1945년 판에는 1,600여 명이었으나 1950년에는 그 이분의 일에 해당하는 732명으로 줄었다. 이것은 토지개혁과 공산 정권 하의 종교 규제의 영향으로 보인다. 2015년 현재 사찰 수는 64개 내지 67개가 있으며 승려는 자칭 300

---

160 조선중앙통신사, 『조선중앙년감』(평양 : 조선중앙통신사, 1945), p. 1303.
161 조선중앙통신사, 『조선중앙년감』(평양 : 조선중앙통신사, 1950), p. 365.

여 명, 신도는 1만 명이라 한다.

<표 2–14> 8 · 15 해방 직후의 북한 종교 현황[162]

구분		불교	기독교	천주교	천도교	조선정교
1945년 조선중앙년감 p.1303 *( )는 1950년 조선중앙년감	교회(사찰)수	9개 대본산 400여 개 말사	1,400여 개, 평양 70개 (약 2천 교회)	3개 교구, 50여 개 성당과 수도원 등 전국 8개 교구	(99개)	
	신자수	37만 5천 명(37만 5천 438명)	12만 명 (약 20만 명)	5만 명 (5만 7천 8명)	286만 명 (150만 명)	
	비고	승려 1,600명 (732명)	평양 인구 40만 명 중 2만 명 신자 (성직자 908명)	3개 교구는 평양 교구, 함흥 교구, 덕원 교구(성직자 262명)	전국 440만 신자의 66%.	
	단체	1945. 2. 26. '북조선불교도총연맹' 창립. 1955년 '조선불교도연맹' 개칭. (현 위원장 : 강수린, 서기장 : 차금철)	1946년 '북조선기독교연맹' 창립. 1974년 '조선기독교연맹' (4대 위원장 : 강명철) 1999년 '조선그리스도교연맹'으로 개칭.	1988년 6월 '조선천주교인협회' 결성. (위원장 : 장재언). 1999년 '조선가톨릭협회'로 개칭.	1945 '북조선천도교청우당' 결성. '조선천도교회 중앙지도위원회'(위원장 강철원, 부위원장 윤정호). 청우당과 동일한 이중조직.	2002년 김정일 국방위원장 러시아와 약속. 2002년 9월 25일 '조선정교위원회' 발족(위원장 : 허일진). 2006년 8월 정백사원 건립.

162 조선중앙통신사, 『조선중앙년감』(평양 : 조선중앙통신사, 1945), p. 1303. ; 조선중앙통신사, 『조선중앙년감』(평양 : 조선중앙통신사, 1950), p. 365. ; 이지범, "오늘날 북한불교의 현황"「북한불교의 재발견 시리즈 5」, 『불교닷컴』(http://www.bulkyo21.com) 2012년 4월 13일. ; 북한 불교 단체 현황은 월간 『조선』(조총련, 2004년 8월) 참고하여 필자가 정리.

기독교의 경우, 1945년 조선중앙년감을 보면 북한 지역에 1400여 개의 교회가 있었다. 이후 1950년 판에서 볼 때 약 2천 개의 교회로 오히려 급격히 늘어난 것은 그 당시 정치 환경상 이해하기 어렵다. 그리고 기독교 신자는 전자는 12만 명이고 후자는 약 20만 명으로 나와 있다. 1950년 판에는 목사 등 성직자가 908명으로 나와 있다. 주목해야 할 것은 '동양의 예루살렘'으로 불린 평양의 경우 인구 40만 명 중 기독교 신자가 약 2만 명이었으며 교회도 70개가 있는 것으로 나와 있는 점으로, 기독교가 한반도에 전래된 지 50~60년밖에 되지 않았는데 평양의 기독교세가 대단하였음을 증거한다. 현재 교회는 3개(봉수·칠골·제일교회)와 1만 2천 명의 신도와 20명의 목사가 있다 한다.

　천주교의 경우, 1945년 연감에는 전국 8개 교구 중 평양 교구, 함흥 교구, 덕원 교구 등 3개 교구에 50여 개의 성당과 수도원이 있었다. 천주교 신자 수는 1945년 연감에는 5만 명이나 1950년 연감에는 5만 7천 8명으로 되어 있고 신부, 수녀 등 성직자는 262명으로 나와 있다. 2015년 현재 천주교는 1988년도에 건립된 장충성당뿐이며 800여 명의 신도가 있다 하나 신부가 없어 공식적인 미사를 할 수 없다.

　천도교는 종교 중 가장 많은 신도를 보유하고 있다. 1950년 연감에는 99개의 교당이 있었고 1945년 연감에는 전국 440만 신도 중 66퍼센트에 해당하는 286만 명이 북한에 있었으나 1950년 연감에는 150만으로 급감하였다. 이 신도들을 중심으로 정치적으로 현실 참여를 해 온 천도교 청우당이 조선로동당의 우당으로서 현재까지 명맥을 이어오고 있다. 현재 교직자는 250명이며 신도 수는 1만 5천 명으로 통칭된다.

2015년 현재 북한에는 불교, 기독교, 천주교, 천도교, 조선정교(러시아정교회)가 있다. 이 종교 단체의 중심 협의체로서 1998년 '조선종교인협의회'를 결성하여 종교 간의 유기적인 관계를 가지고 운영되고 있다. 전 조선가톨릭교협회 위원장인 장재언[163]을 이어 현재는 강지영(현 조선가톨릭교협회 위원장)이 맡고 있다.

'조선불교도연맹'의 경우 1945년 12월 26일 평양에서 '북조선불교도연맹'으로 창립되어 1955년 지금의 '조선불교도연맹'으로 개칭되었다. 기독교의 경우 1946년 11월 28일 '북조선기독교연맹'으로 발족하여 1999년 2월 현재의 명칭인 '조선그리스도교연맹'으로 개칭되었다. 천주교의 경우 1988년 6월 30일 '조선천주교인협회'로 창립되어 1999년 6월 '조선가톨릭협회'로 개칭하였다.

천도교의 경우 1946년 2월 1일 '천도교북조선종무원'으로 창립되어 1974년 2월 15일 '조선천도교중앙위원회'로 개칭하였다. 특이한 것은 독립투사이며 천도교 교령이었던 최동오가 월북(납북)하면서 그의 아들 최덕신이 캐나다를 거쳐 월북하여 천도교 교령을 하였고, 1991년 그가 사망하자 그의 부인인 류미영[164]이 1994년부터 2016

....

163 장재언(장재철). 1936년 1월 20일생. 김책공업종합대학 졸업. 조선적십자회 중앙위원회 위원장, 조선가톨릭교협회 중앙위원회 위원장, 조국통일범민족연합(범민련) 북측본부 부의장, 조선종교인협의회 회장, 최고인민회의 제12기 대의원, 2006년 3월 6·15 공동선언 실천 남북 해외 공동행사 북측위원회 부위원장. 『한국인물사전. 2013 하권』(서울 : 연합뉴스, 2013), p. 1412.

년 사망 시까지 위원장을 이어 왔다. 현재는 강철원이 맡고 있다.

'러시아정교회'는 김정일 국방위원장이 러시아 방문 시에 약속한 사항으로 2002년 9월 25일 조선정교위원회를 창립하고 2006년 8월에 정백사원을 건립하였다.[165] 각 종교 단체의 설립일과 대표자 등에 관련된 사항은 〈표 2-15〉와 같다.

<hr />

164 류미영. 1921년 1월 7일생. 2016년 11월 15일 사망. 상하이 임시정부 국무위원 겸 참모총장을 역임한 천도교 류동열의 외동딸이다. 조선천도교청우당 중앙위원회 위원장, 단군민족통일협의회 회장, 최고인민회의 상임위원회 의원, 최고인민회의 제12기 대의원, 조선천도교회 중앙지도위원회 위원장을 지냈다. 1976년 8월 한국서 미국으로 이민, 1986년 4월 월북, 1986년 9월 북한 영주권을 취득했으며, 1990년 3월 조선천도교회 중앙지도위원회 고문, 1990년 4월 범민련 북측본부 중앙위원, 1996년 11월 조국통일민주주의전선 공동의장, 1998년 7월 최고인민회의 제10기 대의원을 지냈다. 2011년 2월 김정일로부터 90돌 생일상, 2012년 2월 9일 김정일 훈장을 받았다. 해월 최시형 신사님의 손주(최덕신)의 아내, 화성의숙 최동오 장군 며느리이며 남편 최덕신은 1986년 4월 입북했다. 조국평화통일위원회 부위원장, 천도교 청우당 중앙위원장, 조선종교인협의회 회장으로 활동하던 남편이 사망하자 뒤를 이어 천도교 교령이 되었다. 2000년 6월 남북정상회담 때는 평양을 방문 중인 이희호 여사와의 남북여성분야 협력간담회에 7명의 북한 여성계 대표로 참석하기도 했다. 부친 류동열은 대한민국임시정부에서 독립운동을 했다. 『한국인물사전. 2013 하권』(서울 : 연합뉴스, 2013), p. 1307. 최덕신(1914~1989년)은 독립운동가 최동오의 아들로 국군제군단장 육사교장, 박정희 정권의 외무부장관 서독대사, 1976년 박정희 대통령과 불화로 미국, 캐나다로 망명. 1986년 북한에 귀순하여 북한천도교당 천도교청우당 위원장이 되었다. 1991년 사망. 그의 차남 최인국이 2019년 7월 6일 자진 입북하여 북한에 영주하고 있다.

165 윤여상·정재호·안현민(2014), pp. 78~79.

〈표 2-15〉 북한 종교 단체 현황(2014년 7월 31일 기준)[166]

단체	시기	현황
조선종교인 협의회	1989.05.30.	· 종교 단체들의 협의체로 결성 · 1대 위원장 : 장재언, 현재 강지영(2015) · 부위원장 : 강철원, 강수린, 강명철
조선불교도 연맹	1945.12.26.	· 북조선불교도연맹으로 발족 · 1대 위원장 : 김세률
	1948.	· 북조선불교도연맹으로 개명
	1955.	· 현 명칭으로 개명
	1963.02.	· 2대 위원장 : 안숙용
	1972.	· 조선불교도연맹 중앙위원회 출현
	1979.05.05.	· 3대 위원장 : 박태화(2005.11.11. 사망)
	2006.05.08.	· 4대 위원장 : 류영선
	2008.07.30.	· 5대 위원장 : 심상진(일명 심상련)
	2012.11.	· 6대 위원장 : 강수린(조선적십자사 회장 겸직)
조선그리스도교 연맹	1946.11.28.	· 북조선기독교연맹으로 발족 · 1대 위원장 : 강양욱
	1974.02.	· 조선기독교연맹으로 개명
	1986.09.	· 2대 위원장 : 김성률
	1988.	· 봉수교회 건립
	1989.02.	· 3대 위원장 : 강영섭(1대 위원장 강양욱의 장남)
	1989.	· 칠골교회(반석교회) 건립
	1999.02.	· 현 명칭으로 개명
	2005.11.	· 제일교회 건립
	2008.12.	· 위원장 : 강영섭(2012.01 사망)
	2013.07.	· 4대 위원장 : 강명철(강영섭 장남)
조선가톨릭교 협회	1988.06.30.	· 조선천주교인협회로 발족
	1988.09.	· 장충성당 건립
	1999.06.	· 현 명칭으로 개명 · 위원장 : 강지영

··············

166 윤여상 · 정재호 · 안현민(2014), pp. 78~79를 참고하여 필자가 정리하였다.

단체	시기	현황
조선천도교 중앙위원회	1946.02.01.	· 천도교 북조선종무원으로 발족
	1974.02.15.	· 현 명칭으로 개명 · 위원장 : 류미영(1994~2016), 현재 : 강철원
조선정교위원회	2002.09.25.	· 조선정교위원회 발족
	2003.06.	· 위원장 : 허일진(현재)
	2006.08.	· 정백사원 건립

북한에서 종교 단체를 지도하는 곳은 당의 종교 정책 담당인 조선 노동당 통일전선부 6국이며, 관할은 조국통일전선 중앙위원회 제6 국이라고 알려져 있다. 각 종교 단체의 활동은 1962년부터 사회안 전부 소관으로 분류되어 있다. 『불교도들의 참다운 삶』(심상진, 2001) 등 북한에서 출판된 불교 관련 문헌자료에 의하면, "헌법과 법률 그리 고 북한 당국으로부터 전국 각지 승려들과 신도들의 신앙생활과 활 동, 사찰들에 대한 유일한 지위를 보장받고, 여타 종교와 마찬가지 로 당으로부터 지도를 받는다."고 한 것에서도 알 수 있다. 이러한 가 운데 2014년 현재 북한의 종교 현황은 다음과 같이 추정되고 있다.

〈표 2-16〉 북한의 종교 현황(2014년 추정 규모)[167]

종파	종교시설 수(개)			신도 수(명)			교직자 수(명)			비고
	해방 시기	2001년	2014년	해방 시기	2001년	2014년	해방 시기	2001년	2014년	단체명
천도교	교당 99	교당 52 (아파트 내 기도처 801)	교당 52	169만	1만 5천	1만 5천	-	250	250	조선 천도교 중앙위 원회

167 윤여상 · 정재호 · 안현민(2015), p. 75.

종파	종교시설 수(개)			신도 수(명)			교직자 수(명)			비고
	해방시기	2001년	2014년	해방시기	2001년	2014년	해방시기	2001년	2014년	단체명
불교	사찰 518	사찰 65	사찰 67	37만 5천	1만	1만	732	200	300	조선불교도연맹
기독교	교회 2,000	교회 2 (가정예배처소 500)	교회 3 (가정예배처소 500개 : 불확실)	20만	1만	1만 2천	908	(목사 20)	(목사 20)	조선그리스도교연맹
천주교	교구 4	1성당, 2공소	1성당, 2공소	5만 7천	3천	3천	0	0	0	조선가톨릭교협회
조선정교	0	0	1	-	-	5	-	-	5	조선정교위원회
계	2617개 4교구	115개	121개	2백32만 2천 명 (24.3%)	3만 8천 명 (0.2%)	4만 5명 (0.2%)	1902 명	750 명	855 명	5개

2. 북한 인민의 종교적 신앙 가능성

우리는 북한 지역에 살고 있는 주민들의 이야기에 대해서 반세기 동안이나 금단(禁斷)의 영역으로 치부하였다. 다만 특정 시기나 행사 등을 통해 그들을 이야기하고 실향민의 아픔을 공유하였을 뿐이다. 한민족으로서나 같은 동포로 느끼지 않고 그들에 대해서 이야기할 수 없다. 더욱이 종교적인 내용은 상상하기 어렵고 부분적으로 진행되는 종교 교류라고 하더라도 북한 주민들의 신앙에 대해 논할 수 있는 단계는 아니다. 오늘날 북한 당국이 주민들에게 "종교를 장려하지도 박해하지도 않는다."는 주장이 구체적인 사실이라면, 국가적 차원에서 종교의 정치적 중립성을 표면적으로 유지시킨 것으로 파악할 수 있다. 이는 김일성 주석이 1949년 7월에 열린 내각 제21차 전원회의에서의 언급을 통해서 볼 수 있다.

"물론 국가에서는 종교를 믿는 것을 반대하지 않으며 신앙의 자유를 법적으로 보장하고 있습니다. 그러나 종교를 믿는 것을 수수방관할 수는 없습니다. 그렇다고 하여 종교를 믿지 말라고 강압적으로 요구하여서는 안 됩니다. 사람들로 하여금 종교의 비과학성을 깨닫고 스스로 예배당에 가지 않도록 하여야 합니다. 그러기 위해서는 종교의 해독성과 허위성을 폭로하는 것과 함께 세계는 어떻게 발생·발전하였는가, 인간은 어떻게 생겼는가 하는 것과 같은 문제를 가지고 담화와 강연을 자주 조직하며 자연과 사회발전의 법칙을 통속적으로 해설한 도서를 많이 출판하여 근로자들 속에 널리 보급하여야 합니다. 문화 선전성에서는 과학 서적을 많이 출판하여 보급하기 위한 대책을 철저히 세워야 하겠습니다."[168]

그러나 북한 체제에 따라 작동되는 종교 정책은 1990년 이전까지 통제하는 형식의 종교 지형(religious terrain)을 기반으로 내적으로는 북한의 문화혁명을 위한 '종교 개조'를 위한 실질적인 목표와 외적으로

----

[168] 김일성, 「문화선전사업을 강화하며 대외무역을 발전시킬 데 대하여」, 『김일성 저작선집 5』, p. 154. ; 김흥수 · 류대영(2002), pp. 64~65. 재인용.

는 국제외교나 조국의 통일전선을 형성하기 위한 '종교 교류'를 위한 목표를 동시적으로 해결해야 하는 데 그 이유가 있다. 소련을 배경으로 1948년 9월 9일에 건국한 북한 공산주의 체제는 한국전쟁을 전후로 약 20년가량 사회주의 건설에 모든 역량을 결집하였다. 이에 따라 북한의 종교 또한 사회주의국가 건설 정책들로 인해 급속히 자기 기반을 상실했다. 그러나 북한은 1972년 사회주의 헌법을 새롭게 개정하면서 사회주의를 완성했다고 평가하고, 정권을 수립하고 체제를 유지하는 데 필요한 애국적 종교의 유익함을 강조했다. 이런 북한의 변화는 곧이어 종교계의 변화로 이어졌고, 각 법률이나 제도를 통해 종교 자유의 범위도 확장되었다.

이 당시 남북한 상황은 「7·4 공동성명」을 통해 남북한 정부 간에 서로 내정간섭을 않기로 함으로써 북한은 주체사상을 통치 철학과 이념으로 헌법에 명시하고 이에 의한 김일성 가계의 영구 집권의 기본 바탕을 공고히 하여 김정일을 거쳐 현재의 김정은까지 삼대(三代) 세습을 이루는 데 크게 기여하였다. 남한에서도 박정희가 영구 집권을 위하여 「유신헌법」으로 개정을 하였고, 이에 반대하는 민주 인사와 국민들을 탄압하고 인권유린을 자행하였다. 하지만 1979년 10월 26일 "유신의 심장을 쏜" 당시 중앙정보부장 김재규의 총구에서 유신체제는 막을 내렸다.

오늘날 북한 사회에서는 카를 마르크스의 언급처럼 정치적 종교(political religion)[169]의 출현이라고 할 수 있는 주체사상이 하나의 종교

---

169 라인홀트 니버, 『맑스·엥겔스의 종교론』(전주 : 아침, 1988), p. 8.

교리와 같은 위력으로 존재하는 것이 사실이다. 해방과 6·25 한국 전쟁에서 피폐해진 당시 북한의 주민들에게는 전쟁의 복구와 사회적 안정이 절대적으로 필요한 상황하에서 기존 종교의 역할이 거의 없어 종교의 필요성을 갖지 못한 측면이 있었다. 이때 북한 사회에 등장한 주체사상은 1974년부터 '김일성주의'로 이름이 바뀌면서 북한 사회를 총체적으로 영구 지배하는 이데올로기로 자리하게 되었다. 또한 신흥종교와 마찬가지로 주체사상은 북한이라는 대집단의 구조를 김일성 일가와 노동당으로 단일화하는 종교의 절대적 도그마와 같은 역할과 위치가 되었다.

이러한 북한의 상황은 먼저, 그 사회를 지탱해 온 하나의 축인 종교가 사회주의 체제하의 국가지배형 종교로 전환이 이루어졌다. 다음으로는 주체사상 이외의 다른 이념이나 사상의 태동이 불가능한 상황으로 사회적 조건이 형성됨으로써 기존 종교는 급격히 붕괴되었다. 전쟁의 충격적인 경험[170]과 전통적 사회질서의 붕괴, 그리고 전통적 문화체계의 해체를 직접적으로 체험한 북한의 주민들은 이런 상황에서 형성된 끊임없는 불안과 공포의식이라는 관념 속에서, 그것을 극복하고자 안정된 이상향을 추구하게 하였다.

이미 해방 직후 효과적인 사회주의 건설에 복무하는 종교를 체제로의 전환에 필요하도록 만들기 위해 김일성은 임시인민위원회 위

---

170 한국전쟁은 세계대전이나 흑사병의 경우보다 더 신속하게, 훨씬 더 협소한 지역에서 발생한 재난으로 현대 무기의 광범위한 사용과 계속적인 폭격으로 헤아리기 힘든 정도의 인적·물질적 손실을 초래했다는 것을 고려한다면 한국인들이 겪은 스트레스 치는 대단히 큰 충격적 수치였다. 김흥수,『한국전쟁과 기복신앙 확산 연구』(서울 : 한국기독교역사연구소, 1999), p. 29.

원장으로서 인민위원회 선거에 앞서 '력사적인 민주 선거를 앞두고'라는 제목의 연설을 하기도 했다.

"…북조선에서는 신앙의 자유가 보장되어 있으며 어떠한 종교도 탄압하거나 제한하지 않습니다. 북조선에 있는 모든 종교인들은 공민으로서의 완전한 권리와 자유를 누리고 있으며 이번 인민위원회 위원 선거에도 동등한 권리를 가지고 참가합니다. 그리하여 많은 목사, 승려들이 인민위원회 위원 후보로 추천되었으며 대부분의 교인들이 선거 사업에 열성적으로 참가하고 있습니다."[171]

북한 주민들은 전쟁 이후 피폐해진 국토를 복구하기 위해 총동원되었고, 사회주의 사상 투쟁이 매일 진행되는 상황에서 전쟁 이전처럼 종교 행위나 신앙생활을 가질 수 없었다. 또한 국가 차원에서 종교 행위를 직접 탄압하지 않더라도 북한 주민들 사이에 절대적 종교 허무주의가 대세를 이루는 가운데, 생활의 형태도 협동농장 등의 집단생활을 기반으로 하여 종교의식을 쉽게 할 수 없었다. 북한 주민의 생활이 소속에 따라 농민조합, 노동조합 등 집단 중심으로 재편되자, 종교 단체의 하부 조직들은 더 이상 의미가 없게 되었고, 중앙과 도급 이하의 조직들이 모두 없어지는 결과를 낳았다.[172] 더욱이

....

171 김일성, 「력사적인 민주선거를 앞두고」, 『김일성 저작선집 2』(평양 : 조선로동당출판사, 1979), pp. 519~520. ; 김흥수 · 류대영(2000), p. 78. 재인용.

172 신평길, 「노동당의 반종교 정책 전개과정」, 『북한』 제283호(서울 : 북한연구소, 1995), p. 57.

북한에서 사회경제의 사회주의적 재편이 완수되면서부터 조직이 붕괴된 종교 단체와 종교인들에게 요구되는 것은 사회주의 건설에 적극 참여하는 일밖에 없었다.

전후(戰後) 복구와 집단화를 통한 북한 사회의 재편은 북한이 사회주의 혁명과 건설을 위한 계급 투쟁적 성격을 고려하여 주민들 각각의 계급적 성격은 물론 북한 사회주의와의 복합성 여부를 끊임없이 평가하고 조처해야 했다.[173] 북한이 사회주의화를 효과적으로 실현하기 위해 주민들의 계급성과 사상성을 분류한 것은 제국주의 문화 침투와 비과학적이고 봉건잔재의 총체인 종교를 믿는 자체를 부정할 수 있도록 하였다.

이에 따라 북한에서 자본주의 성격의 종교는 그 존재 기반을 잃고, 북한의 주민들은 사회주의 건설을 위한 사상 교육에 충실하게 되었다. 주체사상으로 전 인민의 정신을 개조하고 이외의 이념이나 사상이 설 자리를 잃게 되면서, 종교의 중요한 존립 기반인 교육사업 또한 할 수 없게 되었다.

북한 주민들은 반세기 동안 종교를 거의 접해 보지 못했다고 할 수 있다. 종교란 무엇이며 어떤 의식을 하는지뿐만 아니라 종교 자체에 특별한 관심을 갖지 않았다고 할 수 있다. 그러나 우리 민족은 오래전부터 현세에서의 복을 중시하는 종교·문화적 전통 속에서 살아왔기 때문에, 북한 주민들도 나름대로의 종교적 욕구를 가지고 있다고 볼 수 있다.

....

173 김흥수·류대영(2002), pp. 98~99.

오늘날 북한의 주민들이 시장화의 진전에 따라 공적 원칙의 준수보다는 개인적 이익의 추구를 더 선호하며, 이념적 가치보다는 물질적 가치를 중시하는 방향으로 가치 의식이 변화한 결과 사적 영역이 점차 확대되고 사적 자율화(privatization)가 진전되고 있다는 사실이다.[174] 이러한 변화는 연이은 자연재해와 씨름하며, 북한 경제의 침체에 따른 고달픈 현실을 극복하려는 인민들의 일상생활 속에서 자연 발생적으로 생성된 것으로, 북한의 인민 스스로가 생존을 위한 투쟁에서 만들어 낸 의도적인 변화라고 할 수 없다. 또한 이 변화는 일시적인 사회병리 현상이 아니라 사회주의국가에서 나타날 수 있는 구조적인 문제이다. 하지만 북한 주민들의 가치 변화와 일탈 행위의 확산이 종교 영역에까지 미칠 수 있을지는 미지수이다. 따라서 탈북자들이 중국에서 한국 선교사에게서 기독교 교육을 받고 북한으로 돌아가 선교 활동을 한 성과가 어느 정도인지 또한 미지수이다.

그러나 북한 사회에서 일어나고 있는 여러 가지 변화와 현상들은 1994년 김일성 주석의 갑작스러운 사망 이후 급속히 확대되었다. 북한은 탈북자들에게 "배신자들은 가라"고 호언했지만, 경제난과 에너지난에 봉착한 북한 사회는 위로부터의 엄격한 제어망(制御網, control net)을 가동하고 있음에도 불구하고 지도부에서 통제할 수 없는 구조적 분화가 일어나고 있다. 시장화, 세대교체, 정보 유입의 다변화 내지 신속화, 직업구조의 분화, 도시화의 진전, 교육 수준의 향

---

174 서재진, 「북한의 사회 및 문화」, 『민족의 화해를 위하여』(서울 : 새남, 1996), p. 191.

상 등 사회구조에서의 분화, 그리고 계급구조의 분화는 북한의 통제체계를 무너뜨리고 있다.

이러한 사회 내의 구조적 변화에 대해 북한은 화폐개혁과 시장 통제 등으로 조정하고 있지만, 실질적인 효과를 얻어내지 못하고 있다. 북한에서는 1993년 12월에 열린 노동당 중앙위원회 전원회의에서 제3차 7개년 경제개혁이 실패했음을 인정할 만큼 경제문제 해결을 위한 지도부의 인식 전환이 요구되고 있는 실정이다. 이러한 가운데, 북한 체제가 가장 우려하는 것은 인간 개조 사업으로 형성해 놓은 이념의 탈이데올로기화에 따른 심적 일탈행위의 가속도이다. 이것은 정치지도자에게 리더십의 한계를 노정하고, 집단화를 통한 생활 체계의 붕괴로 이어질 수 있기 때문이다.

이 같은 문제는, 한 방향으로는 종교 개방이라는 내용을 이야기하는 것이 북한 체제 유지의 가장 큰 장애 요소로 작용할 수 있으며, 다른 방향으로는 종교를 활용한 새로운 통제체계를 북한 당국 스스로가 구축해야 하는 과제라 할 수 있다. 전자는 북한 체제의 변화로 풀어갈 수 있지만, 후자의 경우는 북한 체제가 나름의 구축 방안을 세울 때에 우리가 원하는 종교적 최종 목적을 달성할 수 없게 할 것이다. 그렇지만 이 문제들은 추상적인 예단일 뿐이다.

여기서 우리가 먼저 고려해야 할 것은, 현재의 북한 주민들에게 나타나고 있는 의식과 가치 변화의 내용이 체제 저항으로 인한 것이 아니라 생존에 필요한 최소한의 물질인 먹을거리의 확보 때문임이 우선이라는 점이다. 탈북자들을 막기 위해 북·중 국경 경비를 강화하고 체포 강제 연행되면 가혹한 처벌을 받는데도 불구하고 중국으로, 제3국으로, 남한으로 생명을 걸고 탈북하는 북한 인민들의 거의 대부분은 극심한 '식량난' 때문이었다. 자유를 찾거나 황장엽[175]과 같이 실각 위기에서 정치적 망명도 상당히 있지만 그 숫자는 알 수 없다.

그러나 최근 북한의 점진적 경제회복 속에서 식량난이 해소되고 있어, 탈북자의 숫자도 감소하고 있다. 사실 1998년부터 식량난으로 급증한 북한 탈북자들이 중국 내에 체류하는 동안 주로 기독교 계통의 기관의 도움과 보호를 많이 받았다. 탈북자들에게 의도적으로 선교를 하고, 선교를 위해 계획적으로 입북을 시키거나 기독교인이 되어 강제 송환당한 북한 인민의 범법 행위를 과연 종교 박해 강화로 볼 수 있을까? 엄연히 북한에는 헌법 제68조에서 "종교를 외세를 끌어들이거나 국가사회 질서를 해치는 데 이용할 수 없다."고

....

175 황장엽(黃長燁)은 학자 출신의 고위 당료직을 두루 거친 북한 정치인으로, 월남한 최고위층 인사였다. 1952년부터 공산주의 종주국인 소련의 모스크바종합대학에서 마르크스레닌주의 철학을 공부했고, 1958~1965년까지 김일성 주석의 이론 서기로 일했다. 이후 1965년부터 김일성종합대학 총장을 역임하며 김정일 국방위원장의 교육을 맡았다. 1972년 5기 최고인민회의 의장 겸 상설회의 의장이 되면서 본격적인 정치활동을 시작하였고, 11년 동안 최고인민회의 의장을 지냈다. 1979년부터는 당 중앙위원회 주체사상 담당 비서, 국제사업 담당 비서 등을 역임한 북한 권력의 핵심이자 최고위층의 측근이다. 1972년부터 김일성의 주체사상을 이론적으로 체계화해 이른바 김일성주의로 발전시키는 학문적 업적을 남겼다. 그는 북한에서 평양시 보통강구역의 호화 아파트에 거주하고 있었으며 부인 박승옥 씨와 2남 1녀를 두었다. 하지만 황 씨는 국제세미나 참석차 일본을 방문한 뒤 1997년 2월 12일, 베이징 주재 한국총영사관에 망명을 신청해 망명 신청 67일 만인 1997월 4월 20일 한국에 입국하였다. 황장엽이 한국에 망명한 사실이 확정되자 북한에 남아 있는 황장엽의 친인척 100여 명이 숙청된 것으로 알려졌다. 자신이 기초를 다진 주체사상은 김일성·김정일 숭배를 위한 봉건사상으로 변질되었다고 비판하였다. (출처 :『시사상식사전』, 박문각.)

강조하고 있는바, 한국 선교사에 의한 탈북자들의 의도적인 선교와 재입북하여 선교하도록 하는 것은 당연히 법의 제재를 받게 될 수밖에 없다. 그리고 극히 적은 기독교 일부 광신자들이 탈북을 조장하고 남한의 귀순을 주선하고 대가를 받는 '탈북 비즈니스'는 외형은 인도적인 것 같으나, 사실은 비인도적인 처사이다. 언젠가 이뤄야 할 평화통일과 남북 화해, 민족화합에 아무런 보탬도 되지 않고 오히려 북한 당국으로부터 건전하고 순수한 타종교까지도 불신하여 함께 탄압을 당할 가능성이 농후하다. 그러므로 우리가 북한에 대한 경험적·피상적 결과로 북한 주민들의 사회의식 변화를 판단하는 것은 북한 내에서 일어나고 있는 새로운 변화, 즉 체제 통제의 발전이나 붕괴, 그리고 종교적 부흥을 예측할 수 없게 한다.

하지만 북한 사회 전체를 총체화(總體化)하고 있는 주체사상으로 인해, 북한 사회를 구성하는 모든 주민들이 가진 종교의 근본 인식까지 해체시켰다고 할 수 없다. 원래 종교심은 인간 본성의 일부이다. 종교적 본성까지 북한 인민들에게 사라졌다고 단언할 수는 없다. 북한 사회에도 정초나 특별한 일이 있는 개인이나 가정에서는 무속인들에게 점(占)을 보는 등 전통적인 생활 속의 막연한 자연 신앙이 있을 수 있다. 불교는 우리 민족에게 전통 신앙화되어 있기 때문에 자연 신앙처럼 북한 인민들에게 다가갈 수 있다. 따라서 북한에서 불교 신행 생활의 복원이 가능할 수 있다.

그러나 기독교 같은 서구의 고등 종교를 통한 진정한 의미의 신앙인의 출현은 쉽지 않다. 물론 북한 사회체제 내에서 승려와 목사들이 현존하고 있으며, 사찰과 교회, 성당 등 종교 시설물이나 각 종교 경전 등이 현존하고 있기 때문에 소수이긴 하지만 인민들의 신앙인이 될 수 있는 외형적 환경요소는 된다. 따라서 우리는 남북의 상생(相生)을 위한 민족의 평화통일을 기원하며 북한의 종교계, 신앙인들과 진실한 자세로 꾸준한 교류와 협력을 추진해야 한다. 북한의 종교 교세가 남한에 비해 형편없지만, 북한의 특수한 정치체제의 허용된 범위 내에서 종교의 자유가 있음을 주시할 필요가 있다.

종교의 자유가 보장되고 사회적 영향력이 지대한 남한의 종교와 종교 시설량을 북한 체제 및 종교와 비교하는 흑백논리나 냉전 이데올로기로 북한의 현 종교 상황을 단정하여서는 아니 된다. 더구나 전쟁하듯이 북한 선교를 하여 북한 내 비밀 가정교회가 수천 개가 있다는 등, 정치 공작적 허무맹랑한 주장과 지나친 체제 폄하는 북한 인민에게 아무런 도움이 되지 않으며 오히려 정치적 독재를 강화시킬 뿐이다. 이는 또한 북한 종교의 실상을 파악하고 북한의 종교를 발전시키는 데 큰 장애가 되고 있다.

조선불교도연맹
전사(前史)

제1절 한국 불교계의 항일투쟁과 사회주의 승려

1. 조선왕조 말기 개화파의 승려들

조선왕국은 18세기 초부터 서양 문물이 중국을 통해 전해지며 변화를 가속화했고 유교 중심의 정치와 사회·도덕·윤리와 전통 제례가 천주교의 유입으로 정치적 혼란을 가중하여, 천주교에 대한 국가적 제재가 이어졌다. 더구나 19세기에 들어 고종이 즉위한 후에는 일본을 비롯한 서구 문명국들이 개항과 통상 압력을 가하며 조선 국토를 침입하여 갖가지 행패를 저질렀다. 그 대표적 예가 군함 운양호를 앞세워 강화도를 침입하였고, 이를 빌미로 1876년 2월 2일 일본과 일방적인 「강화도조약」을 맺었다. 고종의 아버지 흥선대원군이 강력한 '쇄국정책'을 폈으나 어쩔 수 없이 서구 열강에 개항과 개방을 하게 되고, 서구 문물의 급속한 수입은 조선 봉건사회 체제와 정권에 대한 도전으로 나타났다.

조선의 조정은, 막강한 서구 열강의 침탈 아래 힘없이 무너지는 땅덩이 거대한 종주국 청나라의 무력함을 보면서 청나라가 조선의 독립을 지켜 줄 힘이 없는 현실을 깨달은 일부 젊은 지식인 그룹이 서구의 개화·개방 사상을 과감히 받아들여 조선의 부국강병을 위한 정치사회 개화 운동이 일어났다. 이들 그룹을 개화파(開化派)라고 통칭하며 이들은 쇄국정책, 고립주의를 철폐하고 국제통상으로 부를 축적하며 서양의 발달한 과학기술을 받아들임으로써 현대적 부국강병책을 삼도록 주장하였다. 실사구시(實事求是)의 실학적 가치관으로 초기 개화파를 이끌었던 인물은 연암 박지원(『열하일기』의 저자)의 손자인 박규수(朴珪壽)와 오경석(吳慶錫), 유대치(劉大致) 등이었다. 이들에게서 개화·개방 사상을 교육·전수받은 인물들이 그 당시 실세 양반 가문의 김윤식, 김옥균, 박영효, 유길준, 서광범 등이다.

중인 계급으로 역관 출신인 오경석은 한의사였던 유대치에게 중국 내의 서양 문물의 발전상을 전해주어 개화·개방 사상의 기초를 다진 것이다. 오경석은 독실한 불자로 평소에도 불경을 지니고 다니며 염불, 암송하였다.

1877년 박규수가, 1879년에는 오경석마저 사망하자 유대치는 자연히 개화파의 지도자가 되었다. 그의 집은 김옥균 등 신진 개혁 세력의 서구 신학문을 익히는 도량이 된 것이다. 유대치는 불교 신행이 돈독하고 불교에 대하여 해박하였고 평상시에도 선(禪) 수행을 해왔다. 김옥균 등 개화파 제자들 또한 불교적 가치관을 가지게 되었으며 이 젊은 개화파들이 모여 만든 비밀결사인 개화당(開化黨)도 불교가 큰 영향을 끼친 것이다.

특히 개화당의 중심인물인 김옥균과 함께 일찍이 개화 운동과 불
교 중흥에 노력했던 봉원사(奉元寺)의 이동인(李東仁) 스님과 몽성(夢惺)
탁정식(卓挺埴) 스님[176], 그리고 한때 승려 생활을 했던 차홍식(車弘植),
김정은(金正穩), 이윤과(李允果)는 모두 스님과 불자들이다.

불교계 인사로 대표적인 개화파 이동인 스님은 범어사 출신으로
주로 신촌 봉원사에 주석하며 유대치와 깊이 교류하면서 불교 개혁
과 국가 개화사상을 지도하였다. 동인 스님은 일본이 서구 문물을
받아들여 부국강병함을 일찍이 알고 일본공사(日本公使)에게서 일본어
를 배우고, 1878년에는 일본 정토진종(淨土眞宗), 부산별원(釜山別院)의
오쿠무라엔심(奧村圓心) 포교사에게 일본의 개화와 일본 불교의 발전
에 대해 교육을 받았다. 이듬해 1879년에는 김옥균과 함께 도일하
여 일본에 머물며 일본 정치인, 승려들, 지도급들과 교류하면서 조
선 당국의 개화의 필요성을 확신하였다. 일본을 방문한 김홍집 수신
사와 친교하며 함께 귀국하였다. 고종황제에게도 직접 세계정세를

....

176 몽성(夢惺, 1851~1884) 스님은 속가 이름이 탁정식이다. 명문가의 외아들
로 태어났으나 어려서 병약해 부모들이 절에 맡기면 생명을 연장할 수 있
다는 말을 듣고 많은 재산을 붙여 백담사로 출가시켰다. 출가하여 강원에서
학인을 가르치는 강사를 했다. 1880년 무렵 화계사에 머물고 있을 때 이동
인 스님과 유대치, 오경석, 김옥균, 박영효와 같은 개화당 인사들과 인연이
되어 개화활동에 참가하였다. (박희승, 『조계종의 산파, 지암 이종욱』(서울 :
조계종출판사, 2011), p. 40. 일부 인용 전재.)
개화승으로 백담사의 탁몽성 스님이 있었다. 서울 수유리 화계사에서 김옥
균을 자주 만나 '決心交하고 從遊日本'하였으며, 일련의 개화불교 그룹인 大
痴→ 東仁→ 夢惺이 개화 청년 그룹인 古愚(김옥균)→ 春皐(박영효)→ 韋山
(서광범)과 종횡으로 활약, 인조 원년 이래 3排佛정책으로 베풀어진 승니입
성금족령을 푸는 데 크게 이바지하였다. (「開化百景(16)僧尼」, 『조선일보』
1968년 5월 23일.)

알려드렸고 1881년 신사유람단의 참모로서 일본을 방문하였다. 그후 동인 스님은 일본 군함 구입 비밀 교섭이 실패하자 종적을 감췄다. 일설에는 일본에서 조선 수구파 밀정에 의해 피살되었다는 설도 있다.

개화파의 젊은 인사들은 이동인 스님이 주석하던 신촌 봉원사와 백담사 출신 탁정식 스님이 주석하던 수유리 화계사를 오가며 회합을 가졌다. 이들은 국가의 개혁·개화뿐만 아니라 불교의 역할에 대하여 심오하게 공부를 하였다. 탁정식 스님은 김옥균의 주선으로 도일 밀항하여 이동인 스님과 교유하였고, 1882년 김옥균이 일본을 방문했을 때 안내를 맡았다.

차홍식은 화계사의 사미승 출신으로 김옥균의 수행원이었고 18세 때 갑신정변에 참여하였다가 삼일천하(三日天下)로 끝나자 처형당했다. 유대치의 지도로 이루어진 갑신정변은 청국 군대의 개입으로 3일 만에 쿠데타가 실패하였다. 개화당의 근대적 개혁정치는 실패로 끝났으며 최고지도자 유대치는 정변 중에 실종되고, 김옥균 등 개화파는 몰락하였다. 자주독립국가의 확립과 양반 신분제도의 타파 등 근대의 민족주의 이념의 실천은 실패로 끝났다. 개화당 인물들 중 김옥균 등은 일본으로 망명하였으며 끝내 홍종우 등 수구파 자객에게 살해당했다. 이로써 조선왕국의 외세 침략은 막을 수가 없었으며 일본 불교계의 한국 불교계 침투도 노골화되어 갔다.[177]

177 동국대학교 백년사 편찬간행위원회,『동국대학교 백년사 1』(서울 : 동국대학교, 2006), pp. 52~55.

2. 일제강점기의 불교계 항일투쟁과 혁신 승려들

(1) 항일투쟁 상황

일제는 1905년 대한제국 외교권과 국방권을 빼앗는 소위 「을사보호조약」을 체결하여 대한제국을 무력화하고 국권 찬탈을 강화해 나갔다. 1910년 8월 29일 한일합방으로 대한제국(조선왕조)은 사라지고, 한반도를 실질적으로 점령 통치하게 된 일제는 서울에 '조선총독부'를 신설하여 일제의 악랄한 식민통치를 시작하였다. 일본은 한일병합을 전후하여 침략에 항거하는 의병투쟁과 애국계몽운동을 무자비하게 탄압하고 강력한 무단정치를 펴는 한편, 민족 고유문화의 말살, 경제적 침탈의 강화로 전체 조선 민족의 생존에 심각한 위협을 가했다.[178]

우리의 민족자본가들은 일제가 우리 민족자본의 성장을 억제할 목적으로 실시한 회사령(會社令, 1910년)으로 큰 타격을 받았으며, 농민은 토지조사사업(1912~1918년)으로 조상 전래의 토지를 빼앗기고 빈농·소작농으로 전락, 극히 일부 지주층을 제외하고는 절박한 상황에 몰리게 되었다.[179] 이처럼 일제의 식민통치 10년 동안 자본가·농민·노동자 등 모든 사회계층이 식민통치의 피해를 직접적·구체적으로 입음으로써 그들의 정치·사회의식이 급격히 높아졌고, 더

178 임혜봉, 「불교계의 항일운동」, 『일제하 불교계의 항일운동』(서울 : 민족사, 2001), p. 83.
179 임혜봉(2001), p. 84.

욱이 미국 대통령 윌슨이 1차 대전의 전후 처리를 위해 「14개조 평화원칙」을 발표, 민족자결주의를 제창함에 따라 이 기회를 이용한 조선 지식인과 종교인들이 민족자주의식에 불을 당기자 항일민족운동은 삽시간에 거족적인 운동으로 번져 나갔다.[180]

이 무렵 우리 민족의 자주의식도 드높아져 1918년 1월 서재필·정한경·안창호·이승만 등이 워싱턴에서 '신한협회'를 조직하였고, 같은 해 6월 26일에는 이동휘, 김립 등이 하바롭스크에서 '한인사회당'(韓人社會黨, 다음 해 4월에 고려공산당으로 개칭, 후일의 상하이파上海派)을 조직하였다. 그리고 여운형, 장덕수, 조동호, 김구, 신석우 등은 상하이에서 '신한청년당'을 조직하였다.

한편 만주에서는 1918년 11월 13일 여준, 김동삼, 유동열, 김좌진, 신필균, 서일, 김규식, 이동녕 등의 중광단 인사 39명이 대한독립선언서를 채택·발표하였는데, 이를 「3·1 운동 독립선언서」와 구별하기 위해 「무오독립선언서」라고 부른다. 중국 상하이에서 조직된 신한청년당의 여운형은 1918년 11월 15일 상하이를 방문한 미국 대통령 특사 크레인과 회견하고 파리강화회의와 미 대통령에게 보낼 한국독립 건의서를 제출하였다. 또 미주교포 단체는 미 대통령 윌슨에게 독립요망진정서를 제출하였다.

·············
180 임혜봉(2001), pp. 84~85.

(2) 불교계의 항일투쟁

1919년 3월 1일에 자주독립운동이 전국을 누볐다. 3·1 운동의 민족대표 33인 중 불교계에서는 만해 한용운 스님과 백용성 스님 두 분이었다. 3·1 운동을 기점으로 조선 민중의 독립의식이 고창되었다. 그리하여 불교계에서도 대동단, 애국청년당, 임시정부 등과 연계하여 정세용, 백초월, 송세호, 이종욱, 신상완, 김법린, 김상헌, 김상호 등 많은 스님들이 항일투쟁을 전개하였다.

그리하여 1926년 6월 10일 순조의 인산일에 항일시위운동이 일어났는데 이를 통상적으로 '6·10 만세운동'이라 한다. 6·10 만세운동은 원래 1925년에 창당한 조선공산당이 주도하고 천도교를 비롯한 민족진영도 참여하여 추진했는데 일제 경찰에 사전 발각되어 좌절되고, 그 후 학생들이 주도한 계획만이 성공하였다.[181] 일제 경찰은 6·10 만세운동의 계획을 사전에 인지하고 천도교주 박인호와 그 간부, 그리고 김성수, 최남선, 최린 등의 지도층 인사를 검거 또는 인치하여 조사하였다. 이때 불교계에서는 한용운과 송세호 스님이 검거되어 조사를 받았다.[182]

불교계에서는 의병항쟁기(1906~1909년)에는 의병장 박순근, 경봉 김재홍, 이운허 스님 등이 항일무장투쟁을 전개하였고, 1910년 한일합병 직후에는 이회광의 조선 원종과 일본 조동종의 병합에 한용운,

----

181 임혜봉(2001), p. 237.
182 위와 동일.

박한영, 진진웅 스님 등이 임제종을 설립하여 불교자주화운동을 펼쳤다. 그러나 일제는 1911년 6월에 사찰령을 공포하여 조선불교의 주지임명권과 재산처분권, 불교의식의 왜색화 등을 획책하였으므로 불교계는 일제의 강압으로 질식 상태에 있었다. 이어 8월 8일에는 시행규칙을 공포하는 등 30본산제도[183]를 통해 조선의 불교를 합법적으로 통제·장악하여 이용, 무력화하였다. 그 후 전남 구례 화엄사가 1924년에 본산으로 지정되어 31본산으로 늘어나 해방 때까지 지속되었다.

그 당시의 본산 사찰은 강원도 고성 내금강 유점사, 함경남도 안변 석왕사, 함경남도 함흥 귀주사, 평안북도 향산(영변) 보현사, 황해남도 신천 패엽사, 평양특별시 영명사, 평안남도 평원 법흥사, 황해북도 사리원(황주) 성불사가 북한 지역에 위치하였다. 오늘날에는 유점사, 패엽사가 전쟁 시기에 불타 폐사되고, 평양 모란봉 기슭에 위

<hr />

183 1916년 1월 당시 30본산의 사찰과 주지는 용주사 김대련(金大蓮), 마곡사 김만우(金萬愚), 유점사 김동선(金東宣), 동화사 김남파(金南坡), 봉선사 홍월초(洪月初), 해인사 이회광(李晦光), 법주사 서진하(西震河), 위봉사 조랑응(趙朗應), 은해사 박회응(朴晦應), 석왕사 최환허(崔煥虛), 전등사 국창환(鞠昌煥), 송광사 이설월(李雪月), 선암사 장기림(張基林), 월정사 홍포용(洪蒲龍), 통도사 김구하(金九河), 봉은사 나청호(羅晴湖), 귀주사 전남명(田南溟), 고운사(孤雲寺) 이동오(李東旿), 보석사(寶石寺) 박철허(朴徹虛), 기림사(祇林寺) 김만응(金萬應), 보현사 박보봉(朴普峯), 패엽사 강구봉(姜九峰), 대흥사 백취운(白翠雲), 영명사 강용선(姜龍船), 백양사 김환응(金幻應), 범어사 오성월(吳性月), 건봉사 이운파(李雲坡), 법흥사(代 : 한장호韓漳浩), 성불사(代 : 김선은金禪隱), 김룡사(代 : 권상로權相老). 30본산의 주지 명단은 1916년 1월 30일 본산 제5회 주지 총회회의록에서 옮겼으며, 대(代)는 대리로 참석한 것을 표시하였다. 『불교진흥회월보』의 후신 『조선불교계』 제1호(1916년 4월 5일). ; 최덕교, 『한국잡지백년 1』(서울 : 현암사, 2005).

치한 영명사는 '흥부초대소'라는 다른 명칭과 용도로 사용되고 있다. 38도선을 국경선으로 하던 시기에는 강원도 고성의 금강산 건봉사는 북한에 위치하였다가 수복되었다.

그리고 남한 지역에는 수원 화성 용주사, 충남 공주 마곡사, 대구 동화사, 경기 양주 봉선사, 경남 합천 해인사, 충북 보은 법주사, 전북 완주 위봉사, 경북 영천 은해사, 경기 강화 전등사, 전남 순천 송광사, 전남 승주 선암사, 강원 평창 월정사, 경남 양산 통도사, 서울 강남 봉은사, 경북 의성 고운사, 충남 금산 보석사, 경북 경주 기림사, 전남 해남 대흥사, 전남 장성 백양사, 부산 범어사, 강원 고성 건봉사, 경북 문경 김룡사와 전남 구례 화엄사가 '31본산'의 사찰이었다.[184]

〈표 3-1〉 서훈 받은 불교계 독립유공자 명단[185]

(1999년 10월 1일 작성)

번호	유공자 성명	서훈		운동 계열	출신지	공훈록	
		훈격	연도			권	면
1	한용운	대한민국장	62	3·1 운동	충남 홍성	2	413
2	백용성	대통령장	62	3·1 운동	전북 장수	2	373

....

184 현재 위봉사는 전북 완주군 소양면 추줄산 중턱에 있는 대한불교조계종 제17교구 금산사의 말사, 보석사는 충남 금산군 남이면 진악산에 있는 대한불교조계종 제6교구 마곡사의 말사, 기림사는 경북 경주시 양북면 함월산에 있는 대한불교조계종 제11교구 불국사의 말사, 김룡사는 경북 문경시 산북면 운달산에 있는 대한불교조계종 제8교구 직지사의 말사, 건봉사는 강원도 고성군 거진읍 금강산에 있는 대한불교조계종 제3교구 신흥사의 말사이다.

185 임혜봉(2001), pp. 415~416.

번호	유공자 성명	서훈		운동 계열	출신지	공훈록	
		훈격	연도			권	면
3	송세호	대통령 표창 애국장	63 91	청년외교단	경북 선산	5	626
4	이시열 이학수	대통령 표창 애국장	63 91	애국계몽운동	평북 정주	1	196
5	정남용	독립장	63	대동단	강원 고성	7	636
6	김상헌	대통령 표창 건국포장 애국장	63 80 90	철원 애국단	경남 양산	5	493
7	김영규	대통령 표창 애족장	77 90	3 · 1 운동	경남 동래	3	633
8	박영희	대통령 표창 애족장	77 90	국내 항일	전남 완도	6	625
9	이종욱	독립장	77	임정	강원 평창	5	745
10	차상명	대통령 표창 애족장	77 90	3 · 1 운동	경남 동래	3	771
11	김명규	건국포장 애국장	77 90	군자금 모집	경남 밀양	8	137
12	김성숙	독립장	82	임정	평북 철산	5	498
13	김상기	대통령 표창 애족장	83 90	3 · 1 운동	경남 양산	3	627
14	김용식	대통령 표창 애족장	83 90	3 · 1 운동	경기 여주	2	447
15	김한기	대통령 표창 애족장	86 90	3 · 1 운동	경남 동래	8	368
16	백초월	대통령 표창 애국장	86 90	국내 항일	경남 진주	8	405
17	최범술	대통령 표창 애족장	86 90	3 · 1 운동	경남 사천	8	534
18	이순재	대통령 표창 애족장	86 90	3 · 1 운동	경기 양주	8	469
19	오택언	애족장	90	3 · 1 운동	경남 양산	9	267
20	허영호	애족장	90	3 · 1 운동	경남 동래	9	524
21	김문옥	애족장	90	3 · 1 운동	경북 대구	9	61
22	박달준	애족장	90	국내 항일	경남 거창	9	163

번호	유공자 성명	서훈 훈격	서훈 연도	운동 계열	출신지	공훈록 권	공훈록 면
23	박정국	대통령 표창	92	3 · 1 운동	경남 부산	1	150
24	지용준	대통령 표창	92	3 · 1 운동	경남 양산	10	352
25	이기윤	애족장	92	3 · 1 운동	경북 청도	10	245
26	김연일	애족장	93	국내 항일	경북 영일	11	62
27	김봉화	애국장	95	국내 항일	제주 좌면	12	253
28	방동화	애족장	95	국내 항일	제주 좌면	12	695
29	김기수	애족장	95	국내 항일	제주 좌면	12	167
30	김상언	애족장	95	국내 항일	제주면 외도리	12	264
31	김법린	독립장	95	국내 항일	경남 동래	12	230
32	강완수	대통령 표창	95	3 · 1 운동	경기 양주	12	39
33	박무	애국장	95	만주 방면	평북 영변	12	686
34	이만직	애족장	95	의병	충남 홍산	13	236
35	신상완	애국장	95	임정	경기 수원	12	771
36	김봉률	애족장	96	국내 항일	경남 합천		

〈표 3-2〉 시기별 포상 인원[186]

시기(연도)	인원(명)	비고
1960	4	1962(2), 1963(2)
1980	1	1982(1)
1990	66	1990(24), 1991(3), 1992(4), 1993(4), 1995(25), 1996(4), 1997(1), 1999(1)
2000	19	2002(2), 2003(3), 2005(7), 2006(4), 2007(2), 2009(1)
2010	14	2010(4), 2011(1), 2013(1), 2014(1), 2014(4), 2018(1)
계	104	

••••••••••••••

186 김성연, "독립유공자 현황으로 본 불교계 독립운동 양상", 「특집 : 불교, 조선독립의 횃불을 들다」, 『불교평론』 77호(서울 : 불교평론사, 2019), p. 119.

<표 3-3> 독립유공자 포상 훈격별 현황[187]

명칭		전체	불교계	비율(%)
건국훈장	대한민국장	30	1	3.33
	대통령장	92	1	1.09
	독립장	821	4	0.49
	애국장	4315	21	0.49
	애족장	5682	51	0.90
건국포장		1270	3	0.24
대통령 표창		2970	23	0.77
계		15,180	104	0.68

<표 3-4> 운동 계열별 독립운동 인원[188]

3·1운동	계몽운동	국내 항일	만주 방면	문화운동
36	1	51	3	1
의병	의열투쟁	임시정부	중국 방면	학생운동
4	2	3	2	1

(3) 선학원 운동

불교계 내부에서는 일제의 사찰령과 시행세칙으로 조선 불교계의 모든 활동을 일제가 직접 관장하여 식민통치에 활용하자 이에 대항하여 조선불교의 전통을 고수·선양하려는 움직임이 일어났다. 이러한 움직임이 구체화된 것이 3·1 운동의 영향과 일제의 사찰 정

·············

187 김성연, "독립유공자 현황으로 본 불교계 독립운동 양상", 「특집 : 불교, 조선독립의 횃불을 들다」, 『불교평론』 77호(서울 : 불교평론사, 2019), p. 119.
188 김성연, "독립유공자 현황으로 본 불교계 독립운동 양상", 「특집 : 불교, 조선독립의 횃불을 들다」, 『불교평론』 77호(서울 : 불교평론사, 2019), p. 119.

책에 대응하며 1921년에 창설된 '선학원'이다. 서울 종로구 안국동 40번지에 있는 선학원은 1921년 8월 10일에 공사를 시작하여, 동년 10월 4일의 상량식을 거쳐 11월 30일에 준공되었다.[189]

범어사 포교당의 포교사인 김남천과 석왕사 포교당의 포교사로 있던 강도봉, 송만공, 백용성, 오성월, 김석두 등이 협력하여 한국 전통 선(禪)을 부흥시키기 위해 선학원을 창설하였다. 이처럼 선학원은 불교의 천양 의식이 투철하고 일제의 사찰 정책에 비판적인 승려들의 주도에 의해 설립·운영되었다. 선학원에서는 창설 이후 조선 전통 선풍을 진작하기 위하여 선우공제회(禪友共濟會)를 결성하였고 (1922년 3월 30일~4월 1일), 1931년에는 선(禪) 전문지『선원(禪苑)』을 창간·발행하였으며,『선원』을 통합하여 지방 선원의 소식을 취합하고, 그 질적인 발전을 도모하였다. 1935년 3월 7~8일에는 조선불교수좌대회를 개최하여 조선불교 선종의 종정으로 혜월·만공·한암 선사를 선출하였다.[190]

선학원은 선승 납자들의 수행 중심이기도 하였지만 만해 스님이 중심이 된 불교혁신과 항일 독립운동의 중심이었다. 민족주의자, 무정부주의자, 사회주의자 모두를 아우르는 지도자 만해 한용운 스님이었다. 후에 월북하여 조선불교도연맹 창립의 주역이 된 김용담, 곽서순 등도 선학원을 거점으로 활약하였다. 선학원은 일제 사찰령의 규제를 받지 않기 위하여 그 명칭부터 절이나 암자를 따르지 않

189『한국근세불교백년사 2』(서울 : 민족사, 1986), pp. 7~8.
190『동아일보』, 1935년 3월 13일.

고, 전통 선맥을 계승하려는 많은 노력을 하였으나 중일전쟁과 태평양전쟁이 일어난 후에는 일제의 강압적인 식민통치로 일제에 굴절되고 말았다.[191]

(4) 항일 비밀결사 만당

1930년에 결성된 항일 비밀결사 '만당(卍黨)'의 당원들은 그 당시 불교 청년운동의 핵심 지도자들이었다. 1920년에 창립된 조선불교청년회는 조선사찰령 철폐 운동과 불교계 통합기관 설립을 추진하였으나 조직 자체도 열악하였고 주지 계층 및 기득권층들의 억압과 반대로 성과가 없었다. 1924년경 조선불교유신회는 소멸되고, 조선불교청년회도 간판만 유지하는 상태로 전락하였다.

청년회는 1929년 1월 각황사(현 조계사)에서 열린 '조선불교선교양종(朝鮮佛敎禪敎兩宗) 승려대회'를 주도하였다. 1924년에 들어 4월 이후에는 김법린, 김상호, 이용조, 조학유 등 4명이 불교계의 일제하의 현실을 비판하며 교류했다. 결국 이들의 교류와 토론은 만당의 결성으로 이어졌다. 이들은 당시 불교계의 교정(敎政)의 모순은 물론 불교계 청년운동이 부진한 상황을 극복하기 위해 '순교 정신'을 갖고 있는 동지를 중심으로 '비밀결사' 조직 구성에 중심을 두었다. 그래서 1930년 5월에는 김법린, 김상호, 이용조, 조학유 등 4명이 1차 결사

----

191 김광식, 「일제하 선학원의 운영과 성격」, 『한국 근대불교사 연구』(서울 : 민족사, 1996), p. 137.

를 했다. 이후 강재호, 박창두, 조은택, 최봉수 등을 영입해 2차 결사를 진행했으며, 불교전문학교(동국대학교 전신)의 강유문, 김해윤, 박근성, 박영희, 박윤진, 한성훈 등이 참여한 학생들을 포섭한 3차 결사를 진행했다.[192] 만당에 참여한 14명은 불교 청년운동의 핵심 세력이었다.

〈표 3-5〉 만당의 선언문과 강령[193]

> • 만당 선언문
> 보라! 3천 년 법성이 허물어져가는 꼴을 들으라! 2천만 동포가 헐떡이는 소리를!
> 우리는 참을 수 없는 의분에서 감연히 일어선다. 이 법성을 지키기 위하여.
> 이 민족을 구하기 위하여!
> 향자(向者)는 동지요, 배자(背者)는 마권(魔眷)이다. 단결과 박멸이 있을 뿐이다.
> 우리는 안으로 교정을 확립하고 밖으로 대중불교를 건설하기 위하여
> 신명을 도(睹)하고 과감히 전진할 것을 선언한다.
>
> • 만당의 강령
> 一. 정교 분립(政教分立)
> 二. 교정 확립(教政確立)
> 三. 불교 대중화[194]

....

192 임혜봉(2001), pp. 240~241. 참고. "당원 이용조의 회고문 : 如斯한 정세 하에 합법운동으로 소기의 實果를 거두기는 至難한 환경에 놓여 있었다. 그래서 우리 4인은 여러 차례 상의 끝에 순교 정신을 가진 동지들을 규합하여 비밀결사를 조직하기로 합의를 보았다. 1930년 5월경에 우선 4인이 佛前에 誓盟하고 結社를 한 후 2차로 趙殷澤·朴昌斗·姜左浩·崔鳳守 諸氏를 포섭하였으며 다음 佛專 재학 중인 朴暎熙·朴允進·姜裕文·朴根燮·韓性勳·金海潤 諸氏도 입당시켜 柱秘裡에 창당선서를 하고 당명을 만당이라 했으며…."
193 이 표는 필자가 『대한불교』 55호, 1964년 8월 30일에 실린, 이용조, 「한국불교항일투쟁회고록—내가 아는 만당 사건」을 참고하여 작성하였다.

이처럼 만당의 강령은 불교계의 청년운동에 국한되지 않고 일제 지배에 대항한 불교혁신 운동의 핵심 사상이라고 할 수 있다. 내용 중 정교 분립이란 정치와 종교를 분리하는 것인데, 일제가 벌인 불교 정책 중 사찰령 철폐에 대해 극복하려는 의식이 드러난 것이다. 교정 확립이란 불교계를 합리적으로 운영하자는 것을 뜻한다. 이는 1929년에 열린 승려대회를 통해 종헌, 종회, 중앙교무원을 구성하는 것으로 이어졌는데 이런 문제를 명확하게 해결해야 할 시대적 상황이 도래했고, 드디어 만당의 강령으로 등장하게 된 것이다.

불교의 대중화도 일제시대 불교계 혁신운동의 중심 과제였다. 조선 후기 이후 불거진 불교의 낙후성을 극복하면서 불교를 대중화하기 위해, 포교는 물론 교육과 역경 방면에서 방책들이 왕성하게 나타났다. 따라서 만당을 결성한 것은 1930년대 불교계에 닥친 핵심 현안을 해결하려는 불교계 청년들의 중대한 결사였다.[195]

만당 당원들은 굳은 의지를 갖고 활동했는데, 당원으로서 '비밀 한사 엄수(秘密限死嚴守)' 및 '당의 절대복종(黨議絶對服從)' 등의 내용을 서약하고, 만일 이를 지키지 않는다면 생명까지 바치겠다는 각오를 갖고 활동했다. 또한 만당은 비밀결사 조직이기 때문에 활동 사항을 기록으로 남기지 않았고, 선언문이나 강령도 기록물이 아닌 암송을 통해 전했다. 일제 식민지에서 비밀결사는 전혀 허용되지 않기 때문이다.

만당의 당수로는 한용운을 추대했으나 정작 한용운에게 통보하지

....
194 임혜봉(2001), pp. 242~243.
195 임혜봉(2001), p. 243.

않았고, 만당의 결사를 그에게 알려주지도 않았다.[196] 하지만 만당의 주도자들은 활동을 진행하면서 한용운에게 중요한 일에 대해 자문을 구하기도 했다. 만당의 모임은 매월 세 번째 일요일에 정기적으로 이루어졌고, 전반적인 상황에 대해 논의했다. 모임의 장소는 10명 내외가 모일 경우 개인의 집을 이용하기도 했으나, 당원이 증가한 뒤에는 중국식 요릿집이나 소풍객인 것처럼 모여 교외에서 회동을 갖기도 했다.

만당 조직의 전체적인 규모는 기록이 없어 상세히 알 수 없다. 조선불교청년회가 조선불교청년총동맹으로 전환된 것이 바로 만당 활동의 확산이라는 것이다. 만당은 불교계 청년운동의 '이면 단체'이자 그들의 변화를 희망하는 결사로서 청년운동의 방향을 실질적으로 주도했다.[197] 당원에 관해서도 그 전모를 알 수 없다. 김법린, 김상호, 이용조, 조학유 등 4명으로 시작한 당원은 2차·3차 가입을 진행해 13명으로 확대되었다. 이후에는 80여 명까지 증가했다. 당원이 되기 위한 절차는 엄격한 규제와 심사를 거쳐야 했다. 당원이 되고자 하는 후보자는 전체 당원들이 일정한 기간에 후보자의 행적과 현재의 사상을 철저하게 확인한 후 전원 찬성의 과정을 거쳐 가입할 수 있었다. 이용조의 회고록을 보면 만당의 성장을 알 수 있는데, 1932년경 조직의 규모가 확장되었고, 이를 기반으로 불교계에 상당한 영향력을 미칠 수 있는 수준에 도달했다.

....

196 이용조(1964), 「한국불교항일투쟁회고록」.
197 임혜봉(2001), p. 244. ; 김광식(1996), 「조선불교청년동맹과 만당」, p. 266. ; 이용조(1964).

조선불교청년회 임시총회가 열린 1930년 10월 17일에는 총동맹으로 전환하며 추진위원으로 7명을 선정했다. 추진위원은 강유문, 김상호, 도진호, 박동일, 박윤진, 이용조, 조학유 등이며, 이들 중 대부분은 만당 조직의 당원이었다. 1931년 3월에 창립대회를 통해 출범한 총동맹은 강령으로 '불타 정신의 체험, 합리 종교의 확립, 대중 불교의 실현'을 내세웠으며, 이는 앞서 기술한 만당의 강령과 비교할 때 동질성이 높다고 볼 수 있다. 총동맹의 구성을 보면 추진위원들은 물론 강령과 임원들도 만당 당원들이 주요 역할을 책임졌다. 이를 통해 만당 당원들이 조선불교청년총동맹의 여러 중요 직책을 담당하게 됐음을 알 수 있다. 즉, 총동맹은 만당을 포함하는 외부적인 단체이며, 만당이 가진 불교계 청년운동 의식이나 그 활동 방략을 결합해 만든 성립된 단체라는 것을 확인할 수 있다.

〈표 3-6〉 조선불교청년회 초기 임원[198]

중앙집행위원장 : 김상호
중앙집행위원 : 김법린, 이용조, 김해윤
중앙검사위원 : 서원출
중앙상무집행위원 : 최봉수
서기장 : 박영희
회계장 : 조학유

　　그러나 만당은 1932년 가을부터 조직 내부의 모순과 당원 간의

⋯⋯⋯⋯⋯⋯
198 『동아일보』 1931년 3월 26일. ; 『조선일보』 1931년 3월 25일. 이 표는 필자가 정리한 것이다.

갈등으로 침체하기 시작하였다. 당원 정상진과 허영호가 재단법인 교무원 증자 문제에 대해 이견 대립이 있었고, 1929년 교무원 평의원 총회에서 불교전수학교(동국대 전신)를 전문학교로 승격시키기 위해 40만 원 증자 결정을 하였으나 재무부원이었던 정상진이 반대하고 허영호가 옹호하는 대립이 있었다. 또한 김상호가 교무원 이사가 되자 만당에서 반대하였다. 중앙불전(동국대 전신) 학감이었던 허영호도 강사들과의 갈등으로 파면되었다. 허영호를 옹호하던 김법린도 교무원 이사진과의 충돌로 1933년 7월 『불교』지가 폐간되자 주필에서 실직되고 사천에 있는 다솔사로 갔다.[199] 다솔사는 최범술이 주지였으며 김법린(다솔강원 강사), 김범부와 한용운 등 만당의 집합처였다. 1933년 4월 12일 당시 총동맹 집행위원장이며 만당원이었던 최범술이 만당을 해체하였다.[200]

....

199 임혜봉(2001), pp. 249~250.

200 임혜봉(2001), pp. 250~252.
이러한 와중에 1933년 3월의 총동맹 전체대회에서 중앙집행위원장 허영호가 퇴진하고 최범술이 총동맹 제3대 중앙집행위원장으로 등장하였다. 그리고 당원 간의 갈등과 불교계의 분규는 결국 만당의 몰락을 재촉하였다. 1933년 4월경 당시 총동맹 중앙집행위원장이며 만당의 당원이었던 최범술의 회고에는 당시 사정을 다음과 같이 말하고 있다.
"나는 이해(1933) 4월 중순 어느 날 불교청년회관 근처의 동해루라는 곳에서 만당의 당원들을 불러 모았다. 이 자리에서 만당의 해체를 제의했다. 도쿄에서 불령사를 통해 투쟁한 경험이 있는 나로서는 이 같은 비밀결사가 이로울 것이 없다고 생각했다. 이 같은 비밀결사는 자칫 잘못하면 총독부 당국에 의해 역이용당하여 동지 간에 불화가 생길 우려가 있었다.
내가 해산을 주장하자 강유문, 박윤진, 박근섭, 장도환 등은 '좋은 동지들의 첫 경사인데 아쉬운 감이 있다.'고 말했다. 반면 강재호, 조은택, 서원출 등 보성학교에서 교편을 잡던 분들은 나의 주장에 동의하였던 것이다. 그리고 나머지 당원들은 모든 것을 나에게 일임한다고 의사를 표시했다."
(최범술, 『청춘은 아름다워라』, p. 43. ; 『국제신보』, 1975년 3월 26일.)

3. 8 · 15 해방 전 사회주의 계열 승려들의 활동

〈표 3-7〉 밝혀진 만(卍)당 당원 일부[201]

인물	관련 사찰	활동 및 성격
조학유 (曹學乳)	해인사	일본 유학, 중앙불전 회계주임, 승려대회 주도
김상호 (金尙昊)	범어사	3 · 1 운동 참여, 임정 활동, 승려대회 주도, 교무원 이사
김법린 (金法麟)	은해사	3 · 1 운동 참여, 프랑스 유학,『불교』지 주필, 승려대회 주도
이용조 (李龍祚)	해인사	일본 유학,『불교』사 사원, 총동맹중앙집행위원
조은택 (趙殷澤)	범어사	일본 유학, 보성고 보교원, 조선불교청년회 간사, 승려대회 주도
박창두 (朴昌斗)	석왕사	일본 유학, 중앙불전 강사, 재일불교청년회 간사
강좌호 (姜左浩)	대원사	일본 유학, 보성고보 교원, 재일불교청년회 간사
최봉수 (崔鳳守)	유점사	일본 유학, 중앙불전 강사, 보성고보 교원
박영희 (朴暎熙)	대흥사	3 · 1 운동 참여, 중앙학림, 중앙불전, 만주군관학교 입교, 대흥사 감무(監務)
박윤진 (朴允進)	흥국사	중앙불전, 일본 유학, 총동맹동경동맹위원장, 중앙불전 교수
강유문 (姜裕文)	고운사	중앙불전, 일본 유학, 총동맹동경동맹위원장, 중앙불전 강사
박근섭 (朴根燮)	쌍계사	중앙불전, 쌍계사 주지, 총동맹서기장, 쌍계사 종회원
한성훈 (韓性勳)	은해사	중앙불전, 일본 유학, 총동맹동경동맹서기장, 교무원, 서무부원
김해윤 (金海潤)	고운사	중앙불전, 총동맹중앙집행위원, 중앙불전 회계

··············

201 김광식, 「조선불교청년동맹과 만당」,『한국 근대불교사 연구』(서울 : 민족사, 1996), pp. 268~269. 만당의 당원은 80여 명이나 된다고 하지만 그 신원과 경력을 밝힐 수 있는 사람은 표와 같이 24명에 불과하다.

인물	관련 사찰	활동 및 성격
서원출 (徐元出)	통도사	일본 유학, 재일불교청년회 간사, 총동맹중앙검사위원
장도환 (張道煥)	쌍계사	일본 유학, 재일불교청년회 편집부, 총동맹서기장, 명성학교 교원
정상진 (鄭尙眞)	선암사	교무원, 재무부원, 향림사(香林寺) 주지, 교무원 평의원 총동맹서기장
허영호 (許永鎬)	범어사	3 · 1 운동 참여, 일본 유학, 중앙불전 교수,『신불교』발행인
민동선 (閔東宣)	남장사	양정고보, 중앙불전, 고운사, 의성포교당 담임자
차상명 (車相明)	범어사	명정학교, 3 · 1 운동 참여, 범어사 주지
정맹일 (鄭孟逸)	안정사	안정사 주지, 조선불교유신회, 교무원 평의원
이강길 (李康吉)	송광사	일본 유학, 총동맹동경동맹 회계장
최범술 (崔凡述)	다솔사	일본 유학, 다솔사 주지, 재일불교청년회 간사, 총동맹위원장
김경홍 (金敬弘)	범어사	일본 유학, 보성고보 교장, 승려대회 주도, 총동맹집행위원

　조선왕조 말기, 미국, 프랑스, 영국, 독일, 러시아 등 구미 선진 열강국과 일찍이 메이지유신으로 선진화된 일본제국주의 정부(일제)는 조선의 쇄국정책을 개방 · 개항으로 강요 · 압박하였다. 청일전쟁, 노일전쟁에서 승리한 일제는 조선을 강점하기에 이른다. 이 과정에서 박영효, 김옥균, 유길준, 서광범과 함께 조선의 정치개혁, 외국 개방을 주장한 개화파를 지도한 대표적 스님으로 봉원사의 이동인, 화계사의 탁정식 승려들이 있었다. 개화파 주요 핵심 인사들이 불교 사상에 대한 이해가 깊어 큰 영향을 주었다. 일제의 조선 침략을 막기 위한 조선조 말의 의병에도 박순근 의병장, 경봉 스님과 운허 용

하 스님이 대표적으로 활동하였고 전국 각지에서 스님들이 의병 활약을 하였고, 재정 지원을 아끼지 않았다.[202]

1905년 을사조약과 1910년 한일합방으로 조선국이 사라지고 한반도는 일제강점 아래 수탈과 억압과 인권유린의 만행이 자행되었다. 조선총독부를 통하여 일제는 식민지 한국불교의 왜색화와 획일통제를 위한 조선사찰령 같은 갖가지 법령을 만들어 말살정책을 가속화하였다.

이러한 상황에서 무산계급의 사상이 확산되었다. 이미 1848년 마르크스의 「공산당선언」이 유럽 정계와 지식인, 노동자들에게 급속히 퍼져 나갔다. 특히나 1917년 러시아에서 프롤레타리아혁명이 성공하여 짜르 황제가 통치하던 러시아 왕국은 무너지고 노동자 계급이 정권을 장악하게 된다. 마르크스와 레닌의 공산주의는 사유재산은 부정하고 공유재산 제도를 실현하며, 공동생산에 따른 공동분배를 원칙으로 모두가 함께 잘사는 사회를 구현하고, 빈부의 차이를 소거하려는 주장이다. 세계는 물론 우리나라의 독립운동가들도 이 사상을 받아들여 조선이 독립하여 새로운 국가를 건설할 때 이데올로기로서 수용하고 통치하는 국가를 원했다. 자본주의의 원리인 개인주의를 사회주의로 대치함으로써 사회를 개조하려는 사회주의 사상이 지식층에게 어필되었고, 이는 우리나라의 젊은 독립운동가의 이상처럼 퍼져 나갔다.

----

202 임혜봉(2001), 「의병 항쟁기의 불교계 항일운동」, pp. 19~48.

(1) 사회주의 사조(思潮)의 불교계 유입

한반도에 사회주의와 무정부주의 사조가 흡입된 것은 1910년대이며, 3·1 운동 이후에는 사회주의 운동이 독립운동의 한 세력으로 성장하여 민족주의 계열과 경쟁, 단결하여 성장하게 된다. 불교계에 사회주의 노선이 받아들여지게 된 것은 적어도 1920년대 초창기라고 볼 수 있다.

해방 이후 교단의 주체로 성장한 인사들은 김법린, 최범술, 최영희, 박윤진 등의 불교유신회, 만당 활동 세력이다. 반면 불교혁신 운동에 참여했던 인사들에 대한 일제시대 활동에 대한 연구는 거의 없다. 일제시대 불교사회주의 운동은 해방 후 불교혁신 세력의 활동과 노선에 대한 연구로 이어진다.[203]

그 일례로 1921년 7월 초 일본에 유학하고 있던 조선 승려들이 조선 각지에서 강연을 하였는데, 특히 진주에서 강연한 김경주 일행과 대구에서 강연한 박정행이 과격한 사상을 선전하였다 하여 일제 경찰에 구속된 사례를 들 수 있다.[204] 『동아일보』의 이 기사(1921년 7월 21

....
203 임혜봉(2001), p. 207.
204 임혜봉(2001), p. 208. 참조. 일부 전재. 당시『동아일보』, 1921년 7월 21일. 보도기사는 다음과 같다.
"赤思想을 선전한다고 불교강연단 오명을 구인.
동경불교청년회 주최 순회강연당 일행은 (1921) 유월 삼십일 진주 제일공립보통학교에서 강연을 한바 경찰당국에서 원고를 가져가면서 내일 경찰당국의 승낙이 있기 전에는 출발을 하지 말라고 하였다 함은 이미 보도된 바이니와 칠월 일일 오전 구시부터 경상남도 경찰부에서 동원 고등과장, 고등과 경부 최치림 양씨가 진주경찰서에 와서 강연단 일행을 호출하야 과격사상을 선전하러 다닌다는 것으로 심문을 한 후 드대여 구인되엿는바 구인된

일)에 의하면 대구에서 강연을 한 동경불교청년회 회원 박정행은 불온사상을 연설하였다는 혐의로 20일 구류를 받아 대구경찰서 유치장에서 유치 생활을 한 후 석방되었다. 박정행은 은해사 출신의 승려로 1918년 중앙학림을 졸업하고, 1921년 7월 당시 일본 정칙영어학원에 재학하고 있었다.

과격 사상 선전 혐의로 6개월 징역형을 받은 김경주는 범어사 재적 승려로 일본 동양대학에 유학하였는데 재일조선불교유학생 학우회 이사였으며 귀국 후에는 조선불교청년총동맹 검사위원, 중앙불전 학감과 교장 대리를 역임하였고(1939년), 1941년 1월에는 영천 은해사에서 설립한 오산불교학교 교장으로 취임하였다.[205]

동경불교청년회의 강연 중 과격사상은 무정부주의와 공산주의 사상을 포함하고 있었는데 바로 사회주의 노선의 일환이었던 것으로 보인다. 비록 이들의 강연회 내용은 본격적인 사회주의 사상의 전개라기보다는 단순한 이론의 소개 정도에 지나지 않았지만 일제 경찰은 가혹한 탄압을 하였던 것이다.

불교계에 사회주의 사조가 유입된 것은 1920년대에 들어서면서부터 조선불교청년회와 유신회를 주축으로 사회주의의 사상가들과 교류를 가진 것이 확실하며 이를 통해 사회주의 사조가 유입되었을

학생은 아래와 같더라(진주).
東洋大學　哲學科　김경주
日本大學　宗敎科　김영행
同　　　　社會科　김상일
同　　　　同　　　강성인
早稻田大學 政經科　용창은"

205 임혜봉(2001), pp. 210~211.

가능성이 많다.

조선불교청년회는 1920년 6월 15일 불교중앙학림(동국대학교 전신)에서 발기총회를 거쳐, 동년 6월 20일 각황사에서 100명이 참가한 가운데 창립되었다. 그리고 조선불교청년회와 동근이지(同根異枝)의 성격을 갖는 조선불교유신회는 1921년 12월 20일 창립되었다.[206] 조선불교청년회는 1921년 4월 30일 인사동 회관에서 김사국과 도진호를 초청하여 각기 '아불교개선관(我佛敎改善觀)', '무아의 애'라는 주제로 강연을 하였다.[207] 김해불교협회는 1922년 석가탄신일을 기념하여 무산자 동맹회장 김한과 청년 웅변가 박일병을 초청하여 강연회를 개최하였다. 위의 두 강연에 초청된 김사국, 김한, 박일병은 초기 사회주의 운동에 참여했던 사람들이다.[208]

김사국은 1921년 1월 공산주의 청년회인 '서울청년회'를 결성하였으며 1920년대 말까지 조선공산주의 운동의 중요한 역할을 한 사람이다. 김한 역시 일본 유학 후 김사국과 같이 서울청년회 결성에 참여하였으며 1922년 1월에는 '무산자동지회' 결성에 참여하여 상무위원으로 재직하였다. 박일병은 1916년 일본에 유학하여 사회주의 노선을 받아들였으며 1922년 '무산자동맹회' 간부를 지내는 등 이후 사회주의 운동을 전개하였다.[209]

김사국은 불교와 인연을 맺은 계기가 남다르다. 아버지를 잃은 김

....
206 김광식(1996), 「조선불교청년회의 사적 고찰」, p. 195.
207 김광식(1996), 「조선불교청년회의 사적 고찰」, p. 201.
208 임혜봉(2001), pp. 211~213.
209 강만길 · 성대경, 『한국 사회주의운동 인명사전』(서울 : 창작과비평사, 1996).

사국은 동생 김사민과 함께 1916년에 금강산 유점사에서 거주했다. 특히 운암 김성숙으로부터 사상적으로 상당한 영향을 받은 것으로 보인다. 봉선사에서 출가한 김성숙은 1919년 3·1 운동에 참여해 투옥된 승려다. 이 시기를 전후해 김사국과 접촉했으며, 복역 후 초기에는 무정부 운동에 참여하면서 무산자동맹회과 조선노동공제회에도 가담했다. 이미 김성숙은 3·1 운동 이전부터 1921년에 창립한 조선불교유신회에 참여했고, 이듬해인 1922년 2월에는 유신회를 일반에 알리기 위해 호남 쪽으로 설명을 다니기도 했다.[210]

불교계의 단체가 독립운동 중에서도 사회주의 계열에 참여한 것은 1923년에 열린 전조선청년당대회가 시작이었고, 행사는 3월 24일부터 30일까지 개최되었다. 이 대회에 불교계는 '불교청년회'와 '조선불교여자청년회'가 참여했다. 전조선청년당대회는 '서울청년회'가 중심이 된 행사인데, 서울청년회는 사회주의 초기에 운동노선을 제창했던 김사국, 이영, 한진교 등이 참여했었다. 이들은 기존의 청년운동을 계급투쟁으로 노선을 전환시키려는 목적을 갖고 이 회의를 추진했으며, 구체적인 목적으로는 당시 각각의 청년 단체들을 의식적으로나 유기적으로 연결하고, 향후 사회주의 청년운동의 방향을 잡고 실천 요강을 토의하려고 했다.[211]

전조선청년당대회를 위해 불교청년회의 이종천과 불교여자청년회의 우봉운은 한진교, 이영, 강인택, 신명균, 민중식, 강매, 강영순

210 『동아일보』, 1922년 2월 25일.
211 김준엽·김창순, 『한국 공산주의 운동사』 제2권(서울 : 청계연구소, 1986), p. 114.

등과 함께 이미 1923년 2월부터 준비에 착수했다. 본 대회에는 불교청년회의 기석호, 김운악, 이종천이 참여하고, 불교여자청년회의 김광호, 우봉운, 이명규가 참여했다.[212] 이종천과 우봉운은 불교계의 초기 사회주의를 대표하는 운동가로 볼 수도 있다.

이종천은 옥천사 출신 승려로서 일본 조동종 제일중학과 동양대학에 유학했으며, 귀국하여 조선불교청년회 발기인으로 창립에 관여하였다. 1924년 1월 8일 만해 한용운이 청년회 총재로 추대될 당시 총무로 선임되었다. 1925년 2월 진주 불교진흥회 전임강사로 재직 중이었다. 이종천은 1928년 10월 23일 요절하여 동년 11월 11일 각황사에서 조선불교청년회 주최 천도식이 거행되었다. 이 같은 경력을 살필 때, 이종천은 불교청년회 내에서 중요 활동을 하였음이 분명하다.[213] 그는 청년회 간부로 재직하면서 전조선청년당대회에 준비위원으로 대회 대표 계출인으로 참가하였다.[214] 당 대회 해산 후에는 사회주의 북성회계의 장일환과 같이 청년당 대회의 개최 목적을 널리 전파하고 종래의 민족·사회개량주의적 청년운동 내지 민족운동을 사회주의 노선으로 전환시키기 위하여 '청년당사(青年黨社)'를 조직하였다.[215]

우봉운은 조선불교여자청년회 간부로서 당 대회에 참여하였으며, 이후 사회주의 계열의 여성단체에 중요 멤버로 참여하였고, 근우회

·············
212 임혜봉(2001), p. 213.
213 김광식(1996), p. 499.
214 김준엽·김창순(1986), pp. 153~154.
215 김준엽·김창순(1986), p. 123.

활동에 결합하기도 하였다. 우봉운은 한국 초유의 여성 사회운동단체로서 1924년 5월 23일 창립된 '조선여성동우회'의 발기인이자, 간부로 참여하였다. 이 단체에 참여한 간부급 인사들은 모두 열렬한 여성해방 운동자이며 사회주의를 신봉하는 사람들이었다.[216] 또한 1925년 1월 18일 반서울청년회 계열의 여성단체인 '경성여자청년동맹' 창립에 발기인으로 참여하였다. 1925년 4월 당시 조선불교여자청년회 회장에 재직하였으며, 1923년 3월에 설립된 능인여자학원 교장을 1930년 역임하기도 하였다. 1927년 5월 신간회의 자매조직으로 창립된 근우회에 김일엽과 같이 발기인으로 참여하였으며 창립대회에서 21인의 중앙집행위원으로, 재무부원에 선출된다. 이후 1928년 7월 개최된 임시전국대회에서는 중앙검사위원으로, 1929년 7월에 개최된 제2회 전국대회에서는 전국대회준비위원, 접대부 책임자로 결정되어 전국대회에 주요 간부로 활동하였으며, 본 대회에서는 중앙집행위원과 상무위원으로 선출되고, 이후 근우회 해산 때까지 재정부장으로 활동하였다. 1948년 8월 해주에서 열린 남조선인민대표자대회에서 제1기 최고인민회의 대의원으로 선출되기도 하였다.[217]

....

216 김준엽 · 김창순(1986), pp. 153~154.
217 임혜봉(2001), p. 216.

(2) 재중한인(在中韓人) 불교계의 사회주의 운동

중국에서 사회주의 운동을 전개한 불교계 인사로는 운암 김성숙, 김봉환, 차응준, 김규하[218] 등을 들 수 있다. 이들은 윤종묵, 김승완과 같이 1923년 베이징으로 유학하였으며, 베이징에서 『황야(荒野)』라는 문예잡지를 발간하기도 하였다. 또 중국 관내 사회주의 운동가들과 함께 창일당(創一黨)을 조직하여 공산주의 운동의 단결을 꾀하면서, 기관지로 『혁명』을 발간하였다. 이들은 1927년까지 동일한 지역 내에서 연대하여 사회주의 운동을 하였음이 분명하다.

운암 김성숙은 1916년 출가하여 홍월초의 제자가 되었다. 이운허의 사형으로 불교유신회 활동을 하였으며 3·1운동으로 옥고를 치른 후 사회주의를 전개하였다. 운암은 창일당을 조직한 후에도 김원봉이 주도한 의열단에 결합하였으며, 1930년대에는 '조선민족해방동맹'을 창립하여 민족독립운동의 통일전선 구축을 위해 노력하였다. 1940년대에는 임시정부 국무위원으로 활동하다가 해방 이후 귀국하였으며, 해방 정국에서는 중도좌파 활동을 전개하였다. 남북 분단 수립 이후에는 혁신 계열의 활동을 전개하다가 1969년 입적하였고 영결식은 조계사에서 이루어졌다.

김봉환은 3·1운동 당시 부산 범어사 근처 동래군 지역에서 만세운동을 전개하다가 투옥되었다. 1920년 9월 16일 창립된 불교청년회 범어지회 창립 당시 포교부원으로 선출되었고, 1922년 불교유신

....
218 임혜봉(2001), pp. 217~219.

회 활동에 결합하였다. 중국으로 망명한 후 어느 시기부터인가 조선 공산당 화요파에 소속하여 활동하였으며, 1926년 4월에는 '신민부'에서 발행하는 『신민보』에 과격한 문장을 투고하여 체포되기도 하였다. 김봉환은 1927년경 베이징에서 만주로 이동하였으며 1930년 1월에는 사회주의와 민족주의 계열의 알력 와중에 박상실을 사주하여 김좌진을 살해하게 하였다. 김좌진 살해로 한족회 회원으로부터 살해되었다.

차응준, 김규하는 1925년 11월 15일 창립된 '베이징사회과학연구회'에 가입하여 김산(金山, 본명 장지락)과 같이 활동하였다. 이 단체가 1926년 5월에 발표한 선언서에 따르면 "본회는 공산주의 혁명이 조선민족해방의 유일한 길임을 인식하고 조선 독립운동에 복무하는 자들을 공산주의 혁명전선에 일치 단결시키고자 하는 것"이라 하여 공산주의 단체임을 확인할 수 있다. 김규하는 중국 유학 전 1922년 3월 5일 창립된 '재경불교 유학생 학우회'에 총무부원으로 활동한 기록이 있다. 이들의 이후 행적은 알려지지 않았다.

1919년 기미년 3·1 운동을 기점으로 식민지 조선에서는 독립운동과 미래 국가 건설의 이상으로 사회주의 등의 외래 사상 전파가 본격화된다. 1920년대 초반까지 식민지 조선의 식자들에게 아나키즘(무정부주의자)과 사회주의는 명확한 구분이 이뤄지지 않았고, 두 이론은 범사회주의계로 간주되었다.[219]

------

219 「식민지 조선에서의 아나키즘」, 『월간 시니어 라이프』 통권 3호(2008), p. 44.

일제 치하에서 불교계의 항일독립투쟁과 불교혁신 운동의 거점은 '선학원'이었다. 그 중심 지도자는 만해 한용운이었다. 여기에는 진보적 혁신 사고를 가진 사회주의 성향의 승려와 민족주의자 승려, 무정부주의자 승려들이 망라해 있었다. 만해는 오직 조국광복을 위해 좌우 중도를 보다 아우르고 있었다. 심지어 만해와 그의 아들 한보국이 공산·사회주의자로서 월북하여 북조선불교도연맹 창립에 16인의 상무위원이 되었음도 이를 증명한다. 또한 3·1 운동의 불교계 행동대원들로 그 당시 중앙학림(동국대학교 전신) 학생들인 김법린 등이 주동이 된 비밀 독립운동 조직 '만당'의 당수가 또한 만해였다.

무정부주의자(아나키스트)의 망명 명망가로는 이회영과 단재 신채호가 있다. 1922년 박열 등의 아나키즘계는 '흑노회'로, 약산 김원봉과 김약수 등 공산주의계는 '북성회'로 분리된다.[220]

운암 스님은 일제 요인 암살 비밀조직인 박열의 '의열단'의 핵심으로 무산자 운동을 전개하였다. 운암 스님은 동국대 개교에 공이 큰 홍월초 스님의 상좌로, 본사는 봉선사이다. 봉선사는 그 당시 진보적 사고를 가진 독립운동을 한 스님들이 많았다. 운암 스님의 사제인 운허 스님은 젊어서 의병 생활까지 한 독립투사였다. 또한 사제 운경 스님은 6·25 한국전쟁 시 서울을 점거한 북한 인민군 치하의 서울에서 만해의 상좌로, 1948년 4월 남북연석회의에 참석차 월북했다가 북한 인민군을 따라 남하한 김용담이 만든 '남조선불교도연맹'의 핵심자였으며 열렬한 부역자로 전쟁 후 옥고를 치렀다. 봉

....
220 『월간 시니어 라이프』(2008), p. 48.

선사 주지를 하였고 봉선사에서 입적하였다.

동국대학교의 전신인 중앙학림과 혜화전문학교 학인들 사이에도 사회주의자가 많았다. 그러나 그 당시는 오직 불교가 '조선 광복'에 있었으므로 그 방편으로 수용이 되었다. 급진적 사회주의 사상을 가진 승려들이 확실하게 드러났다. 북조선불교도연맹에 직접 관여했던 승려들은 1948년 4월에 있었던 '남북 제정당 사회단체 연석회의'에 참석차 김구, 김규식을 따라 월북했던 남조선불교도총연합회 승려와 불교청년당 승려 중 북(北)에 잔류한 스님들이다. 이들이 6·25 한국전쟁 시 북한 인민군을 따라 서울에 와서 조계사를 접수하고 '남조선불교도연맹'(위원장 김용담)을 조직했다. 친북 병참 부역을 한 김용담, 곽서순, 김해진, 이부열과 봉선사의 운경 김필제 스님, 만해의 아들 한보국이 대표적이었다. 이들이 1948년 12월 '북조선불교도총연맹' 창립 시 16명의 상무위원이 되었다. 그들이 해방공간에서 불교계 혁신운동과 남북 통일정부 수립운동에 동참하고, 나아가 공산당(사회주의)으로 몰려 어쩔 수 없이 북한체제에 합류했다. 이후 6·25 남침 시 인민군과 함께 남하하여 서울 조계사를 점거하고 행하였던 불교 내부 개혁과 부역 사실을 밝혔다. 민족주의자 만해 한용운과 그의 외아들 한보국은 사회주의자가 되어 다른 정치적인 길에서 '조선 독립'이라는 명제 아래 하나가 된 기구한 민족적 명운을 다뤘다.

제2절 8·15 해방과 불교계 혁신운동

1945년 8월 15일, 일제로부터 해방이 되었다. 미국에 의해 일본 땅 히로시마와 나가사키가 원자폭탄 세례를 맞고 일제가 항복함으로써 제2차 세계대전이 종말을 고하고 우리나라와 민족도 해방을 맞은 것이다.

일본의 무조건 항복으로 일제의 식민통치 시대는 끝났지만, 해방 이후 한국 사회는 혼란의 연속이었다. 소련군이 들어온 북쪽과 마찬가지로 남한에도 미군이 진주하면서 미군정은 우리 민족의 바람과는 달리 국가 운영을 위해 필요하다는 명분을 앞세워 일제 강점기에 친일을 주도했던 세력을 그대로 기용하고 중용했다. 또한 기독교 계열의 인사들도 이 시기에 관료로 대거 발탁되었다.

이러한 시대적인 상황 속에서 남한의 불교계는 1945년 8월 서울 태고사(현 조계사)에서 김법린, 최범술, 유엽, 한보순 등이 조선불교조계종 태고사 종무원을 조선불교 중앙총무원으로 개칭하였다. 그해

8월 28일 봉은사(주지 홍태욱)에서 본·말사 승려대회가 개최되어, 구역 내의 적산 사원들을 접수하여 포교 및 사회사업에서 활용하고 본산제는 각 도를 중심으로 교구제로 개편하는 것을 결의·추진하기로 했다.

9월 초에 창립한 조선불교청년동맹단(위원장 : 법운 이종익)은 적산 사찰이었던 박문사(博文寺)[221]에 간판을 내걸고 불교의 혁신을 주창했다. 이어 10월에는 '조선불교혁신회'가 창립되어 "근본 교지로 돌아갈 것, 조선불교의 정통성을 살릴 것, 정교 분리 이념 확립, 교단을 수도·대중 양 교도로 구성하자."는 안을 제창하는 등 불교혁신안이 화두처럼 주류를 형성하였다. 김법린을 중심으로 한 조선불교 중앙총무원은 그해 10월에 다시 승려대회를 열어 「31본말사법」을 폐지하고 교헌(종헌) 제정을 결의했다. 또한 중앙총무원 교정에 박한영, 중앙총무원장에 김법린, 총무부장에 최범술, 교무부장에 유엽 등을 선출했다.

11월에는 불교청년당 간부들을 중심으로 교단 개혁과 조국광복을 통한 사회혁명을 목표로 하는 '혁명불교도동맹'을 발족했으며, "승

....

221 박문사는 1932년 이토 히로부미를 현창하기 위해 일본 조동종이 세운 사찰이다. 서울 중구 장충단공원의 동쪽 기슭, 지금의 신라호텔 영빈관 자리에 있었던 박문사는 경성포교당(지금의 동국대 만해광장)과 마찬가지로 일제의 조선 침략을 위한 전초기지 역할을 담당했던 일본식 사찰이다. 당시 박문사의 정문은 광해군 8년(1616)에 세운 경희궁의 정문 흥화문(興化門 : 서울시 지정유형문화재 제19호)을 옮겨 사용했다. 흥화문은 일제가 1910년 경희궁을 헐고 경성중학교(서울중고등학교)를 건립할 때까지 남아 있었는데, 1932년 박문사 건립으로 옮겨져 정문으로 삼았다가 그 후 영빈관이 이 자리로 옮겨오면서 정문으로 사용되다가 1988년 지금의 종로구 신문로2가 경희궁으로 이전·복원되었다.

니(僧尼)와 교도의 구분, 사찰 토지를 국가사업에 제공, 승니의 생업에 종사하자."는 등 불교혁신안이 새롭게 등장했다. 12월 초에는 봉은사 홍태욱 주지가 암살되는 등 중앙총무원과 혁신회의 관계가 더 악화되는 가운데, 김법린 계의 중앙총무원 측에서 혁신회의 중심이었던 묘법사를 동국대학교에 제공한다는 명분으로 미(美) 헌병대를 불교계 내부 사안으로까지 끌어들이고 말았다.

한편 이 시기에 혁명불교도동맹의 장상봉, 김용담, 곽서순, 임재영 등을 빨갱이 좌익으로 몰아 연행되는 사건이 일어났으나 이들은 무혐의로 곧 풀려났다. 하지만 불교계의 조직적인 활동은 미군에 의해 다시 규제되었다. 이후 불교혁신 세력은 1946년 12월 2일 선리참구원(지금의 선학원), 혁명불교도동맹, 북조선불교혁신회, 불교청년당, 불교여성총동맹, 선우부인회, 재남이북승려회 7개 불교 단체가 모여 '불교혁신총연맹'을 결성하고 위원장에 장상봉, 부위원장에 김용담을 선출하는 등 조직 구성과 더불어 "주지의 전횡을 없애고, 사찰 토지를 농민에게 무상분배하며 부패한 교단의 혁신(안)"을 주장했다.

또 혁신총연맹은 그해 5월 13일 공포된 교헌이 "총본산법을 자구(字句)만 수정한 것에 불과하다"는 것과 "총무원 측이 불교 재산을 사리사욕에 유용한다"는 주장으로 비판적인 성명을 발표했다. 그러자 중앙총무원 측에서는 종단의 화합을 위협하는 큰 죄를 저질렀다고 몰아가면서 혁신총연맹의 간부를 적색분자로 지칭하여 종로경찰서에 고발하고, 미군의 힘을 빌려 혁신 세력의 물적 토대가 되었던 적산 사찰을 강제로 점검하였다.

그 당시에는 1921년에 만공, 만해와 용성, 그리고 한암 스님 등 4명이 주축이 되어 선학원을 창립했다. 그리고 1923년 남천, 성월, 도봉, 석두 스님 등이 건물을 완공한 선학원에 대해 공산주의자들의 소굴로 몰아 폐쇄시키고자 했다. 이에 선학원을 중심으로 한 혁신총연맹은 중앙총무원과의 협의가 제대로 진행되지 못하게 되자 1947년 5월 8~12일까지 500여 명이 참가한 제1회 전국불교도대회를 개최하여 '조선불교총본원'을 설립하고 교정에 장석화, 총무원장에 송만암, 의장에 김구하 스님을 선출했다.

그러나 1946년 1월과 1947년 5월에 걸친 1·2차 미소공동위원회[222]는 결렬되고 그에 따라 민족주의 세력에 대해 더 강도 높은 탄압을 받으면서 불교계의 혁신 세력들도 좌익으로 몰리며 탄압을 받게 되었다. 1947년 8월에 남조선의 과도 입법의원이 「사찰재산임시보호법」 제정을 위해 본회에도 상정했으나 중앙 교무회의는 빠른 인준을 요구하고 총본원은 반대하는 상황에서 미군정 장관은 많은 재산의 불교 귀속을 염려하여 인준을 계속 보류하였다.

일제 치하에서 친일과 반일 독립 세력으로 나뉘었던 불교계와 교

....

222 미소공동위원회(美蘇共同委員會)는 1945년 12월 모스크바 3상회의 합의에 의하여 설치된 한국문제 해결을 위한 미·소 양국 대표자 회의로, 모스크바 3상회의 결정에 따라 한국의 독립정부 수립 과정으로서의 임시 민주주의 정부 수립을 원조하기 위하여 설립된 공동위원회이다. 1946년 1월 16일 덕수궁 석조전에서 한국의 신탁통치와 임시정부 수립을 위한 제반문제 해결을 위한 예비회담이 열렸고, 1946년 3월 20일 모스크바 3상회의에서 결정된 제3조 2항과 3항의 조항에 따라 제1차 회의에 미국 측 대표로는 소장 A. V. 아놀드, 소련 측 대표로는 중장 T. E. 스티코프가 참석했다. 그 뒤 1947년 5월 21일 제2차 미소공동위원회가 열렸으나, 7월 신탁통치 반대 투쟁 단체를 둘러싼 논란과 미국 측의 소극적인 태도로 결렬되었다.

단도 해방과 더불어 무력화되었다. 이 과도기적인 상황을 정돈할 필요가 있어 조직·결성된 것이 '조선불교혁신준비회'이다. 이 회는 1945년 9월 22~23일 서울 조계사에서 '전국 승려대회'를 열었다. 여기서 교단 개혁과 정비, 광복 사업 등을 추진할 새로운 교단 집행부를 조직하였다.

이에 반하여 교단에 참여하지 않는 진보 급진적인 혁신 단체가 조직되었다. 불교청년당을 비롯하여 혁명불교도동맹, 조선불교혁신회, 불교학생동맹, 불교여성총동맹이었다. 교단이 보수적인 입장이었던 반면 혁신 단체는 진보적으로 발전하여 색깔과 노선이 달라 타협할 수 없었다. 교단은 만해 한용운을 중심으로, 일제 식민 통치하의 제반 모순을 점진적으로 개선하자는 주장이었다.

이에 반하여 혁신 단체들은 빠르고 과감한 불교 혁신론, 불교 대중화와, 수행 중심의 비구 승단으로의 정화를 주장하였다. 승려의 결혼은 일제강점기의 산물로, 만해도 『조선불교유신론』에서 결혼을 주장하였다. 그렇듯이 승려 결혼을 수용했으며 실제적으로 대처승(帶妻僧)들이 교단의 실권을 장악하고 있었기에 대처승이 교단, 사찰 관리 등 사판의 책임을 맡을 것을 주장했다.

반면에 혁신 단체들은 독신 비구 승려를 교단 승단의 주체로 설정하고 대처승은 승려가 아닌 신도와 동일시하여 교도(敎徒)로 격하시키려 했다. 이는 기득권층인 대처승들이 받아들이기 어려운 혁명적인 것이었다. 사찰 토지개혁에서도 확연히 차이가 있었다. 혁신 단체들은 정부에서 무상몰수하여 농민들에게 무상분배해야 한다고 주장하였고, 교단 집행부에서는 유상몰수·유상분배의 입장이었다.

1946년 11월에 개최된 제2회 중앙교무회의 이전에는 양측에 대화와 이견 조율이 있었으나, 이 이후에 불교혁신단체는 동년 11월 28일 선학원에서 모여 '불교혁신결성준비회'를 개최하고 동년 12월 3일 '불교혁신총동맹'을 결성함으로써 교단과 결별하게 된다. 여기에 참여한 단체는 7개로 '선리참구원(선학원)', '불교청년당', '혁명불교도동맹', '불교여성총동맹', '조선불교혁신회', '선우부인회', '재남이북승려회'였다.²²³ 선리참구원(선학원)의 참여는 선 수행 중심의 개혁을 주장한 모임으로 주목할 만하다.

1. 불교혁신총연맹

불교혁신총연맹(이하 총연맹)은 기성 교단과는 확연히 차별화되었다. 총연맹은 교단과 분명히 결별하며 총연맹의 입론을 천명했다. 다시 말해, 연맹은 국토가 분단되고 정계가 분열되어 민중의 삶이 피폐해지고 민족의 운명이 예측할 수 없는 상황에 치닫자, 불교계가 나선 것이다. 불교계는 민족이 위험에 닥칠 때마다 전면에 나섰던 전통을 이어받아 어두운 우리 민족의 고난 극복을 불교계의 사명으로 받아들여, 이를 실천하기 위해 대중불교의 실현으로 나가자고 선언하였다. 이런 기본 방침을 갖고 총연맹은 아래와 같이 강령과 당면 주장 10개조를 밝혔다.

....
223 『월간 시니어 라이프』(2008)에서 발췌 참조. 각 단체에 대하여는 후술함.

〈표 3-8〉 불교혁신총연맹의 강령과 당면 주장 10개조[224]

• 강령
- 우리는 현 교단을 혁신하여 대중불교를 수립하자
- 우리는 무아화합(無我和合)의 정신을 체(體)하여 민족통일 완수를 기함
- 우리는 대자평등(大慈平等)의 이념에 즉(卽)하여 균등사회 건설을 기함

• 당면 주장 10개조
1. 교도제(敎徒制)를 실현하여 대중불교를 수립하자
2. 사유토지(寺有土地)를 개혁하여 교도는 생업(生業)에 근로하자
3. 사찰을 정화하여 수행도량을 확립하자
4. 사설 포교당을 숙청하여 전법도량을 통일하자
5. 일제 잔재인 계급독재의 교헌(敎憲)을 배격하자
6. 교도는 모든 기관에 있어서 권리와 의무를 균등히 하자
7. 매불적(賣佛的)인 법회와 의식을 폐지하자
8. 친일파와 교단 반역자를 타도하자
9. 교화 운동에 전력하여 국가 대업에 공헌하자
10. 불편부당을 맹지(盟旨)로 하여 민족통일을 기하자

이런 내용에서 총연맹이 지향하는 노선과 방향성이 분명하게 드러난다. 먼저, 당시 교단에 대한 배격을 명확히 했다. 그리고 수행승 중심의 교도제 실천과 사찰 토지의 개혁, 또한 사찰 정화와 교도의 평등 등의 내용을 중심으로 한다. 진보적 불교 혁신론을 주장한 것이다. 여기에 향후 민족통일을 완수하고, 균등사회를 건설하며, 국가 대업에 공헌하고, 친일파를 타도하는 등 그 범위를 불교를 넘어서 정치적인 면도 포함했다. 다시 말해, 단순한 진보에서 더 발전한

224 김광식, 「한국전쟁과 불교계」, 『불교평론』 43호(서울 : 불교평론사, 2010), pp. 189~190.

급진적인 노선이었다.[225]

2. 전국불교도총연맹의 결성

불교혁신총연맹의 급진적인 노선에 대하여 기존 교단이 배후를 의심하고 이북불교의 모방, 적색폭력단으로 매도하며 갈등은 깊어 갔다. 마침내 총연맹은 1947년 5월 '전국불교도대회'에서 '전국불교도총연맹'을 결성하고 이를 기반한 새로운 진보혁신 종단 집행부인 '조선불교총본원'을 창립하고 불교 혁신에 박차를 가하였다. 강령과 당면 주장은 불교혁신총연맹의 강령과 주장을 계승하며 더욱 진보적이고 구체화되었다.[226]

"대중불교를 건설하는 것이야말로 현실적인 요구이며 팔백만 신도와 함께 칠천 승려들의 중대한 역사적 사명이다. 따라서 우리는 진실한 수도 승니를 중심으로 청신 남녀교도를 기반으로 만인이 공명하고 대중에게 지지받으며 민족의 요구에 따르는 대중불교를 건설해야 한다. 유폐되어 닫혔던 문호를 개방하며 농단되었던 교권은 시정해서 석가의 정신을 구현해야 한다."라는 것이 핵심이었다.

......

225 김광식(2010), p. 190. 일부 인용.
226 김광식, 「전국불교도총연맹의 결성과 불교계의 동향」, 『한국 근대불교의 현실 인식』(서울 : 민족사, 1998), p. 304.

〈표 3-9〉 조선불교도총연맹의 강령 및 당면 주장[227]

• 강령
- 우리는 대중불교를 실시하여 조선 문화 발양을 기함
- 우리는 무아화합의 정신을 체하야 민족통일 완수를 기함
- 우리는 대자평등의 이념에 즉하야 균등사회 건설을 기함

• 당면 주장
1. 진정한 수도자만이 승니(僧尼)의 권한을 향유케 한다
2. 수제 수도를 불긍(不肯)하는 승니는 교도(敎徒)로 전입하여 수도자를
   옹호하자
3. 교도는 법계에 따라 포교(布敎), 교정(敎政), 사무(寺務)에 대한 권리와
   의무를 가지게 하자
4. 조선 민족의 생활 윤리 될 교학(敎學)의 체계를 확립하자
5. 수도 전법도량 이외의 사찰에는 교육 보건 사회사업 등 기관을 부설하자
6. 승니 및 교도는 고조사(古祖師)의 성훈(誠訓)에 의하여 근로 생활하면서
   수도하자
7. 허위무실한 현행 승적과 법계를 개정하자
8. 법요 의식을 간소, 엄숙히 하자
9. 불교대학, 불교중학, 승니(僧尼)학교를 강화하자
10. 교단 반역자를 숙청하자

총연맹에서는 총무원 간부들의 친일 행적으로 숙청 대상이 많다고 부정하며 공격하였다. 총무원 측에서는 1947년 혁신 계열 다수 인사들을 경찰에 무고(誣告)하는 등 맞고소, 고발하여 건너지 못할 강을 건너는 등 최악의 상태가 유발되었다. 불교는 진보와 보수로 크게 양분되었다.[228]

....
227 김광식(1998), pp. 318~319.
228 김광식(1998), pp. 306~312.

3. 해방공간의 혁신 단체(불교혁신총연맹 참가 7개 단체와 혁신 단체)

(1) 선리참구원(선학원)

선학원은 1921년 10월에 상량식을 지내고, 11월 31일 창건되었다. 당시 참선 수행승들이 중심이 되어 일제의 사찰 정책을 극복하고 전통불교를 수호하고 선(禪)의 부흥을 위해 선학원을 창설하였다.[229] 1922년 3월 30일부터 4월 1일까지 3일간에 걸쳐 선학원에서 선풍진작(禪風振作)을 위해 선우공제회가 창립되었다.

발기인으로는 오성월, 이설운, 백학명 등 82명의 당대 대표적 승려들이 있었으며 발기인 대회에는 이 중 35명이 참석하였다.[230] 1924년 11월 15일 제3회 정기 총회의의 장을 맡은 만해 한용운과 오성월은 선학원의 중심이 된다.[231] 그간 중앙과 지방 선원 조직과 재정 기반까지 마련한 선우공제회는 1924년에 통상 회원 203인과 특별 회원 162인을 합하여 365인의 회원을 갖게 되었다.[232]

그러나 종단과 사찰의 운영권을 독점하다시피 한 일본불교의 영향을 받은 대처승들의 배척과 비협조로 1924년부터 선우공제회는 운영난에 빠진다.[233] 결국 1926년 5월 1일부터는 선학원 건물이 그

....
229 김광식(1996), p. 144. ; 김광식(1998), p. 216, pp. 218~280, pp. 291~292.
230 김광식(1996), pp. 106~107. (참석자 명단, 취지서 재인용)
231 김광식(1996), p. 105, p. 111.
232 김광식(1996), p. 113.
233 김광식(1996), p. 114, p. 116, p. 144.

이전부터 연고권을 가진 부산 범어사 포교소로 바뀌었다. 이로써 선우공제회는 해산된 것이다.[234]

선학원의 재건은 1931년 1월 21일 김적음 선사가 선학원을 인수하면서부터이다.[235] 이로부터 한용운, 백용성 등 10대 선사들이 번갈아가며 설법을 하고 남녀선우회가 조직되었으며, 『선원』이란 잡지를 1931년 10월 6일에 창간하여 4호까지 발간하며 선풍 진작의 중심이 되었다.[236] 선학원은 1934년 12월에 '재단법인 조선불교선리참구원(朝鮮佛教禪理參究院)'으로 조선총독부로부터 인가를 받고 전국 수좌대회를 열었다. 여기서 조직도를 개편하여 중앙선원과 종무행정을 맡은 종무원을 두었다. 그 후 선학원은 선원과 수좌들의 중심이 되었다.

1941년 2월 말부터 3월 초에는 한국 청정불교 회복을 위한 '유교법회(遺教法會)'를 개최하였다. 이 법회는 당시 청정비구 대부분이 참가하여 선학과 계율과 종지를 지키기 위한 활동을 하였는데 "이는 일제의 군국주의 체제에서 한국 전통불교를 수호하려는 의미 깊은 것"이라고 김광식은 평가하고 있다.[237] 그 후 중일전쟁과 태평양전쟁 전후에 일제의 강압으로 '황군 출동(皇軍出動)'의 위문, 창씨개명 등 식민체제에 순응하였다. 그럼에도 "선학원은 일제불교에 대한적인

234 김광식(1996), p. 9, p. 117.
235 선학원의 중흥조로 침술과 한약 시술로 많은 재산을 축적하였다 한다. 김광식(2006), p. 119, p. 144.
236 김광식(1996), p. 119.
237 김광식(1996), p. 145.

한국 전통불교 수호에는 일정한 기여를 하였다."고 김광식은 평가한
다.[238]

　1948년 4월 19일부터 26일 사이 평양에서 개최된 '남북 제정당
사회단체 대표자 연석회의'에 김구, 김규식을 따라 월북했던 급진
개혁의 대표적 인물인 장상봉, 곽서순, 이부열, 김용담, 김해진 등이
선학원을 중심으로 활동하였다. 선학원이 선의 중흥뿐만 아니라 사
회주의를 따르는 좌파 승려들의 거점으로, 이들이 교단 혁명과 남북
통일 운동의 중심이었으며 모든 파당을 아우르는 그 중심에 만해 한
용운이 있었다.

(2) 불교청년당

　불교청년당은 1945년 9월 21일에 결성되었다. 해방 직후 진보혁
신 단체 중에서 전국적인 조직망을 갖추었다. 동년 9월 22일에 예정
된 '전국승려대회' 개최 준비를 계기로 사전 조직을 하였다.

　중앙에 총본부를, 각 지방에 지방 본부를 두고 각각 사회교화 사
업과 건국 사업에 협력할 목적으로 6대 종교의 청년 단체와 제휴하
여 활동하였다. 동년 12월에는 간부진도 구성하였으며 '종교연합회'
와 '대한독립촉성전국청년총동맹'에 가맹하였고 반탁운동(反託運動) 등
을 하였다. 이 당시 간부진은 1950년 '서울시 인민위원회'에 제출된
'정당 사회단체 등록철'에 의하면 11명의 위원, 즉 김해진, 김만기,

....
238　김광식(1996), p. 146.

정태일, 전길선, 김경구, 김창호, 배은선, 임정달, 우정상, 이외윤, 임재영이었다.[239]

불교청년당의 강령은 처음 창당한 1945~1946년경의 노선과 1950년의 기록에 나타나는 것이 거의 같다. 이 단체는 무엇보다도 '조선불교의 혁명'을 제1 강령으로 하여 불교 교단 내의 미신적 요소 타파와 교단의 반역자 및 친일 반민족 행위자를 숙청하고, 나아가 분단 조국의 완전 자주독립을 주장하였다. 특히나 '사찰 토지 소유 반대'라는 기성 교단이나 사찰의 경제기반인 농지 수입 중심의 경제 기반을 포기하자는 급진적인 주장을 하여 당시 교단인 중앙총무원이나 기존 사찰에서 수용할 수 없었다.

〈표 3-10〉 불교청년당의 강령[240]

• 강령
一. 조선불교의 혁명
一. 교단 내 미신적 요소 배제
一. 시대에 적응한 교학 수립
一. 신앙의 자유 확보
一. 사찰 토지 소유 반대
一. 교단 반역자, 민족 반역자 숙청
一. 조국 완전 자주독립[241]

....

239 김광식(1998), pp. 263~264 참조. "1955년 서울시 경찰국 사찰과의 『사찰 요람』에 있는 중앙부서 간부로는 위원장 : 백석기, 총무부장 : 유성갑, 문교 부장 : 성낙훈, 조직부장 : 양외득, 재무부장 : 백석기가 겸임하였다."

240 김광식(1998), p. 265. 일부 인용.

1946년 3월 13일에 개최된 '전국대의원총회'에서는 일제 '사찰령'에 의해 만들어진 31본산제 폐지를 결의한 바 있다. 그러한 일제에 의해 권장된 결혼 승려, 일명 대처승과 재가승을 합쳐 '교도'로 부르되, 출가 비구는 교적부에 승려로 표시함으로써 당시 종단의 실세였던 대처승들을 정식 승려에서 제외하는 주장이니 가히 혁명적이었다.

그때부터 대처승 문제는 해결되지 않아 조계종 내 대처승 강경파들이 탈종하여 1970년에 태고종(太古宗)이 창종·독립하였다. 여기서 결의된 불교 재산을 통합·일원화하여 종단 차원의 상업을 기획하고자 했던 것은 실현되지는 못하였지만 오늘날까지도 이루지 못한 과제로 남아 있다. 당세를 보면 1946년경에 당원 수가 2150명이었으며 지부가 21개소로서 불교계의 상당한 세력으로 영향력을 주고 있었음을 알 수 있다. 불교청년당의 혁명적 강령 등은 기존 종단인 중앙교무회에서 수용되지 못하였고, 1946년 12월 3일 선학원에서 '불교혁신총연맹'에 7개 단체 중의 하나로 참여하여 개혁을 추진하게 되었다.

(3) 혁명불교도동맹

1946년 4월 25일 서울시 남산정 인사동 동본원사(東本願寺)에서 창립되었다. "교단 개혁과 조국광복 사회혁명을 강령으로 하고 전 조선불교 청·장년을 망라하여 조직되었다. 계급 없고 죄악 없는 평화

....
241 김광식(1998), p. 265. 일부 인용.

사회 건설을 목표로 모든 형식, 미신, 봉건 등 구폐를 급히 숙청하
고 신 불교 건설하야 민족적 사회적 전위대가 되고자" 창립된 것이
다.[242] 이들의 성향을 "지식층이며 동시 혁명적 지분을 가진 동지들
이 모여 조직한 것"이라고 서술하고 있다.[243] 창립 대회에서 내세운
당면 주장은 상당히 파격적으로 종단의 점진적인 혁신과는 차이가
많았다.

一. 승니와 교도를 구별하자[244]

핵심 주도 인물인 중앙위원에는 박봉석, 곽서순, 조명기, 이부
열, 장상봉, 성낙훈, 장원규, 정두석, 김달진 등 24명의 이름이 나온
다.[245] 8 · 15 해방 후 불교혁신 운동에서 김해진, 김용담, 이재열이
이 동맹의 주도자로 이종익을 지적하였다.[246] 이들의 급진적이고 과
격한 주장과 노선은 중앙총무원과 대립이 불가피했다.[247] 중앙위원
중에서 1948년 4월 19일부터 26일까지 평양에서 열린 '남북 제정당
사회단체 연석회의'에 남한 대표 김구, 김규식을 따라갔던 김용담,
김해진, 곽서순, 임재열, 장상봉, 이부열 등이 주도 인물이다.

··············
242 김광식(1998), p. 267. 발췌 인용.
243 김광식(1998), p. 267. ;「해방 후 1년간의 교정 편편」,『불교신보』4, 5호.
244 김광식(1998), p. 268. ;『불교신보』2호, 1946년 6월 1일.
245 김광식(1998), p. 269.
246 김광식(1998), p. 269.
247 김광식(1998), p. 270.

(4) 불교여성총동맹

불교여성총동맹(佛教女性總同盟)도 불교혁신총동맹의 가맹단체로서 혁신 단체이다. 총동맹의 맹원은 불교를 독신하는 18세 이상의 부녀를 대상으로 하였으며 본부를 서울에 두고 지방에는 30인 이상의 맹원을 갖추면 설치되었다.[248] 동회의 강령은 다음과 같다.

〈표 3-11〉 불교여성총동맹 강령[249]

一. 우리는 불타의 홍원에 의하야 대중불교를 건설함 一. 우리는 불타의 자비에 의하야 사회사업을 진흥함 一. 우리는 불타의 화합주의에 의하야 민족단결을 촉진함 一. 우리는 불타의 평등주의에 의하야 남녀동권을 확립함

(5) 조선불교혁신회

조선불교혁신회(朝鮮佛教革新會)는 1946년 7~8월경 불교의 대중화를 실천하기 위하여, 종래의 고전적 불교를 전면적으로 혁신하여 미신적 신앙을 철폐하고 일체의 의식을 개혁하여 현대 종교로 손색없도록 만들기 위하여 창립하였다.[250] 이 회를 창립 주도한 봉은사 주지

----

248 김광식(1998), p. 277.
249 김광식(1998), p. 277. 일부 인용.
250 김광식(1998), p. 270.

홍태욱 스님과 전문 강원 강사 이법운[251]은 서울 근교의 봉은사를 중심으로 청년 승려들을 규합하여 교계 혁신을 추진하였다. 그들은 이미 '중앙불교청년동맹'과 '불교유신회'의 위원장이었으며, '조선불교혁신회'는 그 명칭을 바꾼 혁신 단체인 것이다.[252]

불교혁신회의 강령과 지도 이념, 혁신 3단계와 혁신 현안을 보면, 혁명불교도동맹과 거의 동질적인 노선임을 알 수 있다. 이러한 강령에서 조선불교혁신회가 추구한 것이 단순한 교단 혁신에만 제한된 것이 아님을 파악할 수 있다. 요컨대 인간 · 생활 · 사회의 개조를 지도 이념으로 하고, 이를 위하여 교단 · 민생 · 사회의 혁신을 순차적으로 실천하자는 것임을 알 수 있다. 조선불교혁신회는 위와 같은 이념을 구현하기 위해 교단 혁신을 그 첫 번째 단계로 설정하였다는 것이다. 그리하여 혁신회는 「혁신 현안(革新現案)」을 제시하였던 것이다.

〈표 3-12〉 조선불교혁신회의 총령, 지도 이념, 혁신 3단계, 혁신 현안[253]

• 총령
一. 참다운 불교를 세우자
二. 참다운 생활을 꾀하자
三. 참다운 사회를 만들자

....

251 이법운은 이종익으로, 해방 후 환속하여 불교 교단 정화에 앞장섰고, 건국대 · 동국대 불교대 교수, 조계종 중앙상임 포교사로서 불교 대중화의 선구자였다. ; 그 당시 봉은사 전문 강원 강사였다.
252 김광식(1998), p. 271. 일부 참조 인용.
253 김광식(1998), pp. 273~274. 일부 인용 전재.

• 지도 이념

一. 眞人間의 創造 = 人間改造(人間卽佛)

二. 覺生活의 建設 = 生活改造(生活卽法)

三. 佛國土의 實現 = 社會改造(社會卽僧)

• 혁신 3단계

第一段階 敎團革新

第二段階 民生革新

第三段階 社會革新

• 혁신 현안

一. 석존의 근본불교로 돌아갈 것

二. 조선불교의 사적 전통을 살릴 것

三. 외정 내교의 이념을 확립할 것

四. 불교를 사회에 개방할 것

五. 교단은 비구, 대중 양 교도로 구성함

六. 사원은 수도, 홍화 양 도량을 획정함

七. 재단은 통일하야 수도, 홍화 이종 기관에 제공함

八. 교도의 신앙과 직업을 분리시킴

九. 교조 석존 이외의 신앙 대상을 철폐함

十. 일체 매불적 행동을 금단함

동회는 회장에 고평(高平, 독립운동가), 부회장에 이종익과 박성권을 선임하였다. 동회도 당시 교단의 혁신 입장의 차이가 커서 당시 교단인 중앙총무원과 대립을 하였고 4개월간 어려움을 겪다가 백성욱 박사를 새 회장으로 추대하였다.[254] 총무원 집행부에서는 총연맹의 혁신 세력을 "좌익 사상에 경도된 부류, 교단을 파괴하는 일당"으로

----

254 김광식(1998), pp. 275~276.

매도하였고, 총연맹 측은 총무원 집행부를 "친일의 잔재, 교단을 빙자하여 사리사욕을 추구하는 부류, 반 교단적인 수구승"들로 보다 대결이 심각하였다.[255]

조선불교총본원(이하 총본원)과 총연맹의 혁신 단체와 혁신 세력들은 총무원과 사사건건 대립하여 지방 불교계까지도 양분되는 "해방공간에서 불교계의 최대의 시련"이었다. 총무원에서는 총본원 측(총연맹)을 이북불교의 모방, 기성 교단의 파괴 집단으로 몰아세웠고, 총본원 측은 총무원 측을 친일파, 완맹한 승려, 시대 역행의 보수파 등으로 폄하함으로써 대화와 타협이 없는 분열과 대립의 연속이었다.[256]

이들은 총연맹 측에서 선학원을 중심으로 한 젊은 혁신 세력의 인사로서 김구, 김규식을 따라 1948년 4월 19일부터 26일 사이 평양에서 개최된 '남북 제정당 사회단체 대표자 연석회의'에 참석하였거나, 그 이후 북에 체류한 장상봉, 김용담, 곽서순, 이부열, 김해진 등의 행적으로 보아 좌익 인사로 볼 수 있다. 또한 이들이 '북조선불교도연맹'의 고문 등의 역할을 하였다. 만해의 상좌인 김용담은 월북하였다가 6 · 25 전쟁 중 남하하여 90일간 북한 치하의 서울에서 '남조선불교도연맹'을 조직하여 위원장 역할을 하다가 인민군을 따라 또다시 월북하였다.

255 김광식(1998), pp. 332~333.
256 김광식(1998), p. 334.

(6) 선우부인회

선우부인회(禪友婦人會)는 1946년 11월경 불교혁신총연맹에 가맹하였다. 1931년 3월에 선학원 산하단체를 출범하였다. 이 당시 김적음 스님이 선학원을 재건할 때 선학원 인근에 선원을 건립하는 등 후원하며 참선 수행을 해 온 여성 불자 조직이다.[257] 선학원과 함께 불교혁신총연맹에 동참한 것이다.

(7) 재남이북승려회

재남이북승려회(在南以北僧侶會)는 남한에 거주하면서 북한 지역 사찰이 출가 본사이거나 연고가 있는 승려들의 단체이다. 1946년 10월경 발족, 1947년 12월경 '서북불교협회(西北佛敎協會)'로 개칭하였다. 임원 구성을 보면 회장은 김청암, 부회장은 박하담, 서무는 조동호, 교무는 장원규(후에 동국대 불교대 교수), 재무는 안흥덕(후에 태고종 종정), 사업은 김용해, 선전은 김영서 등이었다.[258]

(8) 조선불교학생동맹

조선불교학생동맹(朝鮮佛敎學生同盟)[259]은 1946년 5월 28일 결성되었

....
257 김광식(1998), p. 280.
258 김광식(1998), p. 278. 참조 인용.
259 김광식(1998), p. 263.

으며 동국대 학생 중심의 불교청년 단체이다. 같은 해 10월 6일 동국대 강당에서 신입 맹원 환영회와 제1회 정기 총회를 개최하였다. 맹원은 70여 명이었다. 강령에서 "우리는 불교학도다. 참된 불타 정신을 체득하여 혜명 계승의 중책을 다하며, 민족문화 향상에 진력하여 세계문화 건설에 이바지하자."고 하였다.

조선은 해방되었어도 진정한 민주 독립은 이뤄지지 못했고 정계에서 반역자와 친일파가 암약 야합함이 종교계도 마찬가지이기 때문에 이것들을 정화하기 위하여 이 동맹을 결성하였다고 밝혔다.[260] 이 동맹도 강령 등을 보아 혁신 세력이었다.

··············
260 김광식(1998), p. 279. 참조 인용.

제3절 전조선 제정당 사회단체 대표자 연석회의와 불교계

1. 연석회의 진행 경과

1945년 8 · 15 종전과 더불어 일본 제국주의는 우리 국토에서 퇴각했으나 연합국 미 · 소 양군이 북위 38도선을 경계로 남북으로 진주하게 되어 외세에 의하여 국토가 분단되고 민족이 이념과 사상적으로 분열되었다. 미소의 냉전이 시작되어 우리나라 통일정부 수립 문제가 모스크바 3상회의부터 시작되어 1 · 2차 미소공동위원회를 거쳐 1947년 11월 14일 UN총회로 넘어가, 다시 1948년 2월 26일 UN소총회에서 가능한 지역에서 총선거를 하는 단선 단정안이 가결되었다.[261]

---

[261] 김우전은 당시 김구 선생 수행비서로 회의 참석. ; 김우전, 『김구 선생의 삶을 따라서(속편)』(서울 : 하나&HN, 2012), p. 121. 일부 인용 전제.

이에 대해 1948년 2월 10일 김구는 「3천만 동포에게 읍고함」이란 성명을 통해 남한 단독정부 수립을 결사반대하고 통일 조국을 천명하였고, 북한의 김원봉과 김일성이 동년 2월 16일 서한으로 이에 대한 남북협상을 촉구하였다. 동년 3월 25일 '남북 제정당 사회단체 대표자회의' 평양 개최를 재촉구하였다.[262] 1948년 4월 19일부터 26일까지 평양에서 열린 남북협상회의는 두 개의 회의가 있었는데, 남북 제정당 사회단체 대표자 연석회의(이하 대표자 연석회의)와 남북 제정당 지도자 협의회(이하 지도자 협의회)가 있었고, 그 가운데 남북의 영수회담(4김 회담)이 있었다.[263]

가장 큰 의제는 1948년 5월 10일 UN 결의에 의해 남한만의 단독선거를 통한 단독정부 수립(현 대한민국)을 저지하고 남북 통일국가 수립을 논의하기 위한 회담이었다. 이때까지 남한의 정황은 이승만이 1946년 6월 3일 정읍 발언과 1947년 4월 27일 미 외교 활동 연설보고에서 표명한 바와 같이 은밀히 단정론을 펴면서 미군정 추종자와 한국민주당과 야합하여 미군정의 단선론을 지지 · 추종하게 되었다.

김구는 1947년 10월 15일 한국독립당 중앙집행위원회에서 "남북대표자회의를 소집, 38선을 철폐하고 남북 통일선거 절차에 의해 중앙정부를 수립할 것"이라는 결의에 따라 단선단정론을 반대하고, 민족 대의에 입각한 완전한 자주 통일정부 수립론을 제창하면서 1948년 2월 16일 남북협상을 제의하였다. 이것은 UN소총회 단선

....
262 김우전(2012), p. 122. 발췌 인용.
263 김우전(2012), p. 132. 인용. ; 송남헌, 『해방 삼십년사』(서울 : 성문각, 1976), p. 463, p. 466.

결의일 1948년 2월 26일보다 10일 전에 발의했을 뿐만 아니라 북한이 남북협상제의 발송일 1948년 3월 25일보다 김구가 39일 앞서 2월 16일에 남북협상을 제의했다는 역사적 사실을 확실히 인식해야 할 것이다.

북한에서 3개 정당 12개 사회단체가, 남한에서 13개 정당과 28개 사회단체가 참가하였다.[264] 여기에 불교 단체는 북한에서 북조선불교련합회(회장 김세률), 남한에서 전국불교도총연맹(위원장 김용담)과 불교청년당(위원장 백석기) 등 3개였다. 이 회의에 반대하여 불참한 단체는 이승만과 미군정의 추종자 친일파와 한국민주당, 조선민주당, 대한독립촉성국민회의와 사회단체 약간뿐이었다.[265] 대표자 연석회의는 남북 지도자의 의사가 존중되지 못하고 북한이 일방적으로 밀어붙이는 형식적 선전적 회의를 사전에 계획한 대로 진행되었다.

....

264 김우전(2012), p. 145 인용. 북한의 평양시 대동강 쑥섬에 세운 남북협상기념비에 새겨진 56개 단체. 이 중 불교단체는 불교총련맹, 불교청년당, 북조선불교련합회 3개이다.
〈4월 남북련석회의에 참가한 제 정당·사회단체〉
북조선로동당, 북조선민주당, 북조선청우당, 북조선직업동맹, 북조선농민동맹, 북조선민주청년동맹, 북조선민주녀성동맹, 북조선문학예술총동맹, 북조선공업기술자련맹, 북조선수산기술자련맹, 북조선기독교도련합회, 북조선불교련합회, 북조선보건인련맹, 북조선적십자사, 북조선반일투사후원회, 남조선로동당, 한국독립당, 조선인민공화당, 민족자주련맹, 근로인민당, 신진당, 사민당, 남조선청우당, 근로대중당, 민주한독당, 조선농민당, 민주독립당, 민주동맹, 조선로동조합전국평의회, 조선전국농민련맹, 조선민주애국청년동맹, 조선민주녀성동맹, 남조선문화총련맹, 남조선기독교민주동맹, 남조선유교련맹, 조선어연구회, 불교총련맹, 불교청년당, 자주녀성동맹, 민주학생총동맹, 재일조선련맹지부, 천도교학생회, 혁신복음당, 3·1동지회, 민족대동회, 민중구락부, 건국청년회, 반파쑈위원회, 건민회, 민족문제연구소, 삼균주의청년동맹, 남조선독립운동자동맹, 남조선학병거부자동맹, 남조선민족해방청년동맹, 남조선애지회, 남조선신문기자단.

265 김우전(2012), p. 122, p. 153.

"대표자 연석회의는 남한 측의 의견이 참작되지 않은 채 북한이 일방적으로 사전에 계획한 대로 진행되었다. 소위 3월 25일에 북한의 민주주의 민족통일전선 중앙위원회에서 한 제의에 의하여 개최했다는 '남북조선 제정당 사회단체 대표자 연석회의'가 평양의 모란봉 극장에서 진행되었다. 그 경위를 살펴보면, 회의는 백범이 평양에 도착하기 전인 4월 19일 오후 6시에 이미 개회되어 최고령자 김월승의 개회사로 시작되었다. 강원식, 김달현, 김두봉, 김원봉, 김진국, 박창린, 백남운, 유영준, 이금순, 최용건, 허헌 등 각 정당 및 사회단체 대표들의 축사와 김조규의 축시 낭송으로 첫날의 순서가 맺어지고 있다. 제2일은 4월 21일 오전 11시에 속개되어 주영하의 대표 자격 심사 보고가 있었다. 참석한 대표자들은 56개 정당 사회단체에서 선출된 총 695명이며, 그중 여성이 57명으로 전체의 8.2퍼센트이다. 8·15 이전 항일독립운동가가 249명이고, 이들이 일제에 감금당한 총 연수는 879년 3개월, 그리고 대표자들의 직업별·연령별 인원수까지 나열하여 보고되었다. 이어서 정치정세 보고가 있었고 북조선 정치정세 보고는 약 2만 6천 자에 달하는 긴 보고를 김일성이 낭독하였다. 다음에는 남조선 정치정세 보고가 계속되었고 박헌영이 약 2만 자의 보고와 백남운이 약 1만 자의 보고를 각각 낭독하였다.

제3일인 4월 22일은 오전 10시 반에 속개되어 토론에 들어갔다. 토론에서 발표한 대표의 수는 22명이며, 그 가운데에 조일문(趙一文)도 발표하고 있다. 제4일인 4월 23일에는 북한 측이 일방적으로 작성한 이른바 '조선 정치정세에 대한 결정서'와 '전조선 동포에게 격함'이라는 것과, 그리고 또 하나의 '소련과 미국 양 정부에 보내는 미소 양군 동시 철거 요청서'가 가결되고 채택되었다. 다음 날 정오에는 회의 중간에 남한 지도자 김고, 조소앙, 홍명희, 이극로의 축사와 인사가 있었다."[266]

백범 김구 선생이 4월 20일 오후 4시에 평양에 도착하여 한국독립당 대표 일행과 합류한 것은 21일이고, 김규식 박사는 22일에야 도착하였다.[267] 김구 선생은 대표자 연석회의가 끝나자 곧바로 남북 지도자 영수회담을 제의하였다. 소위 4김 회담이다. 남한의 김구, 김규식, 북한의 김두봉, 김일성. 4김씨 회의가 이뤄졌고,[268] 여기서 합의된 사안을 다시 15인 남북 지도자 협의회[269]가 4월 28~29일 양일에 걸쳐 김일성 공관에서 이뤄졌다. 여기서 합의된 통일정부 수립 등 4개 항목이 4월 30일 남북조선 제정당 사회단체 지도자 협의회의 공동성명으로 발표되었다. 이 공동성명은 거족적으로 성립된 최

....

266 김우전(2012), pp. 132~133.
267 김우전(2012), p. 133.
268 김우전(2012), pp. 142~143.

	김구	김규식	김두봉	김일성
연령	73세	69세	59세	37세
운동 연수	약 50년	약 30년	약 30년	약 15년
성격	무격	문격	문격	무격
인간관계	남북 이산 독립운동자의 해후			
우정	앞 3인은 20여 년간 중국에서 동고동락한 독립운동 동지. 끝 1인은 연소하고 활동 지역이 달랐지만 동족의 정서는 매우 농후하였음.			
분위기	선후배 예의, 존엄, 화기애애, 허심탄회			
호칭	주석, 선생님, 형님, 아우님, 김장군			
회담 이념	민족자존, 자주통일 지향			

269 김우전(2012), p. 143. 15인 협의회에 참가한 인사는 김구, 김규식, 조소앙, 조완구, 홍명희, 김봉준, 이극노, 엄항섭, 허헌, 박헌영, 백남운(이상 남측), 김일성, 김두봉, 최용건, 주영하(이상 북측) 등이다.(출처 : 송남헌(1976))

초의 남북통일 공동성명서라고 할 수 있다.[270]

연석회의가 있기까지와 연석회의의 진행 경과를 구체적으로 재구성해 보면 다음과 같다. UN 한국 임시위원단은 1948년 1월 8일에 총선거 문제를 논의하기 위해 남한에 입국하여 남북협상 방안을 제시하였으나, 2월 10일에는 김구 선생이 남한만의 단독정부 수립에 반대하는 내용으로 「3천만 동포에게 읍고함」을 제목으로 한 성명을 발표했다.

3월 8일 또다시 남북협상이 제의가 이루어지고, 이어서 김일성과 김두봉은 3월 25일에 『평양방송』을 통해 자신들이 소속된 '북조선 민주주의민족통일전선'의 이름으로 조선의 현재 정치 현상에 대한 의견을 나누고, 유엔 총회에서 남조선이 단독으로 정부를 수립하는 것을 전제로 한 것에 반대하기 위해 대책을 수립했다. 또한, 조선의 통일 및 민주주의에 기반한 통일정부를 수립하기 위한 대책 등을 마련하기 위해 "조선의 통일적 자주독립을 위하는 전조선 정당 · 사회단체 대표자 연석회의를 개최하자."고 제안한다.

그날 북측의 「남조선에서의 단독선거를 반대하고 남조선 정당 · 사회단체에게 고함」이라는 서한에는 북조선로동당 김일성, 김두봉 등을 비롯하여 직업동맹 최경덕, 불교도연맹 김승격, 민주기독연맹 박상군 등의 이름이 발송자 명의[271]로 표기되었다.

그로부터 닷새 후인 3월 30일 북조선로동당을 비롯한 북측의 9개

....
270 김우전(2012), p. 120.
271 『세한민보』(1948년), pp. 575~576. ; 김영천, 『단주 유림(柳林)과 독립노동당』, 단주 유림 선생 기념사업회 홈페이지(www.danjuyurim.org).

정당·단체의 이름으로 작성한 서신이 남측의 한국독립당을 포함한 전체 정당과 사회단체들 앞으로 전해졌는데, '전조선 제정당·사회단체 대표자 연석회의'를 제안하는 내용이었다.

1948년 4월 19일부터 평양의 모란봉 대극장과 대동강 쑥섬에서 개최된 연석회의에는 남한에서 41개의 정당과 사회단체가 참석하고 북조선에서는 15개의 정당과 사회단체에서 선출한 대표자 695명이 참석했다. 여기에는 당시 남과 북에서 활동하는 좌·우익 세력의 대부분이 참가했다. 실제로 남한에서는 남조선로동당과 근로인민당 등의 좌익 계열의 대표 정당은 물론 한국독립당과 민족자주연맹 등 우익을 대표하는 정당들까지도 참여했으며, 김구, 김규식, 박헌영, 백남운, 조소앙 등 당시 좌익 및 우익을 대표하는 인사들이 참석했다.

첫날인 19일 연석회의에서는 회의를 주도할 주석단 선거와 축문 및 축전 소개를 했다. 20일에는 휴회한 후에, 재개된 21일에는 김일성이 「북조선 정치정세 보고」를 발표하기 시작해 박헌영, 백남운의 「남조선 정치 정세 보고」를 진행했으며, 22일에는 전날 발표했던 정세 보고에 대한 활발한 토론을 진행했다.

22일에 열린 토론에서는 UN 한국 임시위원단이 결정한 남한의 단독선거를 규탄하고 5월 10일에 예정된 단독선거를 저지하는 것은 물론 한반도에서 외국군은 당장 철수해야 한다는 내용에 총의를 모으기까지 했다. 이런 토론을 바탕으로 마지막 23일에 남북의 대표자들은 단독선거를 막기 위해 한반도의 각 정당과 사회단체가 실질적인 행동을 위해 남조선의 단선·단정 반대 투쟁 대책을 위한 결정서를 작성하고 "조선 인민이 자기의 뜻대로 민주적 선거를 실시하여 통일 민주국가를 창설할 수 있도록 미·소 양국군이 동시에 한반도에서 철군해줄 것"을 미·소 양국에 공식적으로 전하기 위해 「전조선 정당·사회단체 연석회의 요청서」를 통과시키고, 또한 「남조선 정치정세에 관한 결정서」, 그리고 「전 조선 동포에게 격함」을 만장일치로 채택했다.[272]

이러한 격동의 시기적인 상황을 고려하더라도 불교계 또한 당시 시대적인 조류에 조우하고자 하는 바람과 함께 해방된 국가의 부흥에 이바지하고자 평양에서 열린 연석회의와 교류를 주도하기 위한 방법으로 월북과 평양에서의 회의 참석을 선택한 것으로 평가할 수 있다.

더욱이 남북연석회의가 끝난 1948년 4월 26일부터 30일 사이에는 김규식이 평양을 가기 전에 제안했던 독재정권의 배격과 총선거 실시 및 전쟁 방지 방안 마련 등이 포함된 5개항을 중심으로 한 '전조선 제정당·사회단체 지도자협의회'(혹은 약칭으로 '15인 지도자협의회'라고 한다.)를 개최했다. '15인 지도자협의회'에 참여한 남한의 인사는 김구, 김규식, 김봉준, 박헌영, 백남운, 엄항섭, 이극로, 조소앙, 조완구, 홍명희, 허헌 등이고, 북측에서는 김일성, 김두봉, 주영하, 최용건이 참가했기 때문에 해방 국면에서 이들과 교류하거나 직간접적으로 같이 활동해 온 불교계 인사들의 주도적인 월북이 진행되거나 조직적인 결합을 한 것으로도 분석된다.

....
272 강만길, 『고쳐 쓴 한국현대사』(서울 : 창작과비평사, 1994), pp. 268~269.

또한 그 당시 회의에 참가한 남측의 김구와 김규식이 △ 남한에 대한 송전 계속, △ 연백수리조합의 개방, △ 조만식이 월남하도록 허용하는 것 등을 김일성에게 제안했고, 김일성은 앞의 1항과 2항은 수락했으나 조만식의 월남에는 이견이 있어 최종합의를 하지 못했던 것으로 전해지고는 있다. 그러나 김일성이 백범과 김규식이 회의를 마치고 남한으로 귀환한 즉시 전기는 물론 농업용수까지 끊었다는 당시 상황으로 볼 때, 당시에 남측보다 북측이 가지고 있는 경제적 환경이 더 좋았다는 점에서도 불교계 인사들의 월북이 단행된 경향을 간과할 수 없다.

2. 불교계와 연석회의

연석회의에 대해 조선민주주의인민공화국을 수립하는 일에 이용되기만 했다는 평가가 있는 반면, 성과 없는 회의였으나 통일운동의 시발점이자 통일 의지를 발산시킨 것으로 평가되고 있다. 연석회의에 참석한 불교 단체는 북한에서 북조선불교련합회(회장 김세률), 남한에서 전국불교도연맹(위원장 김용담), 불교청년당(위원장 백석기) 3개였다. 이 회의 기간에는 불교혁신 세력으로 활동한 장상봉, 김용담, 김해진, 곽서순, 이부열, 김만기, 한보국 등 남측의 승려들이 월북하는 시대적 상황이 만들어지고 말았다. 이때 남한 불교계에서는 불교청년당 대표, 전국불교도총연맹 대표 등 10여 명의 잔류 승려와 남하 승려 일부가 재차 월북하기도 하였다.

연석회의는 그 후 4자 회담(남북협상)을 열었고, 그 남한 대표로는 김구, 김규식이, 북한 대표로는 김일성, 김두봉이 참가하였다. 또한 같은 해 6월 29일 평양에서는 '남북조선 제정당 사회단체 지도자 협의회'를, 8월 24일부터 25일까지 해주에서는 '남조선 인민 대표자 회의'를 개최하였다. 이 당시 56명의 혁신 승려가 6·25 이전에 월북하였다.

강석주[273]의 증언을 살펴보면 혁신 승려로 장상봉, 곽서순, 이부열, 김용담, 김해진 등 5명을 제시하였고, 그중 김용담은 북에 체류하다가 6월 26일에 북한인민군과 서울에 귀환하였다. 이외윤[274]의 증언을 살펴보면 김용담, 김해진, 장상봉, 곽서순, 이부열의 입북은 확실하고, 김구를 따른 장상봉과 김해진은 월북하였다 돌아왔다고 한다.

임정달(법명 화산)[275]의 증언과 1995년 불교신문 조병활 기자 면담 보도를 살펴보면, 전국불교도총연맹 대표자인 개운사의 김해진, 장상봉 스님 등 5명은 북에 잔류하였으며, 남측 최고인민회의 대의원 360명을 선출하는 데 김용담, 김해진, 장상봉, 임재영, 곽서순, 임정달이 참여하였고, 그 외에도 여성 불교 운동가 우봉운도 있었다. 이외윤의 증언을 살펴보면, 이들은 불교 혁신과 진보적 통일까지의 행보로 1948년 8월 15일 남한 단독정부 수립 이후 좌익으로 총무원

....
273 강석주는 선학원에 거주한 승려로, 불교혁신총연맹에 가담하였다. 후에 조계종 총무원장, 원로의원을 역임했다.
274 이외윤은 동국대학교 졸업, 불교학생동맹위원장, 경기대 교수, 외국어대 총장, 한국불교통신대학장 등을 역임했다.
275 임정달은 1948년 8월 21일 해주에서 열린 '인민대표자회의'에 참석한 7인 중 한 사람이다.

에 의해 경찰에 고발되었으며 생존과 정체성 보존을 위해 재차 월북하였다고 한다.

월북 인사 장상봉의 은사 스님으로 알려진 귀주사의 유제하는 조불련이 창립하는 과정에서 초대 상무위원으로 활동한 유보암의 속명 또는 다른 법명으로 알려져 있다. 또한 묘향산 보현사의 박보봉은, 일제강점기를 거쳐 해방 이후 북한 지역에서 조불련의 재건에 앞장 섰던 박태화 위원장의 활동에도 직접 또는 간접적 지원으로까지 연관된 것으로 추측할 수 있다. 그것은 오늘날과 같은 조불련이 있기까지 그 중심을 이룬 박태화 위원장이 보현사 출신이기 때문이다.

1945년을 분기점으로 한 해방 전후의 북한 지역에서 활동한 불교 인사로는 〈표 3-13〉과 같이 본산의 주지 등으로 활동한 경우 이외에도, 1930년대 초부터 금강산 표훈사에서 발행한 『금강산』 잡지 등을 통해 공개 활동을 가진 분들로 해방 이후에도 유점사 이혼성, 석왕사 장하응, 귀주사 유보암, 보현사 박보봉, 패엽사 최얼산, 영명사와 법흥사를 중심으로 한 김보련, 성불사 이보담, 건봉사 이대련 등이 있다.

다음의 〈표 3-13〉과 같이 해방 전후 시기에 있어 31본산제와 북한 지역에서 활동한 불교 인사들은 당시에 나이가 고령이기도 했지만, 일제강점기의 수탈로 인한 소진 현상을 겪고 있던 분들로 평가할 수 있다. 이들은 1945년 이후 거의 대부분이 자연스럽게 퇴진하고, 1946년부터 50년까지 형성된 해방 정국으로 말미암아 북측 인사와 월북 인사들로 구성된 조불련을 중심으로 북한 불교계의 새로운 재편이 이루어지게 된다.

〈표 3-13〉 해방 전후 시기 북한 지역 활동 주요 승려 현황[276]

구분			대상/이름	소속/직책	사료(전거)
지역	시기	형태			
북측 활동	해방 전후 (~1945)	1916. 01.30. '31 본산제' (북한 지역 9개소)	김동선	금강산 유점사	• 1916년 1월 30일 본산 제5회 주지 총회 회의 록 자료. 대(代)는 대리 참석 표 시임.
			최환허	안변 석왕사	
			전남명	함남 귀주사	
			박보봉	평북 보현사	
			강구봉	황남 패엽사	• 출처 :『불교진흥회월 보』후신『조선불교 계』제1호(1916.04. 05.) :『한국잡지백년 1』 (2004.05.15., 현암사 간)
			강용선	평양 영명사	
			한장호	평남 법흥사	
			김선은	황북 성불사	
			이운파	강원 건봉사	
		북한 불교 (북측 인사)	서월화	금강산 유점사	만해 스님 : 1908년 초 30 세, 유점사에서 화엄경 사 사받은 스승(만해마을 홈 페이지 참조.)
			박보봉	묘향산 법왕대	월남한 조흥식 교수 증언 자료.
			김법룡	묘향산 보현사	조불련 박태화 위원장의 은사 스님(60년대 초 조 계종 총무원장)
			유제하	함남 귀주사	월북 인사 장상봉의 은사 스님
			최원허	금강산 표훈사 (주지)	『금강산』제4호(1935. 09.05.), 금강산불교회 : 『한국잡지백년 1』(2004. 05.15., 현암사 간)

....

276 이 표는 필자가 정리하였다.

구분			대상/이름	소속/직책	사료(전거)
지역	시기	형태			
	해방 전후 ~전쟁 시기 (1945~50)	조불련 (북측 인사)	김세률 (金世律)	초대 위원장	북조선불교도총연맹 1946년 12월 26일 창립.
			한춘 (韓椿)	초대 부위원장 (중앙위원회)	
			김세률 (金世律) 유빈암 (柳貧庵) 한영규 (韓永圭) 박준하 (朴俊夏) 이보화 (李普和) 정찬종 (鄭贊鍾) 신경동 (申景動) 이명교 (李明教) 정동선 (鄭東善) 백만호 (白萬鎬) 박용화 (朴竜化) 이명도 (李明道) 공락문 (孔洛文) 김영저 (金永渚) 이필상 (李弼相) 박장일 (朴章一)	상무위원 16명 (중앙위원회)	1946년 12월 26일 창립한 북조선불교도총연맹 등이 조선불교도총연맹으로 통합됨. 1948년 12월 26일 조직 개편, 중앙위원회 16명 상무위원

구분			대상/ 이름	소속/직책	사료(전거)
지역	시기	형태			
			김숭격	위원장 대리	1948년
			안숙용	2대 위원장	1963~1978년
		조불련 (월북 인사)	장상봉	초대 부위원장 (상무위원)	북조선불교도총연맹 활동. 1946년 12월 26일 창립.
			김해진	상무위원 (중앙위원회)	북조선불교도총연맹 활동. 1946년 12월 26일 창립. 중앙 상무위원 30인. ('조명암'은 '조령출'의 필명)
			한보국		
			장법석		
			곽서순		
			이부열		
			조명암		
			김용담		
			김필제 (운경)		
	1950		이혼성	유점사	
			장하응	석왕사	
				귀주사 유보암	
			박보봉	보현사	
			최얼산	패엽사	
			김보련	영명사	
			이보담	성불사	
				간성 건봉사	
				영월 법흥사	

제4절 한국전쟁과 사회주의 승려들의 활동

1. 한국전쟁의 상황

우리나라는 1910년 일본제국주의 정부에 강제 귀속되어 소위 한일합방이 되었고, 1945년 일제로부터 해방되기까지 반만년 역사상 초유로 일제의 압제하에 민족이 거덜날 뻔한 위기와 고통이 있었다. 제2차 세계대전이 연합군의 승리로 끝나고, 미국과 소비에트연방(소련)은 일제 정부의 전리품으로 이 불쌍한 한반도를 남북으로 반쪽 내어 점령 통치하였다.

그 이후 1948년 8월 15일 남한은 UN과 미국의 지원 아래 대한민국(Republic Of Korea, 약칭 R.O.K)을 건국하였고, 동년 9월 9일 북한은 소련의 전폭적인 지원 아래 김일성을 중심으로 하여 조선민주주의인민공화국(Democratic Peoples Republic of Korea, 약칭 D.P.R.K)을 건국하였다. 남북한이 건국한 지 채 2년이 되지 아니한 1950년 6월 25일 북한의 남침으로 3년간의 피비린내 나는 세계전쟁에 못지아니한 골육상쟁을 겪었다.

남한은 UN 결의로 미국을 비롯한 16개국이 응원 참전하였고, 북한은 소련과 중공(중화인민공화국)이 참전하여 세계 제3차대전의 위험수위까지 도달하였다. 북한군은 파죽지세로 남침 3개월이 되지 않아 낙동강 인근까지 점령하였으나, 남한을 돕는 미국을 비롯한 16개국이 UN 결의를 거쳐 참전하여 동년 9월 28일 맥아더 유엔 사령관의 지휘로 서울을 수복하였다. UN군은 그 여세로 압록강, 두만강까지 진북하였으나 1950년 1월 초 중공군의 침입과 소련군 정부의 지원으로 또다시 1월 4일 총전선에서 후퇴하여(1·4 후퇴) 동년 7월 27일 임시 정전협정이 현재의 휴전선 형태로 남쪽은 대한민국(R.O.K), 북쪽은 조선민주주의인민공화국(D.P.R.K)의 사실상의 국경선이 되었다. 한국전쟁은 1953년 7월 27일 판문점에서 정전협정을 끝으로 3년여 간의 골육상쟁을 마쳤다.

남북한 간에는 지금까지 휴전 약 67년 동안에 수많은 군사적·정치적 사건과 갈등을 야기하며 민족적 역량을 허비하여 오고 있다. 이 분단의 원초 제공자인 일본제국주의 정부는 '세계 제2차대전'에서 패망하고 승전국인 미국과 총 한 발 쏘지 않은 소비에트가 승전 대가로 남북한을 38도선으로 갈라 점령하였고 각기 다른 정부를 수립함으로써 지금껏 분단 상태로 내려오고 있다.[277]

....

[277] 미국의 통계에 따르면, 6·25 한국전쟁으로 인한 인명 피해는 민간인을 포함하여 약 450만 명에 달한다. 그 가운데 남한의 인명 피해는 민간인 약 100만 명을 포함한 약 200만 명이며, 공산 직영의 인명 피해는 100만 명의

2. 한국전쟁 시 서울에서의 불교 혁신 운동

한국전쟁 전후에 우리 불교계의 동향과 승려들의 역할을 역사적 사실에 견지하여 그 당시 승려들이 오늘의 조선불교도연맹에 어떠한 영향을 끼쳤는지 살펴보고자 한다. 이에 대한 연구는 자료가 부족하고 분단 상황에서의 필자에 대한 우려 내지 당사자들의 사망으로 연구가 제대로 되지 않았다.

특히 해방 전후, 진보적·사회주의적 사고를 가진 승려들이 1948년 김구, 김규식 박사 일행을 따라 북한 김일성이 제창한 '전조선 제정당 사회단체 연석회의'에 참석했는데 그중 일부 승려가 북한에 잔류하여 '북조선불교연맹' 결성에 주요한 역할을 하였다. 그들이 오늘의 북한 '조선불교도연맹'의 원조가 되었기 때문에 이 연구 없이는 북한불교의 뿌리를 논할 수 없다.

더구나 6·25 한국전쟁 시 이들이 서울에 와 '남조선불교도연맹'[278]을 결성하고 현 조계사를 중심으로 하여 9월 28일 서울 수복 전까지 실제적으로 남한불교를 총괄했기 때문에 이에 대한 고찰이 필요한 것이다.

민간인을 포함하여 약 250만 명으로 추산되고 있다. 군인 전사자는 한국군이 22만 7,748명, 미군이 3만 3,629명, 기타 UN군이 3,194명이며, 중공군은 약 90만 명, 북한군은 약 54만 명으로 추산되고 있다. 전쟁 기간 중 한국은 43퍼센트의 산업시설과 33퍼센트의 주택이 완전히 파괴되었다.

278 김광식, 「한국전쟁과 불교계」, 『불교평론』 제43호(서울 : 불교평론사, 2010), p. 14, p. 9. "남조선불교도연맹─위원장 : 김용담, 총무위원 : 곽서순, 선전위원 : 장상봉, 교화위원 : 김만기, 세포위원 : 김해진, 조사위원 : 백운경, 재정위원 : 이등운, 최고위원 : 김용담, 곽서순, 장상봉, 김만기, 김해진, 백운경, 이등운, 조명기, 조복순."

1945년 8·15 해방될 때부터 1950년 6·25가 발발하기까지 남한의 불교에서는 교단 개혁을 추진하고, 불교 노선의 방향을 설정하며 불교 혁신을 해야 한다는 내용으로 불교 혁신론이 대단히 활발했다. 그러나 그 활동 속에는 교단과 재야 불교 혁신론자 양측에 갈등도 존재했다. 이런 구도 속에서 진보적으로 불교 개혁을 해야 한다고 주장했던 급진 좌파 승려들은 북한으로 갔다. 6·25가 발발하자 북한에 갔던 승려들이 서울에 와서 불교 혁신을 위한 활동을 한 것이다.

6·25 전쟁이 발발하기 이전에 남한에서 사회주의적 성향과 이념을 가진 승려들이 불교 혁신을 위해 활동하다가 북한으로 가고, 6·25 전쟁 이후에는 그 승려들이 다시 서울로 내려와 불교계 혁신을 위해 활동했던 것에 주목하여 그 당시 상황을 정리하고자 한다.

그들은 6·25 중에 서울에서 90여 일간 상주했으며, 그 시기에 남조선불교도동맹을 결성한 뒤 불교 혁신을 위한 활동을 했다. 그러나 그 활동에 대한 자료가 부족해서 활동의 전모나 성격까지 파악하는 데 어려움이 많다. 그러나 북한으로 가서 활동했던 대상 승려, 남조선불교도동맹의 간부와 그들의 강령, 남조선불교도동맹의 산하 조직체와 관련한 일련의 자료들을 정리했다.

북한에서는 1950년 6월 26일을 기해 김일성이 전쟁 동참 권유 방송에 따라 불교신앙협회, 불교청년사, 여성불교도회 등 불교 단체들이 1950년 7월 15일 평양에서 연합회의를 개최했고 인민군에 1,300명이 입대했다[279]고 한다. 그리고 묘향산 보현사와 강원도 석왕사 등 북한 지역 사찰과 신도들은 당시 화폐로 수백만 원의 성금과 1만 수천여 점의 각종 위문품을 인민군에 보내고 파괴된 도로와 교량, 철도 복구에 참가했다[280]고 한다.

1950년 6월 25일 새벽, 북측 인민군의 남침으로 발생한 한국전쟁 속에서 인민군은 그해 6월 28일 서울의 서대문형무소를 점거하고 좌익 활동 혐의로 구속되었던 승려 장상봉, 김용담, 곽서순 등과 한보국을 한꺼번에 석방한다. 석방된 이들은, 1948년 남북연석회의 전후에 월북하여 북측에서 활동해 온 불교청년당 소속의 김해진, 김만기, 백운정, 이등운, 조명기, 조복순 등이 전쟁 발발 초기에 서울로 내려오자 곧바로 힘을 합쳐 김법린, 최범술 스님 등이 주축이 된 조선불교 중앙총무원이 있던 태고사(현 조계사)를 접수하고 본거지로 삼는다.

1948년 4월, 평양에서 열린 남북연석회의에 참가하기 위해 월북했던 만해 스님의 아들 한보국은 연석회의 당시에는 황해도 해주시 인민대표자회의에 참가하게 되었다. 그 후 서울로 되돌아와 남조선 로동당 당원으로 활동을 하다가 1950년 1월 치안유지법 위반 혐의로 징역 1년 6개월의 형을 선고받고 서대문형무소에서 감옥살이를 하였다.[281] 한보국은 25세이던 1928년, 만해 스님의 추천으로 신간회 충남홍성지회에 가입하고 홍성군 건국준비위원회 위원장과 홍성

· · · · · · · · · · · · ·
279 정태혁, 『북한의 종교』(서울 : 국토통일원조사연구실, 1979), p. 29.
280 심상진(2001), p. 22.
281 손홍규, 「만해 한용운과 아들 한보국」, 『민족21』 제34호, 2004년 1월 1일. ; 국가기록원, 「독립운동관련 판결문」, 『만해학보』 통권 제10호(2011년 8월호), pp. 65~100, 국가기록원 홈페이지 참조.

군 인민위원회 위원장으로 활동한 바 있다.[282]

그리고 남쪽에서 조선불교혁신회 이후 불교청년당, 혁명불교도동맹 소속으로 활동해 온 김해진, 김만기, 이부열 등은 남북연석회의 국면에 월북한 다음 북측에 그대로 남았다. 이들 월북 승려들과 달리 남측에서 조선불교혁신회와 혁명불교도동맹, 불교혁신총연맹 등을 통해 사회주의 활동을 하던 장상봉, 김용담, 곽서순, 임재영 등은 미군정하에서 1949년부터 50년도 사이에 좌익으로 몰려 서대문형무소에 구속·수감되어 있었다.

이들은 그해 7월 초 태고사에서 '남조선불교도연맹'을 창립하고, 위원장에 만해 상좌 김용담 스님을 선출하고 강령과 규약을 정하면서 7월 4일 자로 남조선 임시인민위원회에 종교 단체 등록까지 하게 된다. 남측 불교를 주도한 불교중앙총무원은 1951년 1월 부산시 중구 신창동 대각사로 이전하여 그곳에 설치된 경남교무원에 청사를 두고 활동을 재개한다.

전쟁이 시작된 1950년 7월 초 창립한 남조선불교도연맹이 주창한 강령에는 민족통일을 완수한다는 것과 대중불교를 실현한다는 것, 그리고 평등사회를 건설한다는 것 등을 명문화했다. 그 규약에는 일제 잔재 청산, 친일파와 교단 반역자 타도, 교도제 실시와 사찰 정화, 사설 포교당 숙청 등 10개 조항으로 구성하고 9명의 최고위원을 두었다. 위원에는 김용담, 장상봉, 김해진, 곽서순, 김만기, 백운정,

---

282 손홍규(2004), 『만해학보』 통권 제10호(2010), pp. 65~100, 국가기록원 홈페이지 참조.

이등운, 조명기, 조복순이 선출되었다. 이들은 남조선불교도연맹을 중심으로 집결하여 남측의 불교 신도들을 대상으로 한 사회주의 사상과 교양 및 전쟁 지원 활동을 맡았다. 또한 '독보회(讀報會)'라는 별도 조직을 만들고, 서울 태고사에서 사회주의 사상과 불교도들의 역할에 대한 토론회를 매일 개최하고, 사회주의 체제와 북측을 찬양하는 노래 등을 학습하는 선전 활동을 전개하였다.

당시 전시(戰時)에서 독보회는 남조선불교도연맹의 종무행정을 통해 서울 지역의 기업소와 불자들로부터 지원받은 재봉틀을 태고사로 모아 전선에 나간 인민군에게 전해질 군복 등을 만들고 수선하는 일을 맡았다고 한다. 또 불교도연맹의 청사이던 태고사는 종교 활동의 설행보다 독보회의 주도로 군수 필수품을 생산하는 군수공장의 기능까지 담당하게 된다. 그런 가운데 1950년 9월 15일을 기해 맥아더가 지휘하는 국제연합(UN)군이 인천에 상륙하면서 전쟁 전세가 뒤바뀌는 상황이 되자 태고사 옆에 위치한 중동중학교는 야전병원으로 사용되고 태고사도 병원의 부속 건물로 활용되었다. 시가전으로 확대된 전쟁에서 부상자가 속출함에 따라 태고사의 대웅전과 요사채, 종무소가 병실로 전환되고 수많은 전사자들로 채워지게 되었다. 또한 전투가 벌어진 전국의 도심 사찰 등에서도 태고사와 비슷한 상황이 벌어지고 여기에 많은 승려와 불자들이 강제 동원되는 등 큰 피해를 입게 되었다.

결과적으로 남조선불교도연맹과 청년당은 의용군을 차출하는 등 북한 인민군 전쟁에 협조가 우선이었다. 그들의 활동으로는 매일 조계사에서 공산주의 사상 교육, 북한 찬양 노래 교육을 실시하고 인민군복을 제조하였다. 이 당시 광릉 봉선사의 운경(김필제) 스님[283]이 적극적으로 활동하였다.

3. 한국전쟁 당시 불교 혁신 운동에 대한 평가

혁신 승려 일부가 1948년 4월 김구, 김규식의 북행에 동참하여 북에 잔류하고, 해주회의에도 참가한다. 6·25 전쟁 시기에 서울로 넘어와 남조선불교도연맹과 조선불교청년당을 결성한다. 조계사에서 90일간 전쟁 협조, 지원, 사상 교육, 위촉 활동 등의 활동을 펼친다. 이러한 활동에 대해 여러 평가가 존재한다.

첫 번째는 중도적으로 바라보는 견해이다. 그들의 주장에 의하면 해방공간 당시 총무원과 총불원으로 갈라진 보수 진보별 조직체 구성은 좌우 대립이 아니라 노소의 알력이 다른 것이다. 이들은 불교 개혁에 뜻을 둔 그룹일 뿐 좌에 경도된 것이 아니다. 이러한 증언을 한 사람으로는 조명기, 정두석이 있다.

두 번째는 좌익화되었다고 바라보는 견해이다. 그들의 주장에 의하면 혁신 승려들은 토지개혁 당시 개혁의 이질적 노선이 존재했고, 김구를 따라 북행하고, 6·25 때 남하하여 남조선불교도연맹을 조직하는 등 점차 좌익화되었다. 이러한 증언을 한 사람으로는 조명기[284],

....

283 김필제의 법명은 운경. 봉선사 주지를 역임하였다.
284 조명기는 혁명불교도동맹 중앙위원회였으며, 후에 동국대 총장을 지내기도 하였다.

안덕암[285]이 있다.

세 번째로는 민족적 진보주의자로 바라보는 견해이다. 그들의 주장에 의하면 혁신 승려들은 불교 사회주의자들로서 보수와 진보, 자본주의와 공산주의의 경계에 서 있으면서 불교 혁신만이 아니라 민족문제, 통일 문제까지 고민한 이들이다. 이러한 주장을 한 사람으로는 김광식[286]이 있다.

마지막으로 혁신 승려들은 이념과 무관했다는 입장을 지지하는 강석주와 김어수의 견해가 있다. 강석주 스님은 청년 승려 시절 당시 선학원에 거주하며 만해 한용운 스님을 모시고 불교 혁신 활동을 하면서 불교혁신총연맹에 가담하였고, 건국 후에는 칠보사를 창건하고 조계종 총무원장을 지내는 등 조계종 원로로서, 노인복지를 위해 유성에 보문사를 창건하여 불우 노인들을 수용하였다. 김어수 법사는 젊은 승려 시절 불교 혁신에 앞장서 운동을 하였고, 시인이며 조계종 포교원에서 중앙포교사로서 평생 불교 포교에 진력하였다.

북한에 갔던 혁신 승려로는 김용담, 장상봉, 김해진, 곽서순, 이부열, 김운경(김필제), 임정달(화산)[287], 김호진[288] 등이 대표적이며 북조선불교

....

285 안덕암은 불교청년당 재정부장이었으며, 후에 태고종 종정을 지내기도 하였다.

286 김광식은 동국대 교수, 문학박사이며 저서로 『한국 근대불교사 연구』, 『한국 근대불교의 현실인식』, 『우리가 만난 한용운』 등이 있다.

287 임정달(1919~2013, 법명 : 학명, 법호 : 화산)
  • 1919년 11월 17일 경남 양산시 하북면 순지리 출생.
  • 1928년 통도 종립중 졸업.
  • 1930년 2월 20일 통도사에서 몽초 스님을 계사로 사미계 수지.
  • 1933년 통도사 불교전문강원 졸업.
  • 금강산 마하연 선원 등 3년 수선안거.
  • 1939년 4월 19일 통도사에서 몽초 스님을 계사로 비구계, 보살계 수지.

도연맹 결성과 진행에 직접적으로 참여하였다가 간접적으로 역할을 하였다. 북한에 갔던 주요 혁신 승려들의 약력은 다음과 같다.

〈표 3-14〉 주요 월북 혁신 승려들의 약력[289]

- 김필제(운경, 1904~2000) : 충남 서산 출생. 16세에 봉선사 대허 태오(大虛泰悟)를 은사로 득도. 법명 기홍(基弘). 1994년 조선민족해방당협동당을 지원하여 8개월간 옥고. 1946년 관동학원 건립 관여. 경기 교무원 총무부장, 남조선불교도연맹 최고위원 겸 총무위원. 홍월초 스님의 손상좌, 운암과 운허의 조카상좌. 한국전쟁 부역으로 옥고. 봉선사 주지.
- 김용담 : 수좌. 망월사 선원 종주, 선학원 · 선리참구원 부이사장. 『선가귀감』 번역, 해동역경원 부원장, 불교혁신총연맹 총무, 전국불교도총연맹 위원장, 남조선불교도연맹 최고위원 겸 위원장. 한용운 상좌. 결혼.
- 장상봉 : 귀주사. 귀주사 강원, 중앙불전, 귀주사 포교당에서 야학. 일본 고마자와 대학 동양학과 졸. 조선불교 동경학우회 문교부 상무, 『불교시보』 함흥지국 통신기자, 불교문화연구원 설립해 문화운동. 혁명불교도동맹 중앙위원, 동국대 강사, 남조선불교도연맹 최고위원 겸 선전위원. 결혼.
- 김해진 : 개운사. 혜화전문 졸업. 일본 임제중고야산대학 졸업. 범어통. 불교청년당 위원, 『불교신보』 편집 겸 발행인, 동국대 강사, 경기교무원 교학국장. 남조선불교도연맹 최고위원, 조선불교 청년당 위원.

- 1945년 일본 임제불교전문학교 졸업.
- 1946년 통도사 불교전문강원 강주 역임.
- 오대산 월정사에서 교정(종정) 한암 대종사 사서.
- 경남교구종무원 포교사 및 홍보부장 역임.
- 1948년 5월 평양 : 남북 제정당 사회단체 연석회의 불교 대표로 참석.
- 1948년 8월 해주 대회 참석.
- 백범 김구 선생님 모시고 신탁통치 반대 운동.
- 만해 한용운 스님 모시고 불교 혁신 운동.
- 1954년 국화여자전문학교(현 부산여자대학교) 교수.
- 1960년 대구 보광원 창건 주지 역임.
- 2013년 3월 6일(음 1.25) 오후 3시 보광원에서 입적. 세납 95세, 법랍 83세.

288 김호진은 본사는 용주사며 혜화전문을 중퇴하고 동국대 불교학생동맹 문화부장, 한국독립당원을 지냄. 1948년 4월 19일부터 26일까지, 8월 24일부터 25일까지 해주에서 개최된 남조선인민대표자대회 평양연석회의 불교학생동맹 대표로 참석, 북한에 잔류. 김광식(2010), p. 200.

289 김광식(2010), pp. 213~214. 인용 전재.

- 곽서순 : 백담사. 일본대학 사학과 졸업.『금강저』발행인. 동국대 강사. 인제군 인민위원회 부위원장, 혁명불교도동맹 중앙위원, 불교혁신총연맹 서기. 국화여전 학과장, 총무원 포교분과위원, 건봉사 서울 포교사, 남조선불교도연맹 최고위원 겸 총무위원.
- 이부열 : 천은사. 중앙불전 졸업, 대정대학 종교학과. 중앙교무원 재무부장, 혁명불교도동맹 중앙위원. 국화여전 학감, 동국대 강사. 결혼.
- 임정달(화산) : 통도사 · 상원사에서 수행. 일본 임제종 전문대 유학, 성균관대 철학과 수학. 조선불교청년당위원, 불교청년당 조직부장 및 선전부장, 전국불교도대회 참가. (주)287 참조).
- 김호진 : 용주사. 혜화전문 중퇴하고 동국대 입학, 불교학생동맹 문화부장. 한독당 입당. 9 · 28 수복 시 북한으로 감. 6 · 25 당시 조계사에서 인민군 도움. 월남자수하여 3년형 선고받았으나 감형으로 출소.

북한(주로 평양, 해주)에 갔던 혁신 승려들의 이력을 통해 알 수 있는 주요한 특징은 이 승려들이 승려 사회에서도 지식인에 속하는 상층이었다는 것이다. 당시 불교 교육의 대명사로 불리던 중앙불전과 혜화전문(동국대) 또는 일본 유학을 거친 인사가 다수였다. 또한 활동의 주된 관심사가 불교의 포교 의식과 천양 의식, 그리고 불교 대중화 등이었으며 이를 실천했다는 부분을 주목할 수 있다. 더불어 남한에서 혁명불교도동맹과 학생불교동맹의 출신인데, 이들이 바로 혁신총연맹과 불교도총연맹 활동의 핵심 승려로서 불교 혁신의 주역들이었다.

『불교평론』에「한국전쟁과 불교계」를 쓴 김광식은 "다만 현재로서는 혁신 승려들은 보수와 진보, 자본주의와 공산주의의 경계에 서 있었다고 본다. 그 경계의 접점을 굳이 언급하면 불교 사회주의라고 표현한다. 그러면서 이들은 불교 혁신만을 고민하지 않고 민족문제, 통일 문제까지 고뇌한 진보적 민족주의자로 본다."고 하였다.[290] 다시 말해, 혁신 승려들은 종교개혁에 무게 중심을 두었을 뿐, 결코 좌익에 경도될 수 없는 성질의 부류라는 것이다.

<표 3-15> 한국전쟁 전후 북한 지역 활동 주요 승려 현황[291]

구분			대상/ 이름	소속 및 직책	활동 사항 등
지역	시기	형태			
남측 활동	1945~ 51년	월북	김용담 (金龍潭)	전국불교도 총연맹 위원장	한용운 스님의 상좌 만해심우장 건축 주도 1948년 4월 평양 남북연석회의 참가
				남조선 불교도연맹 위원장 · 최고위원	1948년 7월 창립(서울 태고사) 1948년 8월 25일 해주 인민회담 참가 (조선불교청년당 자격) 이력 : 선리참구원 부이사장, 해동역경원 부원장, 불교혁신총동맹 총무, 의료반 반원, 불교신보 후원회 고문, 남조선불교도 연맹 위원장(1953년 6월) · 최고위원. 번역서 『선가귀감』(서산), 1949.
			한보국 (韓保國)	• 한용운 스님의 아들 (1904~ 1977) • 아들1, 딸5	『민족21』 34호(2004. 01. 01.) 1945년 10월 홍성군인민위원회 위원장, 사회주의 중도우파. 1948년 4월 남북연석회의 참가, 1948년 8월 25일 해주 인민대표자대회 참가, 9 · 28 수복 때 재월북, 가족들이 평양에 살고 있음
			장상봉	조선불교 청년당	1948년 4월 평양 남북연석회의 참가, 귀환(전국 불교도총연맹 대표로)
				남조선 불교도연맹 최고위원	1948년 7월 창립(서울 태고사) 이력 : 중앙감찰(1946년 2월), 혁명불교 도동맹 중앙위원, 동국대 강사, 해주 인민대표자대회 참가, 남조선불교도연맹 최고위원 · 선전위원

....

290 김광식(2010), p. 212.

291 1948년 4월 19~26일, 8월 24일, 평양과 해주회의까지 두 차례 남북 제정당 사회단체 대표자 연석회의 참가(장상봉, 곽서순, 이부열, 김용담, 김해진, 한 보국) ; 상기 인물들의 행적은 김광식, 『한국 근대불교의 현실인식』 중 부록 「해방공간 불교 인물 행적기초 조사록」, pp. 337~351에서 주로 발췌함.

구분			대상/ 이름	소속 및 직책	활동 사항 등
지역	시기	형태			
			김해진 (金海鎭)	조선불교 청년당	1948년 4월 평양 남북연석회의 참가, 귀환(불교청년당 대표로)
				남조선 불교도연맹 최고위원	1948년 7월 창립(서울 태고사) 1948년 8월 25일 해주 인민대표자대회 참가 1950년 6월 서울 남하 이력 : 혜화전문 졸업(1941년), 불교청 년당 위원, 『불교신보』 편집 겸 발행자, 경기교무원 교학국장, 세포위원
			곽서순 (郭西淳)	불교혁신 총연맹 서기	1946년 12월 3일 창립 『대중불교』 1호(1947.01.01)
				조선불교 청년당	1948년 4월 평양 남북연석회의 참가
				남조선 불교도연맹 최고위원	1948년 7월 창립(서울 태고사) 이력 : 혁명불교도동맹 중앙위원, 불교 혁신총연맹 결성대회 서기, 동국대 강 사, 국화여자전문학교 미국문학학과장, 중앙총무원 포교분과위원회 교무부장, 남조선불교도동맹 최고위원 · 총무위원, 서울포교사회 부회장
			이부열	조선불교 청년당	1948년 4월 평양 남북연석회의 참가 이력 : 혁명불교도연맹 중앙위원, 국화 여자전문학교 학감, 동국대 강사, 6 · 25 때 납북
			임재영	조선불교 청년당	1948년 4월 평양 남북연석회의 참가 1948년 8월 해주 인민대표자대회 참가 이력 : 불교청년당 위원 · 감찰부장, 혁명 불교도동맹 중앙위원
			김만기	전국불교도 총연맹	1948년 4월 평양 남북연석회의 참가
				남조선 불교도연맹 최고위원	1948년 7월 창립(서울 태고사) 1948년 8월 25일 해주 인민회담 참가 (조선불교청년당 자격) 이력 : 고운사 출신, 불교청년당 위원 · 중앙위원 · 교화위원

구분			대상/ 이름	소속 및 직책	활동 사항 등
지역	시기	형태			
			백운정	남조선 불교도연맹 최고위원	1948년 7월 창립(서울 태고사) 남조선불교도연맹 조사위원
			이등운	남조선 불교도연맹 최고위원	1948년 7월 창립(서울 태고사) 남조선불교도연맹 재무위원
			조명기	남조선 불교도연맹 최고위원	1948년 7월 창립(서울 태고사) 이력 : 통도사 출신, 중앙불전 및 일본동양대학 불교학과 졸업, 경성제국대학 법문학부 종교학 연구실 전공과 입학. 혜화전문학교 교수, 조양보육사범학교 설립, 혁명불교도동맹 중앙위원, 약초유치원 단장, 중앙총무원 교정위원, 동국대학교 교수 · 총장
			조복순	남조선 불교도연맹 최고위원	1948년 7월 창립(서울 태고사)
			장석화		
			조령출 (일명 조영암)	금강산 건봉사	1948년 월북, 조선문화성 부상 역임 1990년 범민족통일음악회 참석 이력 : 불교예술동맹 위원장, 납북
			한보순	중앙총무원 서무부장	이력 : 5 · 10 국회의원 선거—공주 출마 낙선
			임정달 (화산) 주)287 참조	불교청년당 선전부장	이력 : 통도사 · 상원사에서 수행. 일본 임제종 전문대 졸, 성균관대 철학과. 전국불교도대회 참가, 해주 인민대표자대회 참가(1948년 8월), 대구 보광원 창건
			김필제 (운경)	조선불교 청년당 조직부장 · 선전부장	봉선사 홍월초 스님 상좌, 운암 · 운허 스님 조카 상좌.
			허영호	중앙불교 전문학교 교수	이력 : 혜화전문학교 학장, 『불교신보』 후원회 고문
				동국대 교수	1953년 2월

구분			대상/이름	소속 및 직책	활동 사항 등
지역	시기	형태			
			박윤진	동국대 교수	이력 : 조선불교혁신준비위원회 총무위원, 중앙총무원 재무국장, 화광교원 이사장, 비상정치회의준비회 참가, 조선독립종교단체 연합회의 기미독립선언기념 전국대회 준비위원회 전형선거위원, 반탁독립투쟁위원회 중앙집행위원, 중앙총무원 교정위원, 납북
			장도환	월간불교사 사장	『신생』 편집 겸 발행인, 납북
			유성갑 (柳聖甲)	• 불교 청년당 • 범어사 승려 • 동국대, 국화여전 교수	1909~1950.09.28. 광주형무소에서 사망 법명 : 성안(性眼) 1949년 조선불교중앙총무원 난입 이력 : 불교청년당 총무부장 · 교무부장, 전국불교청년연합회 중앙위원, 반탁국민총동원중앙위원회 본부비서, 혁명불교도동맹 중앙위원, 불교혁신총연맹준비위원회에 불교청년당 대표로 참가, 개회사 낭독, 5 · 10 제헌국회의원 선거 전남 고흥 출마 당선(제헌의원)
			박봉석	혁명불교도동맹 중앙위원	이력 : 국화여자전문학교 교장, 동국대 강사, 국립도서관 부관장, 중앙총무원 교정위원, 6 · 25 때 납북
			정준모		
			백석기	불교청년당 위원장	이력 : 경남 옥천사 출신, 불교청년당 재무부장 · 총무부장, 전국불교청년연합회 문화부장, 반탁국민총동원중앙위원회 본부비서, 비상국민회의 대의원, 반탁과 중도협상의 합동 교습위원, 동국대 강사, 혁명불교도동맹 중앙위원, 대동청년당 중앙위원, 남북연석회의 참가, 제헌국회의원 경남 고성 출마 차점 낙선, 서울시문교사회 교육국장, 감찰원, 상벌위원, 6 · 25 때 납북
			양외득	불교청년당 조직부장	이력 : 표충사 출신, 전남도 건설국장, 6 · 25 한국전쟁 때 납북
			최말도		
			천하룡	불교신문 사장	이력 : 봉은사 출신, 6 · 25 때 납북

조선불교도연맹의
역사와 조직

제1절 조불련의 역사 개관

1. 조불련 창립 전후의 시대 상황

해방 이후, 소련 공산당 서기장 스탈린은 북한에 주둔하던 소련군 슈티코프 사령관에게 하달한 지령 제6호에서 "북한에 있는 소련 군대에게 규율을 엄격히 지키고, 주민들에게 피해를 주지 않으며, 예의 바르게 행동하도록 지시할 것. 종교의식과 예배를 방해하지 말고, 성당과 기타 종교시설에 손을 대지 말 것."[292]을 주문하면서, 북한에서 종교의 자유를 보장했다. 그러나 곧이어 1945년 10월 12일에는 소련 제25군 치스챠코프 사령관이 "성결들과 기타 교회들에서 예배하는 것을 금지한다."는 성명서를 발표해 종교의식과 활동을

....
292 조광, 「북한의 종교 현황과 종교적 심성」, 『민족의 화해를 향하여』(서울 : 새남, 1996), p. 323.

최초로 규제하기도 했다. 더구나 북한에 있던 종교인들은 1946년 2월 8일에 북조선 임시인민위원회가 수립된 이후, 곧이어 3월 5일 북한에서 전격 시행된 토지개혁으로 실제로 종교 탄압을 받기 시작했다.[293]

이러한 토지개혁 조치는 1945년 11월 16일 제정 실시된 북한 사법국 포고 제2호「북조선에서 시행할 법령에 관한 건」이라는 인민정권 최초의 법[294]과 함께 1946년 3월 7일「친일파, 민족반역자에 대한 규정」을 제정하는 등 일제의 청산 작업과 법 제정 체계의 수립이라는 목표를 달성하기 위하여 취해진 것으로 이른바 반제·반봉건 민주혁명을 수행하겠다는 의도를 법제화한 것이다.[295]

한편, 북한은 인민정권을 수립하기 전에 "전 인민의 소유"와 "국가적 소유"를 표방하지 않은 채 생계의 근간이 될 땅이 없는 농민들에게 토지를 준다(경자유전, 耕者有田)는 기치를 내세워 토지개혁을 실시했으며, 이 과정에서 대량의 토지를 소유한 사찰과 종교 기관은 소유했던 부동산을 모두 잃었으며, 북한은 농민들에게 그 토지를 무상분배했다. 결과적으로 볼 때 토지개혁은 종교 단체의 경제적 기반을

....

293 북한의 토지개혁은 1946년 3월 5일 제정된「북조선 토지에 관한 법령」에 의거하여 제5조의 무상몰수 무상분배의 원칙에 따라 5정보 이내 자경지를 제외한 토지를 몰수하여, 제6조 ㄱ항의 경작자인 농민들에게 분배한 것으로서 북한 정권 성립의 기초가 된 중요한 사건이었다. 고태우(1989), p. 58. ;『조선민주주의인민공화국 국민경제발전 통계집 1946~1960』(평양 : 국립출판사, 1961), pp. 59~60.
294 김규승(1990), p. 341.
295 김민배,「북한에서의 토지개혁과 법적 논리와 그 역사적 전개」,『사회과학논문집』제11호(인하대학교 사회과학연구소, 1993), p. 284.

약화시키는 것은 물론 기반을 제거한 결과를 낳았으며, 북한의 기독교인들이 대거 남하하는 계기가 된 것으로 볼 수 있다.[296]

북한에서 토지개혁이 단행되면서부터 "김일성의 권위와 노동당의 권위가 현저하게 높아진"[297] 상황에서 북한의 불교계는 1945년 11월 26일에 '북조선불교총연맹'과 '북조선불교연합회'를 마침내 결성했고, 1946년 12월 26일에 통합조직 '북조선불교도총연맹'을 창립했다. 1972년경에는 기존의 명칭을 바꿔 '조선불교도연맹 중앙위원회'로 새롭게 창립했다. 총연맹의 초대 위원장은 김세율, 부위원장은 장상봉, 한춘 위원을 두고, 이외에 김세율, 김해진, 장범석 스님 등 총 30명을 선출했다.

이 시기에 북한 종교는 자체 활동보다 정치적 행보를 우선시했다. 1946년 3월 23일 발표한 「북조선 노동당 20개 정강」에서 밝힌 것과 같이 "전체 인민에게 언론 · 출판 · 집회 및 신앙의 자유를 보장시킬 것"[298]이라며 종교 자유를 명문화했으며, 당시 주요한 종교를 기독교와 불교 그리고 천도교 등이라 평가했다.

특히, 북한 종교계의 이러한 행적은 1948년 3월 25일 북조선 민주주의 민족통일전선 중앙위원회의 제의로 그해 4월 19일 평양의 모란봉 극장과 대동강 쑥섬에서 개최된 '전조선 제정당 · 사회단체 대표자 연석회의(약칭 남북연석회의)' 제의와 참가에서도 알 수 있다. 김

....
296 강인철(1992), p. 429.
297 와다 하루키(2002), p. 81.
298 조선중앙통신사, 『조선중앙연감』(평양 : 조선중앙통신사, 1950).

구·김규식 선생과 김일성 주석 등이 참석한 이 회의에는 "북측의 3개 정당과 12개 사회단체, 그리고 남측은 13개 정당과 28개 사회단체로 구성되어 총 56개 정당 및 사회단체가 참가하였고, 참석한 대표자 수는 695명으로서 회의의 기획과 진행은 북측이 일방적으로 주도한 것으로 기록되어 있다. 여기에는 북조선천도교청우당 김달현, 북조선기독교도연맹 강양욱, 북조선불교연합회 김세률, 기독교민주동맹 김창준, 전국유교연맹 김응섭 등, 종교계도 참여했다."[299]

이 종교 단체들은 1948년 4월 30일에 열린 연석회의에서 채택한 「남북조선 제정당 및 사회단체 공동성명서」에 김세율 북조선불교연합회 회장이 직접 서명하는 등 실질적으로 참여를 했다. 당시에 이렇게 남북 간의 정치가 진행되는 속에서 김성숙 선생(운암 스님) 등이 직접 정치에 참여하기도 했으며, 북한 내에서도 불교 조직 재건을 위해 조직 활동이 활발하게 이루어졌다.

한편, 남북 연석회의 참석을 위해 평양으로 향한 김구 선생은 1948년 4월 26일에 그의 아들 김신을 포함한 김종항, 안신호, 김두봉 비서와 같이 대보산 영천암을 재차 방문했다. 영천암은 김구 선생이 독립운동 초기에 승려로 변신하여 피신한 곳이기도 하다.[300]

그러나 북한은 1967년부터 기존의 사상과 문화를 담당하는 간부들을 대대적으로 숙청했고, 김일성주의의 사상화인 주체사상을 전

....

299 김우전,『김구 주석의 남북협상과 통일론』(서울 : 고구려, 1999), pp. 86~93.
300 김우전(1999), 화보집.

국가적으로 옹립하기 위해 기존 문화와 역사적 인물에 대해 비판적 재평가 작업[301]을 단행했다. 사회주의국가이면서도 북한의 독자성을 마련하기 위해 '북한식 문화혁명'을 시작하자 종교도 비판대에 오르게 되고 암흑기를 맞았다. 김일성 주석은 자신의 회고록『세기와 더불어』에서 해방 직후의 상황에 대해, 그 당시 종교에 대한 탄압은 매우 강하게 전개되었다고 기술할 정도로 견제와 탄압이 극심했던 사회이자 시기였다.

  이런 당시 상황을 감안하면 조선불교도연맹의 시발은 전통적인 종교 계보에 의한 것이라기보다 당시의 정치 국면을 포함한 북한 사회주의의 체제 속에서 결성됐다고 볼 수 있다. 따라서 조불련의 조직체계, 강령(종헌 · 종법), 그리고 고구려 사찰 운영 등은 남한에 있던 제 종단과 차이가 많을 수밖에 없다.

---

301 김일성(1983),『김일성 저작집 21』, p. 337. ; 이종석,『새로 쓴 현대북한의 이해』(서울 : 역사비평사, 2000), p. 206.

제2절 조불련 조직의 특징과 체계

1. 조불련의 특징

남한불교는 개인이 스스로 선택하는 '신앙적 종교생활체'이다. 그러나 북한불교는 집단에 의한 신앙을 하는 '정치적 종교활동체'이다. 이것은 국가 차원에서 행해지는 종교 정책에 따라 개인과 조직으로 구성되어 활동하는 단체이기 때문이다. 특히, 정치적 종교 활동은 불교 조직에서 개인의 신앙적 생활을 하더라도 정치적 관계에 따라 타종교 조직으로 임명·발령·배치되는, 정치적으로 이전할 수 있는 신앙생활이다. 이러한 점이 북한의 종교인들을 정치적 종교생활체라고 규정하는 요인이다. 이들은 종교의 신념과 가치를 집단적으로 형성함으로써 조직적 활동으로 종교를 믿고 실천하고 있는 것이라 할 수 있다.

북한 불교계의 대표적인 단체 '조선불교도연맹 중앙위원회'(약칭 조불련)는 정치적 종교생활체이므로 그 조직의 성격은 사판 승가(事判僧家) 조직, 국가 공공(國家公共) 조직으로 판단할 수 있다. 이는 조불련의 주요 업무나 조직 구성원들의 신분과 수행 방법을 통해 살펴볼 수 있다.

조불련은, 구성원인 스님들이 참선을 하고 경전 강론을 수행하는 등 홍법(弘法)에 대한 이판적(理判的) 내용은 거의 배제한 측면에서 볼 때 사판 승가라고 단언하기는 쉽지 않다. 현재도 각 사찰에서는 부문적으로 참선[302]과 강론 교류 등을 통해 홍법을 진행하고 있기 때문이다. 반면, 조불련에서는 국가 시책이던 금요 노동에 참여하는 한편, 사찰의 관리 업무 등의 사무 행정을 중심에 두고 수행 활동을 지속한다는 점, 그리고 다음의 몇 가지 사항을 통해서도 사판 승가와 공공기관이라는 정의가 가능하다.

첫째, 해방 이후 북한에서 현재까지 불교계를 이끄는 지도자들은 결혼승(대처승帶妻僧)이다. 북한에서는 조불련 구성원에 대해 기혼 제도를 공식 인정하므로 결혼은 불교 활동에 제약이 되지 않는다. 남측처럼 평상시에도 항상 법복을 착용하지 않으며, 삭발 여부도 자율적이다. 또한 기혼 제도를 인정하므로 결혼 후 가정생활을 하며 직업인으로서 사찰로 출퇴근을 한다.

둘째, 조불련은 행정과 관련된 종교 단체의 업무와 사찰 관리에 관한 운영과 교류 사업 등을 주로 진행하고 있다. 다시 말해, 북한

----

302 조불련 스님들은 법계에서 선사(禪師) 등의 품계가 있음. 불학원이라는 교육기관에서 강주(講主)와 같은 제도를 가지고 있음.

의 법률과 제도 속에서 공식 인정받은 종교 조직으로서의 역할을 수행하고 북한 내에서 불교를 대표하는 것을 뜻한다. 승려 교육기관을 운영하고 불교 의식들을 주관하며, 사찰을 관리하고 그 행정 업무도 관장한다. 또한 남한의 불교계를 포함한 제3국과 불교 교류를 추진하고 행사도 개최한다.

셋째, 현재 조불련은 승가 조직으로서는 계율을 지키고 수행하는 측면이 부족하다. 조불련 스님들의 법계에서도 발견할 수 있는 점이지만 남한 불교계에서 현재 운영하는 종립 선원이나 강원, 율원 등의 전통 수행 조직으로 판단하기에는 부족한 점이 있다. 조불련은 전통불교로서 조계종과 같다고 주장하고, 불교의 3대 명절 법회나 일부 사찰에서 대중 법회를 부정기적으로 열고 있다고 하지만, 수행이 제도화된 남한의 안거 제도와 같은 전통적 방식은 실행되지 않고 있다.

넷째, 조직 구성원의 수에서 종무 행정(사판)을 하고 있는 승려가 대부분이고, 수행승(이판)의 존재를 확인할 수 없다. 사무 행정과 사찰 관리 등이 주 업무로서 모든 종교 정책과 업무 집행을 맡고 있다.

다섯째, 조불련에서는 '확대전원회의' 또는 '대회의'의 협의기구에서 주요 업무와 정책을 결정하고 시행한다. 대중공사 내지 임회(林會), 종회(宗會) 등의 불교 전통의 승가 회의보다 국가 시책을 효율적으로 전달하며, 이는 공공기관의 회의 방식을 채택한 것이다. 이 확대 전원회의는 공식적으로 1960년대 말기부터 5년마다 열리고 있으나 현재는 부정기적으로 개최한다.

여섯째, 조불련은 국가 행정단위의 조직에 편제되어 있다. 조불련의 관할 지역은 남한과 같이 교구 본말사 중심으로 한다. 교단적 조직 편제가 아닌 행정구역을 바탕으로 중앙위원회, 각 시·도·군 단위의 조직으로 구성됐으며 공공기관의 형태로서 각종 업무를 담당하고 있다. 각 지역의 조직은 행정 지역 'ㅇㅇ인민위원회'와 연계를 맺으며 사찰을 관리하고 운영하며 종교 활동을 하고 있다.

일곱째, 평상시 법명보다 이름과 직위를 우선해서 사용한다. 현재 조불련의 스님이라면 일정한 법계(法系 : 5품계)를 갖추고 법명도 갖고 있다. 하지만 승가의 전통적인 법명보다 직책과 이름을 통상적으로 우선해서 사용하며 시기에 따라 두 호칭을 혼용해서 사용한다. 'ㅇㅇ스님' 호칭은 남한 스님들이 방북하거나 대화 때 남한에 맞춰 주로 사용했다.

여덟째, 북한의 사회주의 건설을 위해 복무한다는 것이다. 즉, "각 사찰의 주요 업무 가운데 약초 생산과 경제 건설에 노동력을 제공하고 있다. 수행의 한 과정으로 노동 활동을 하기보다 사회주의 경제 건설에 참여하고 있다."는 것이다.

이런 조불련의 성향 내지 성격을 제대로 이해하는 것은 북한불교에 대한 과거와 현재, 그리고 미래를 예측할 수 있기에 중요하다. 해방 이후 남북 간 혼돈의 정치 상황 속에서 새로 탄생한 북한불교는 조선불교도연맹을 통해 그 정착 과정과 활동 내용을 살펴볼 수 있다.

2. 조불련의 조직 체계와 소임자

북한에는 남한처럼 관음종, 진각종, 조계종, 천태종, 태고종 등으로 종단을 구분하지 않는다. 오로지 '조선불교도연맹 중앙위원회'(이하 조불련)라는 단일 조직을 통해 북한 전체를 관장하며, 종교 단체이자 사회단체의 일부로서 통일운동의 역할을 맡고 있다.

북한은 조불련을 종교 정책을 총괄하는 조선노동당 산하 통일전선부 6국의 지도를 받게 하고 있으며, 조불련 조직은 조국전선중앙위원회 제6국의 관할에 있다. 북한에서는 1962년부터 종교 단체들을 사회안전부 소관으로 분류해 운영하고 있다. 북한에서 출간된 『불교도들의 참다운 삶』[303] 등 불교 관련 자료에, "헌법과 법률, 그리고 북한 당국으로부터 전국 각지 승려들과 신도들의 신앙생활과 활동, 사찰들에 대한 유일한 지위를 보장받고, 여타 종교와 마찬가지로 당으로부터 지도를 받는다."고 한 것에서도 알 수 있다.

북한불교를 대표하는 조직인 '조불련'은 제3국과 협력사업을 연구하고 종교 교류를 추진하며, 승려 교육을 포함한 사찰의 전반 관리를 주된 업무로 추진한다. 2000년에 성사된 남북정상회담을 계기로 양측의 교류와 협력사업 업무는 재조정되었다.

이런 업무의 변화를 감안하면, 조불련은 종교 단체이자 사회단체로서 두 역할을 수행하고 있다. 더불어 『우리나라 불교』(1989년 판)에서 종교 단체는 "독자적인 조국 통일과 부강 조국 건설에 유익한 진보적인 종교로서의 역할을 다하고 있다."고 기술되어 있다.

다음의 〈그림 4-1〉과 같이 조불련 조직은 중앙위원회가 제반 업무를 관장하고, 서기국이 담당 업무를 조율하고 시행한다. 별도 조직

....
303 심상진(2001), p. 73.

으로는 교육기관인 불학원(佛學院)과 법계자격고시위원회를 설치하고 있다. 이 두 기관은 평양시 모란봉구역 흥부동에 있는 조불련 청사에 있다.

조불련은 공식적 대표인 위원장 1인과 약간 명의 부위원장을 선출한다.《표4-1》 조불련의 부위원장은 1998년 8월 입적한 홍화두 고문에 이어 2004년에 입적한 금산(錦山) 황병준 부위원장이 맡았다가, 심상진을 거쳐 현재는 리규롱 부위원장이 맡고 있다. 서기장은 심상진 서기장이 처음으로 남북 불교 교류 테이블에 등장한 이후, 서화(敍和) 정서정 서기장에 이어 리규롱 서기장, 현재는 차금철 스님이 서기장 직책을 맡고 있다.

서기국은 전체 사무행정을 총괄하며 하부 부서로 경리부, 국제부, 교육부(교양부에서 개칭), 조직부, 포교부(신설) 등 5개 부서를 두고 있다. 현재 조불련에는 강수린 위원장과 연암 리규롱 부위원장이 활동하며, 서기장 차금철과 리승한 교육부장, 한성기 국제부장 등이 있다. 책임부원으로 소명 차금철과 혜안 리영호, 그리고 청담 류인명도 활동하고 있다. 차금철 서기장은 과거 2004년부터 원불교 관련 업무까지 담당하고 있다.

각 부서가 담당하는 업무는 다음과 같다. 경리부는 조불련의 재정과 경리 관련 업무를 총괄한다. 교양부에서 명칭을 바꾼 교육부는 법계자격고시를 운영하고 불교 교육에 관한 업무를 주관하며 또한 승려 교육, 교리 학습 등도 관장한다. 국제부는 대외 업무와 조불련의 각종 대회와 행사의 의전을 담당한다. 또한 조직부는 중앙과 시·군 위원회의 조직 관리와 인사를 담당한다. 한편 2003년에 신

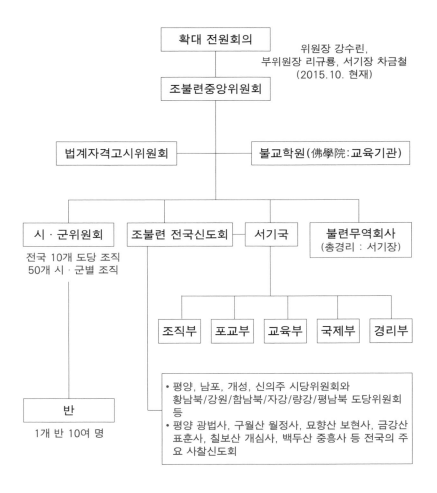

〈그림 4-1〉 조선불교도연맹 중앙위원회 조직표[304]

확대 전원회의

위원장 강수린,
부위원장 리규룡, 서기장 차금철
(2015. 10. 현재)

조불련중앙위원회

법계자격고시위원회 ── 불교학원(佛學院:교육기관)

시·군위원회
전국 10개 도당 조직
50개 시·군별 조직

조불련 전국신도회 ── 서기국

불련무역회사
(총경리 : 서기장)

조직부 포교부 교육부 국제부 경리부

반
1개 반 10여 명

• 평양, 남포, 개성, 신의주 시당위원회와
  황남북/강원/함남북/자강/량강/평남북 도당위원회
  등
• 평양 광법사, 구월산 월정사, 묘향산 보현사, 금강산
  표훈사, 칠보산 개심사, 백두산 중흥사 등 전국의 주
  요 사찰신도회

....
304 이지범, 「남북한 불교교류와 통일프로세스」, 국제고려학회 서울지회 학술대
회(2016년 9월), p. 58.

설된 포교부의 업무는 각종 법회(염불) 등의 불교계 행사를 주관하고 염불 교육 등도 추진하는 것이다. 여기에 경제적 자립, 국제 교류를 주목적으로 2004년 12월에 설립한 '불련무역회사'는 별도 기구로서 활동한다.

각 시·군에 위치한 불교 조직은 시·군 위원회의 이름으로 전국에 10개의 시·도당 조직, 50개의 시·군별 조직을 구성하고 있다. 조불련의 신도를 조직하는 일과 운영에 관한 것은 지난 2003년에 새로 만든 '조불련 전국신도회'가 담당하며, 조불련의 서기국과 협의해 다양한 교류 행사를 추진하고 있다. 조직은 직급별로 회장, 부회장, 위원, 신도로 나뉘어 체계를 구성한다. 조불련은 운무 라영식 회장을 대표로, 안심행 리현숙 부회장이 중심이 되어 성죽(星竹) 리명희 위원과 신정애 위원 등을 비롯해 평양신도회 성각(成覺) 정영호 회장이 활동하고 있다.

<표 4-1> 조불련 중앙위원회의 역대 위원장 현황[305]

역대	이름 (법명)	주요 임원	재임 기간	이력 (겸직)	비고
1 대	김세률	부위원장 한춘, 장상봉 (1946.12.)	1945. 12. ~1948.	–	1948년 이후 김승격으로 교체됨. 1949년 이후 김승격 '위원장 대리'로 교체됨.
2 대	안숙용	–	1963.02. ~1979.	최고 인민회의 대의원 (3~5기)	함경남도 출생. 1972년 9월 3일 남조선 종교인들에 대한 담화 발표(최초 담화문). 1980년 8월 조불련에서 해임됨. "1952년 북조선 불교도연맹 중앙위원, 1958년 북조선 불교도연맹 부위원장, 1961년 5월 조국평화통일위원회 중앙위원, 1962년 10월 최고인민회의 제3기 대의원 위원, 1963년 2월 북조선불교도연맹 위원장(2대 위원장), 1967년 9월 중앙선거위원회 위원, 1967년 11월 최고인민회의 제4기 대의원 위원, 1972년 12월 최고인민회의 제5기 대의원 위원, 1980년 9월 조선불교도연맹 위원장 해임."[306]
3 대	박태화 (鶴林) 본명 박태호	고문 法燈 홍화두 (1998년 입적), 부위원장 錦山 황병준 (2004년 입적), 서기장 法峰 심상진	1979. 05. 05. ~2005. 09. 11.	• 최고 인민회의 대의원 (8~10기) • 조선종교인 협의회 부위원장	1977년 2월 7일 남북의 애국역량대연합 실현 성명 발표. 1983년 4월 2일 조불련 위원장 재선출됨(제8차 전원대회). 1991년 10월 미국 LA(남북해외불교지도자 통일기원 법회) 참석. 1994년 일본 도쿄 방문. 1995년 3월 중국 베이징 방문 (남북대표자회의 회담). 1998년 조국통일상 수상, 생일상. 2001년 6·15민족대회 개막 연설(금강산). 2002년 서울 방문(워커힐호텔). 2005년 9월 11일 입적.

....

305 이지범, 「북한불교의 역사와 현황」, 『불교평론』 60호(서울 : 불교평론사, 2014).

제4장 조선불교도연맹의 역사와 조직

225

역대	이름 (법명)	주요 임원	재임 기간	이력 (겸직)	비고
4대	유영선 (成寶) 본명 유성철	고문 공석, 부위원장 法峰 심상진, 서기장 敍和 정서정	2006. 05. 08.~ 2008. 07. 사임	교육성 국장 등 유성철 상무위원 (~95년)으로 활동함.	1996년 7월 1일 일본 도쿄 방문(남북해외불교도 합동위령제 참석). 2004년 북측 민족화해협의회 부회장. 2006년 11월 금강산 신계사 낙성식 참석(남북대표자회의 개최). 2007년 6월 조계종 총무원장 지관 스님과 면담, 회의(평양, 조불련청사).
5대	심상진 (法峰)[307] 본명 심상련	고문 공석, 부위원장 공석, 서기장 蓮庵 리규룡	2012. 07. 30. ~11. 19. 부위원장 2013. 12. 28. 부위원장 사임	• 조불련 서기장, 부위원장 역임. • 세계불교협회 조선센터 서기장 • 아시아불교도평화회의 조선센터 서기장 • 조선종교인협의회 부위원장	1974~1999년 서기장. 남북 해외 조국통일 기원 법회. 1991년 미국 LA 방문. 1995년 중국 베이징 불교회의. 2001년 11월 1일 부위원장 취임. 2009년 3월 26일~4월 3일 제2차 세계불교포럼(중국 시안) 참가. 2010년 1월 30일 조계종 총무원장 자승 스님과 첫 공식 회의(평양).
6대	강수린 (지성)[308]	부위원장 蓮庵 리규룡 (2013. 12. 28. ~현재), 서기장 昭明 차금철 (2013. 12. 28. ~현재)	2012. 11. 19. ~현재	• 조선적십자사회 위원장 겸직 (現)(2013. 7~15. 10.) • 후임 : 리충복 (조평통 부국장 범민련 부의장 민화협 부회장)	부위원장 심상진 이임(2013년 12월 28일). 부위원장 리규룡 임명 동일. 서기장 차금철 임명 동일. (출처 : 2013년 12월 28일 조불련 팩스) 2012년 11월 조불련 제6대 위원장으로 선출됨. 2014년 9월 국내 행사 공식 참가(평국바이오시). 2015년 3월 26일 조계종 총무원장 자승 스님과 공식 회의(중국 산시성).

226

3. 조불련의 문중

조불련의 중앙위원회 고문으로 활동하고 1998년 8월 입적한 법등 홍화두는 "일제강점기에 부모를 모두 잃은 후 세속의 인연을 끊고자 29살의 나이에 평안북도 묘향산 보현사로 출가하여 김법룡 스님으로부터 계(戒)를 받았다".[309]

"눈발이 날리던 어느 초겨울 날, 묘향산 관음봉 앞에서 주지 스님과의 작별을 아쉬워하며 발길을 돌리던 기억이 유난히 생생하다. 기도를 회향하고 돌아가는 보살 한 분과 하산 길을 동행했다. 무슨 이야기를 심심치 않게 주고받았는지 보현사까지 그리 가까운 거리가 아니건만 중간에 상원사를 거쳐 단숨에 내려왔다. 기차를 타고 동룡굴까지 지나오면서도 법왕대에서 지내던 일들이 주마등처럼 뇌리 속에 몇 차례고 거듭되었다. (…) 나는 한창 감수성이 예민한 10대 후반이었다. (…) 법왕대는 서산대사께서 주석하던 사암으로 유명하여 겨울철을 빼놓고는 성지를 순례하는 참배객들의 왕래가 드물지 않았다. (…) 법천 노스님께서는 나보다도 먼저 와 계셨다."[310]

....

306 신법타, 「북한불교의 실상」, 『북한불교연구』(민족사, 2003), pp. 154~155.
307 조선중앙통신사, 『조선중앙연감』(평양 : 조선중앙통신사, 1989). ; 『미주한국불교』 창간호, 1995년 11월 1일.
308 강수린 위원장은 일명 강순. 1998년 9월 16일 금강산 신계사 문화재 복원에 관한 협약서에 조선아세아태평양평화위원회 대표로 서명 시 사용했다. ; 신법타, 「북한불교의 실상」, 『북한불교연구』(서울 : 민족사, 2003), p. 591.
309 조선불교도련맹 중앙위원회, 『태양의 따사로운 품』(평양 : 평양출판사, 1995), pp. 30~33.

이 글은 성균관대에서 교수를 역임한 조홍식 대한불교조계종 중앙신도회 고문의 회고록에 게재돼 있다.

독일 소설가 루이제 린저(Luise Rinser, 1911~2002)는 대표작『생의 한가운데(Mitte des Lebens, 1950)』,『다니엘라(Daniela, 1953)』의 작가로 1980년대 초 북한을 방문해서 김일성 주석을 만난 후에『또 하나의 조국─루이제 린저의 북한방문기(Nord-koreanisches Reisetagebuch, 1980)』를 출간했으며, 1983년에는 증보판으로 발행했다. 이후에 이 작가는 1982~1983년 10여 차례에 걸쳐 북한을 방문했다고 한다.

루이제 린저가 "우리를 맞은 그 승려는 깊은 산중에는 아직도 수도승들이 있다고 말했다."[311]라고 언급하면서 분단 이후로 북한의 수도승이 외부에 처음으로 공개되었다. 당시 방북한 루이제 린저를 안내했던 스님은, 아마 우리나라 큰 사찰과 선원들의 조실과 같은 지위를 갖춘 보현사의 주지를 2011년까지 맡았던 보현사의 고문 청운(靑雲) 최형민 스님이었을 것이다.

하지만 "김일성 주석이 1981년 5월 묘향산과 그 산의 사찰들을 다시 찾았다."[312]라는 것으로 미루어 볼 때 당시 조불련 고문으로서 방북한 주요 인사들에게 안내와 불교에 대한 소개를 담당한 홍화두 고문이 직접 평양에서 보현사로 찾아가 설명을 했을 가능성도 있다.

··············
310 조홍식,『달처럼 매화처럼』(안성 : 도피안사, 2002), pp. 261~265.
311 루이제 린저, 한민 역,『또 하나의 조국─루이제 린저의 북한방문기』(서울 : 공동체, 1988), p. 184.
312 조선불교도련맹 중앙위원회,『태양의 따사로운 품』(평양 : 조선불교도련맹 중앙위원회 평양인쇄공장, 1995), p. 18.

과거 1998년 거의 1년간 북한의 사찰 대부분을 참배했던 고 윤이상 선생의 부인 이수자 여사를 평양에서 활동하는 조불련 스님들이 직접 사찰을 안내했던 사례도 있다.

이 같은 몇 개의 사례를 볼 때 북한불교의 법맥(法脈), 문중을 추측할 수 있다. 무엇보다 홍화두 고문이 1915년에 태어나 1944년(속세 29살) 묘향산에 위치한 보현사의 법룡 스님을 은사로 출가 후 득도한 기록을 볼 때, 해방 이후에도 북한불교의 전법 체계는 통상적으로 이루어졌다는 것을 알 수 있다.

일제시대에 31본산 제도를 시행하면서 보현사 주지로 박보봉 스님이 1915년 6월에 취임한 이후 1932년 7월까지 재직했고, 바로 뒤이어 1932년 7월 28일에는 보현사 주지직에 김법룡 스님이 취임했다. 김법룡 스님은 1941년 홍화두 조불련 고문이 출가할 때, 그리고 1944년 등을 비롯해 이미 보현사 주지직을 수행했다.[313]

그간 조불련의 중흥조로 불리던 박태화 위원장의 은사스님에 대해서는 구체적으로 알 수 없다. 하지만 학림당(鶴林堂) 박태화 대선사가 함경북도 길주군에서 출생(1919년 10월 15일)했고, 1937년부터 1945년까지 안변 보현사에서 수행했다는 이력으로 유추해 볼 때 학림 대선사의 은사는 보현사의 김법룡 스님이거나 박보봉 스님일 가능성이 상당히 높다. 이는 고 박태화 대선사가 과거 남북 불교 교류회의 등에서 수차례 "보현사에서 출가했다"며 밝혔던 대목과도 일치한다.

....

[313] 『조선총독부관보』 제4343호, 5264호. ; 유근자, 「일제강점기 조선총독부 관보의 통계로 살펴본 북한의 종교현황—특히 불교를 중심으로」, 『통일정책 연구조사 토론자료집』(서울 : 조계종출판사, 2008), p. 82.

분단 이후부터 북한의 불교계 계보의 중심에 있는 보현사의 경우,
주지 스님들 외에 암자에 계셨던 법천 스님 등에 대한 기록도 있다.
그 외에도 금강산 유점사 등 일제시대 31본산제의 사찰에서 수행한
스님들의 명단과 관련된 문헌들을 살펴보면 당시 수도승들이 존재
했다는 것을 재차 확인할 수 있다.

오늘날 북한불교의 문중은 〈표 4-2〉에서 알 수 있듯이 해방 전,
분단 이후를 중심으로 형성된 문중으로 구분할 수 있다. 일제시대
31본산제에 형성된 문중과 조불련의 등장과 함께 형성된 문중이 그
예이다.

〈표 4-2〉 북한불교의 문중 형성 시기[314]

구분	일제 31본산제기	해방 공간~전쟁기	조불련 등장기
활동 시기	조선~1945년	1945~72년[315]	1945년~현재
문중 형태	31본산 중 북한 지역에 위치한 사찰 중심으로 한 불교 문중 등	해방 이후까지 활동한 문중과 월북한 승려를 중심으로 한 조직(문중)	1945년 12월 26일 창립된 조불련 중앙위원회로부터 시작된 문중을 지칭함
문중 활동	유점사, 성불사, 패엽사, 법흥사, 영명사, 보현사, 석왕사, 귀주사 등 (북한 지역 8개 본사)	• 자생적 문중 북조선불교도총연맹, 북조선불교연합회 등, 조불련 중앙위원회 • 월북한 스님의 문중	조불련 중앙위원회를 중심으로 형성된 문중 : 묘향산, 구월산, 평양 대성산, 금강산 문중(派)

....

314 이지범, "북한불교의 문중은", 「북한불교의 재발견 시리즈 11」, 『불교닷컴』
    (http://www.bulkyo21.com) 2012년 11월 29일. 조불련의 현재 문중은 근
    거 자료가 부족하여 필자가 그간의 활동 중 접촉해서 정리한 것임(필자 주).
315 *표시와 같이 조불련은 1972년 9월 3일 전쟁 후 공식적인 활동을 재개했
    음.(『로동신문』, 1972년 9월 4일.)

이처럼 북한의 불교 문중은 일제시대 31본산제, 독립운동 계열과 월북 승려의 참여 계열 등으로 구성되었다. 구월산 성불사·패엽사, 사자산 법흥사, 금강산 유점사, 묘향산 보현사, 안변 석왕사, 평양 금수산 영명사, 함흥 귀주사 등 일제시대 31본산제에서 시작된 불교계 계보는 독립운동 계열, 한국전쟁 전후로 월북한 승려 계열로 이어져 다시 전승되었다.

그러나 북한이 1945년 12월 26일에 조불련 중앙위원회를 창립하면서 북한의 불교 문중과 계보는 조불련으로 통합됐다. 그 후 문중과 법맥은 다음처럼 조불련 각 위원장이 중심이 된 '은사−상좌'의 관계로 법계를 전승하거나 묘향산 보현사, 내금강산 표훈사 등의 몇몇 사찰에서 유지한다고 볼 수 있다. 〈표 4−3〉의 자료는 북한종교연구소 이지범 소장이 『불교닷컴』에 「북한불교의 문중은」이라는 제목으로 게재한 바 있다. 해당 글에 대해 이지범 소장은 "지난 2000년 10월 9일에서 13일까지 노동당 창건 55돌 기념 참관단으로 방북하여, 당시 심상진 조불련 서기장과의 인터뷰와 그 후 교류회의, 행사 등에서 확인한 것을 재정리한 것으로, 다만 평양 광법사의 광선·금암 스님과 내금강 표훈사의 금송·금선 스님은 박태화 위원장의 상좌로 알려지기도 하였으나 확인하지 못하였다."고 서술했다.[316]

---

316 이지범, "북한불교의 문중은", 「북한불교의 재발견 시리즈 11」, 『불교닷컴』 (http://www.bulkyo21.com) 2012년 11월 29일.

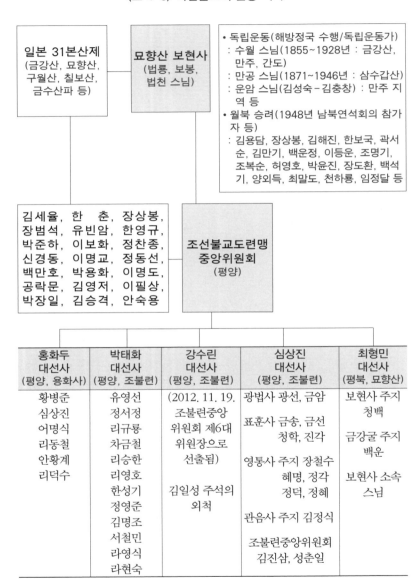

〈표 4-3〉 북한불교의 문중 역사[317]

| 일본 31본산제 (금강산, 묘향산, 구월산, 칠보산, 금수산파 등) | 묘향산 보현사 (법룡, 보봉, 법천 스님) | • 독립운동(해방정국 수행/독립운동가) : 수월 스님(1855~1928년 : 금강산, 만주, 간도) : 만공 스님(1871~1946년 : 삼수갑산) : 운암 스님(김성숙 – 김충창) : 만주 지역 등 • 월북 승려(1948년 남북연석회의 참가자 등) : 김용담, 장상봉, 김해진, 한보국, 곽서순, 김만기, 백운정, 이등운, 조명기, 조복순, 허영호, 박윤진, 장도환, 백석기, 양외득, 최말도, 천하룡, 임정달 등 |

| 김세율, 한 춘, 장상봉, 장범석, 유빈암, 한영규, 박준하, 이보화, 정찬종, 신경동, 이명교, 정동선, 백만호, 박용화, 이명도, 공락문, 김영저, 이필상, 박장일, 김승격, 안숙용 | 조선불교도련맹 중앙위원회 (평양) |

홍화두 대선사 (평양, 용화사)	박태화 대선사 (평양, 조불련)	강수린 대선사 (평양, 조불련)	심상진 대선사 (평양, 조불련)	최형민 대선사 (평북, 묘향산)
황병준 심상진 어명식 리동철 안황계 리덕수	유영선 정서정 리규룡 차금철 리승한 리영호 한성기 정영준 김명조 서철민 라영식 라현숙	(2012. 11. 19. 조불련중앙위원회 제6대 위원장으로 선출됨) 김일성 주석의 외척	광법사 광선, 금암 표훈사 금송, 금선 청학, 진각 영통사 주지 장철수 혜명, 정각 정덕, 정혜 관음사 주지 김정식 조불련중앙위원회 김진삼, 성춘일	보현사 주지 청백 금강굴 주지 백운 보현사 소속 스님

....

317 이지범, "북한불교의 문중은", 「북한불교의 재발견 시리즈 11」, 『불교닷컴』 (http://www.bulkyo21.com), 2012년 11월 29일.

이처럼 북한불교의 문중은 상좌(上佐) 제도 때문에 존재할 수 있다. 남북한 간의 불교에서 동질성이 가장 높은 부분이기도 하다. 한 스님이 부처님의 가르침을 수학하고 깨우친 후에 제자가 이 법을 이을 수 있도록 전하는 형태인 사자상승(師資相承)의 상좌 제도로 전승되는 것은 남북한 불교의 공통점이다.

현재 북한에서 상좌를 가장 많이 둔 승려는 조불련 제3대 위원장이었던 박태화 대선사와 조불련 고문을 지낸 법등 홍화두 대선사다. 2005년 겨울 11월 11일에 열반한 박태화 대선사를 조불련의 중흥조라고 명명하는 것도 이런 상황에서 비롯된 것이다. 한편 이 두 분을 은사로 둔 북한불교 대다수 스님들은 그 이유를 "불교의 전통과 역사 그리고 북한불교의 강령, 지침 등에 대해 가장 잘 알고 있기 때문에 은사로 모시고 불가에 입문했다."라고 전하고 있다.

4. 조불련의 법계 제도

북한에서 승려를 배출하는 경로는 남한과 다르다. 먼저, 김일성종합대학 종교학과를 졸업하거나, 둘째, 각급 기관에서 간부 경력을 가진 인사들이 불교를 배운 경우로 불교학원이나 지방 순회 강습소를 통해 교육을 받은 사람들이 가능하다.

불학원에 입학하기 위해서는 고등중학교 이상의 학력을 소지해야 하고, 자신이 거주하는 행정 관내의 지역 사찰과 연관이 있거나 조불련의 도 · 시 · 군 위원회에서 추천한 인물들 중에서 조불련 중앙위원회가 최종적으로 선발한다.

하지만 예비 승려(교역자)가 불학원을 마친 후에 공식 승려로 활동하려면 법계자격고시위원회가 주관하는 자격 심사를 거쳐야 한다. 이를 통과해야 조불련의 임원 또는 사찰의 주지 등에서 승려로서 활동할 수 있다. 즉, 자격고시 합격자만 승려증을 발급받는데, 승려증에는 교구 본사명이 아니라 '조선불교도련맹 중앙위원회'와 더불어 '은사 ○○○(이름은 속명 표기 방식)'도 기재되어 있다.

승려가 되기 위해 거쳐야 할 중요한 과정인 '법계자격고시'는 조불련의 중앙위원회가 주최하며 법계자격고시위원회가 주관한다. 자격고시의 시기는 부정기적이지만 통상 4년마다 열리고 있다. 북한불교의 법계는 1965년에 삼수갑산(三水甲山) 중흥사에 3년 학제를 갖춘 불교학원을 공식적으로 설립하면서 품수되었다. 그러나 1991년에 평양의 대성산 광법사를 총본산으로 건립하고, 1992년에 조불련 중앙위원회 청사로 불학원을 옮겼다. 이후 불학원에서 승려 교육을 시행하고 법계고시위원회를 설치하면서 체계화되었다.

북한 불교계 승려의 법계는 5품계로 '대선사-선사-대덕-중덕-선덕' 등으로 나눈다. 한편, 법계자격고시의 과정을 보면 우선 서류 자격 심사를 거친 뒤에 염불 습의와 경전 해석, 그리고 역사 및 불교 교리 이해 정도 등을 검증받으며, 응시자의 도덕성은 물론 불교 발전에 대한 기여도 등도 고시의 과정에 있다.

법계의 과정 중에서 선덕과 중덕이 되기 위해서는 우선 25세 이상의 남자로, 대학을 졸업하고 불학원을 수료한 사람 중에서도 승납이 10~15년이 되어야 하며, 3~5년 정도의 안거(선사 5~8년)를 마쳐야 한다. 또한 자격고시는 물론 개인적인 도덕성도 심사의 기준이며 불교 발전에 기여한 것까지 감안하여 선덕과 중덕의 법계를 품수한다. 한편, 대덕은 일정한 기준을 충족하면 법계에 응시할 수 있는 자격을 부여받는다.

대선사와 선사는 대덕과 중덕의 품계를 가진 이에게 응시 자격을 부여한다. 품계 중에서도 대선사와 선사는 법계 자격을 갖추는 것도 중요하지만 불교 발전과 국가 발전에 기여한 정도도 심사의 과정에 포함된다. 한편 대선사는 추천 대상의 윤리적인 덕망과 도덕적인 면을 갖추었는지 고려한 후에 선정하며, 불교 발전은 물론 국가에 기여한 공로를 인정받으면 법계자격고시를 통하지 않아도 법계를 받을 수 있다. 지난 2012년 11월 19일에 위원장에 오른 조불련 중앙위원회 강수린 제6대 위원장이 이런 경우로서, 북한의 국가 발전에 대한 기여를 인정받아 대선사 품계를 받고, 이를 통해 위원장으로 선출됐다.

조불련의 역사에서 1945년 12월 26일 창립 이래 강수린 대선사와 유사한 사례는 제4대 위원장을 역임한 성보 유영선 대선사가 있으며, 유영선 대선사도 국가와 불교 발전에 대한 공로를 인정받아 위원장으로 선출되었다. 유영선 위원장의 주요 활동 중에는 조불련 중앙위원회 상무의원 재직 시 1995년 남북 불교 교류의 계기를 직접 마련하고, 교육성 등 국가기관에서 활동한 것을 들 수 있다. 강수린 신임 위원장도 북한의 발전과 남북 불교 교류를 통한 불교 발전에 기여한 공로를 인정받아 대선사를 품수받았으며, 위원장으로까지 선출됐다. 강수린 대선사는 조불련의 위원장으로서 지난 2012년 12월 26일에 광법사에서 개최된 '조불련 창립 67돌 기념보고회'에서 첫 업무를 개시했다.

김정은 시대를 맞이하여 조불련은 남북한을 아우르는 한반도 불교가 공통적으로 유지하는 승려 법계와 불교 문중이 갖고 있는 전통적 장점들을 적극적으로 활용해야 할 것이다. 그리고 아직 비구니 · 사미와 사미니의 제도가 없고, 비구니 스님들의 맥이 끊긴 조선불교도연맹에서 비구니 제도의 부활이 요구된다.

〈표 4-4〉북한 승려의 법계 품수 현황[318]

품계	법계(법명) 해당 인물	비고(기타, 남측에서의 지위 대조)
대선사	• 홍화두(법등) 고문 • 박태화(학림) 위원장 • 황병준(금산) 부위원장 • 심상진(법봉) 위원장 • 최형민(청운) 보현사 주지 • 유영선(성보) 위원장 • 강수린(?) 위원장 • 리규룡 부위원장	• 홍화두 고문('98년 8월 입적함) - 특히, 홍 고문은 고불선원 방장 서옹 스님 등과 해방 전 일본 임제대학에서 동문수학한 이력이 있음. 원로의원급에 해당됨. • 위원장은 종정과 총무원장에 해당됨. • 부위원장은 총무원 부원장에 해당됨. • 묘향산 보현사 청운 주지는 교구본사 주지급에 해당됨.
선사	• 차금철(소명) 서기장 • 리영호(혜안) 부장 • 유인명(청담) 책임부원 • 정서정(서화) 전 서기장	• 서기장은 총무원장급에 해당됨.
대덕	• 조불련중앙위 주요 임원	• 책임부원, 부원의 직위임. 종단 중진급에 해당됨.
중덕	• 조불련중앙위 주요 임원 및 각 사찰 주지, 임원스님	• 각 사찰 주지 및 주요 임원으로 책임부원, 부원의 직위를 가짐.
대선	• 조불련중앙위 임원 및 각 사찰에 상주하는 스님	• 자격은 구족계를 받은 자로서, 직위는 부원임. • 법계자격고시를 거친 스님들이 해당됨. • 비구(니)계를 받은 스님들에 해당됨.

....

318 법타, 「북한불교의 현황과 미래」, 『승가』 18호(중앙승가대학교, 2001), p. 71.

5. 조불련의 불교 교육기관

북한에서는 묘향산 보현사가 북한불교의 가장 대표적인 대찰로서 많은 스님들이 거주하고 있어 마치 남한의 대도량과 같다. 조불련중앙위원회의 청사 건물에는 강원과 염불원의 역할을 담당하는 불교학원이 있으며, 율원과 같은 법계자격고시위원회가 소재하고 있다.

현재 북한에서 활동하는 종교 단체 설립의 근거는, 1975년에 김일성 주석이 지시한 「종교에 관한 교시」가 고전적 의미의 근거라고 볼 수 있다.

그 교시 내용을 살펴보면, "우리는 종교를 반대하면서도 왜 중앙에 종교 단체를 조직해 놓고 있는가 하고 이야기들이 많습니다. 우리는 조국을 통일시키지 못하고 있으며, 국제적으로는 많은 종교인들이 있으므로 우리가 종교를 인정하지 않는다고 하면 우리를 반대하는 적이 많아지기 때문입니다. 우리나라를 방문하는 많은 외국인들과 재일동포들은 우리에게 종교를 왜 믿지 못하게 하는가 하고 묻곤 합니다. 그래서 우리도 종교를 허용하지만 인민들이 각성되어 믿지를 않는다고 말하고 있으며, 그들이 우리가 종교인들을 다 죽인다고 생각을 하면 그들도 우리를 반대하는 데 합세할 것이 아닙니까? 그래서 종교를 허락하고 있는 이유입니다."[319]라고 했다.

이처럼 1970년대 초부터 북한에서는 반종교 선전을 약화시키되 통일전선에 대한 협조를 강조하며 강화시키는 변화를 보였다. 북

....
319 김현웅(2001), p. 311.

한은 종교 정책 시행에 시대별 차이를 보이는데, 특히 1970년대와 1980년대 중반 이후에 종교 정책의 시행에 질적인 차이를 보이고 있다. 이 중 1980년대 중반 이후에 북한의 신종교 정책을 이론적·이데올로기적으로 추진한 것은 주체사상과의 관련에서 원인을 찾을 수 있다. 이 관점에서 볼 때, "종교는 반드시 부정적 기능만을 수행하는 것이 아니며, 따라서 문제는 특정 시점, 특정 사회에서 종교의 다양한 역사적 발전 형태와 다양한 사회적 기능들 가운데 어떤 것이 보다 지배적인 것이 되느냐 하는 점이라는 것이다."[320]라는 실용주의적 견해가 북한의 종교로까지 확대된 것으로 평가할 수 있다.

한편 심상진은 그의 저서 『불교도들의 참다운 삶』(2001년)에서 "북한의 종교 관련 헌법은 1948년 9월, 1972년 12월, 두 번에 걸쳐 제정되고, 이후 1998년 9월 북한에서 열린 최고인민회의 중 제10기 제1차 회의 자리에서 수정·보충됐으며, 이때 헌법 제5장 제68조에서 밝힌 것은 공민이 신앙의 자유를 갖는다는 것이다. 이 권리는 의식이나 신앙생활을 위해 종교 건물을 짓고, 의식을 허용한다는 것을 주로 한다."[321]고 명시함으로써 공식 활동이 가능해졌다.

이런 법적 근거를 바탕으로 북한에서의 종교와 종교 단체는 "종교의 전파 활동은 주로 해당 종교의 교직자들에 의해 진행된다. 그러므로 종교가 유지되는가, 없어지고 마는가 하는 것은 결국 계속되는 교직자 양성과 함께 변화되는 시대적 요구에 맞게 교리와 풍습을 더

----

320 은희곤, 『민족화해를 위한 눈높이』, 2001, 기독교대한감리회 서부연회본부 홈페이지 자료(www.sbac.or.kr).

321 심상진(2001), p. 36.

많은 사람들이 더 쉽게 이해하고 믿을 수 있도록 하는 사업을 어떻게 하는가 하는 데 달려 있다."[322]고 정의하며, 불교계 3대 사업으로 도제 양성과 포교, 그리고 역경을 추진하고 있다.

남한과 다르게 북한에서 중앙대학은 내각 산하에 있는 교육성이 직접 관할하며, 지방대학은 해당 도·시에 속한 인민위원회의 교육부가 운영하고 관리한다. 그러나 북한의 최고대학으로 평가받는 김일성종합대학이 예외적으로 내각의 직속 교육기관이라는 것을 감안할 때 대학에 종교학과를 설치한 것만으로도 북한 종교계의 특수성을 가늠할 수 있다.

북한에서 김일성종합대학교에 종교학과를 신설한 이유는 과거 1980년대 중반부터 미국이나 일본을 위시한 해외 종교 단체들과 교류할 때 접촉할 불교계 인재를 위해 국가 차원에서 양성했다는 것이 일반적인 의견이다. 이에 대해 "종교를 신앙 차원에서 가르치는 것이 아니라 외국 종교 단체들과의 접촉과 교류를 위한 요원을 양성하기 위한 것임을 쉽게 알 수 있었다. 이 때문에 종교학과의 인기는 단번에 최고조에 달했다. 북한에서 최고 인기 직종은 해외 관련 분야이고, 종교학과를 졸업하면 해외 활동이 보장될 것이 뻔했기 때문이다."[323]라는 평가도 있다. 하지만 현재 세계의 유수한 대학에 있는 종교학과도 신앙 차원의 학과가 아니라 종교 연구와 사상 그리고 문화 등을 교육하는 것이 중심이다.

....

322 심상진(2001), p. 73.

323 『조선닷컴』, 「NK리포트 : 北 최고 인기 학과는 김일성大 종교학과」, 2000년 10월 8일.

북한에서는 김일성종합대학에 입학하면 다양한 특권을 누릴 수 있다. 우선, 통상 300만 명이 거주하는 북한의 수도 평양시에 거주인으로 등록이 가능하다. 또한 미국과 중국 또는 일본을 비롯한 국가들과의 종교 관련 교류를 수행하기 때문에 국외 출장을 할 수 있는 이점도 있다.

이런 혜택들을 받는 김일성종합대학에 입학하기 위해서는 몇 가지 자격요건이 충족되어야 한다. 남한의 대학 입학전형 중 수시입학과 비슷한 측면도 있으나, 무엇보다 출신 성분이 아주 중요한 필수 자격요건이다. 훌륭한 출신 성분도 중요하지만 기본적으로 학업 성적이 우수해야 한다. 북한은 체제의 특징상 종교를 사상의 오염원으로까지 평가한다는 것을 감안할 때, 종교학과에 들어가려는 응시자는 입학 자격은 기본으로 갖춰야 하며 각급 기관의 '사상적 검증'에서도 최고의 평가를 얻어야 한다.

북한 교육성은 김일성종합대학 역사학부에 1987년 9월에 비공식이지만 종교학 강좌를 개설했다. 이후 1989년 7월, 대외 행사로 남한에서도 관심을 가진 '세계청년학생축전'이 평양에서 열리자 이를 기점으로 종교학과를 공식화했다.[324] 학과의 학생도 초기에는 5명이었으나 20명으로 확대한 것도 이때다. 종교학과의 교육은 5년 과정이며, 매년 신입생을 선발한다.

이처럼 종교학과 개설의 이유는 국가 차원의 국제 교류 확대, 특

---

324 조선불교도련맹 중앙위원회, 『태양의 따사로운 품』(평양 : 조선불교도련맹 중앙위원회 평양인쇄공장, 1995), p. 10.

히 대표적으로 1987년 7월에 묘향산 보현사에서 열린 '국제 불교도 평화 행진 개막 행사'를 위시한 행사에 해외의 단체들도 참가하면서 변화가 시작되었다. 국제행사에 필요한 의전과 외국어 사용, 종교에 대한 전문가를 양성할 당위성이 높아졌으며 이에 따라 교육기관의 기능이 중요하게 되었다. 한편 김일성종합대학 역사학부에 속한 종교학과는 조선사학과와 세계사학과, 그리고 철학과에 뒤이어 1989년 9월에 증설했다. 북한이 1979년 말까지도 반종교 정책을 시행했다는 것을 감안할 때, 학부를 증설하면서 종교 교육을 체계적으로 마련한 것은, 당시 종교에 대한 강의는 역사학부의 교원을 통해 가능하다고 판단하여 역사학부에 포함시켰다고 볼 수 있다. 실제로 종교학과의 강의는 역사학부의 교수와 주체과학원 소속의 교수들이 담당했다. 한편, 1990년 11월부터 홍동근 목사가 남한 출신의 신학자로서 1991년 1월까지 김일성종합대학의 종교학과에서 강의를 했고, 최근에는 2003년부터 4년간 신은희 미국 심슨대학의 교수가 역사학부에서 세계종교문화사를 중심으로 강의하기도 했다.

『김일성종합대학 10년사』[325]에 따르면 1946년에 개교했을 때에는 문학부 아래 사학과, 문학과와 교육학과를 두었고, 1949년 9월에 학제를 개편하며 역사학부에 3개 학과를 확대했다고 한다. 세부적으로는 조선어문학부 아래 조선어학과, 조선문학과, 신문학과를 두고, 지리학부는 지리학과를, 교육학부는 교육학과를, 외국어문학

---

325 김일성종합대학, 『김일성종합대학 10년사』, (평양 : 김일성종합대학, 1956), pp. 18~19.

제4장 조선불교도연맹의 역사와 조직　　　　**241**

부는 로문학과와 영문학과로 확대[326]했으며, 이후 1989년에는 다시 종교학과를 신설했다. 이 종교학과에서 다루는 종교는 가톨릭, 기독교, 불교, 유교, 그리고 이슬람교까지 총 5개 전공과목이다. 교과 과정에서 이 종교들의 역사와 교리, 그리고 종교의식과 문화 등을 배운다. 또한 수강자는 희망하는 전공을 택할 수 있고, 종교학과의 교재는 대학에서 제공하는 것만 사용하고, 성경과 불교 경전 등 각 종교의 기본 교육을 위한 원전은 수업에서 사용하지 않는다. 다만 필요한 부분이 있다면 학과의 책임자에게 허가를 받은 후에 대학도서관 등에서 자료를 열람할 수 있는 형태로 한정한다고 한다.

김일성종합대학의 종교학과에서 배출한 졸업생의 수는 1989년부터 2012년까지 23년간 약 500여 명으로 추정하고 있다. 종교학과를 졸업한 이들은 대부분 북한의 종교 단체 또는 천도교 청우당 등 정당에 배치받고, 다양한 종교 교류는 물론 관련 행사와 종교 간의 협력사업을 추진하는 업무를 담당하고 있다. 반면, 북한 불교계의 중심인 조불련의 주요 임원들은 남북 및 국제 교류의 주축이지만, 김일성종합대학 종교학과 출신은 아니다. 불교와 종교의 특수성을 감안해 중앙당에서 별도의 교육을 이수하게 한 후에 간부로 임용한 인사들이다.

북한의 승려 양성을 위한 교육기관은 불교학원이다. 불학원의 설립 근거는 "나라의 관심 하에 호국불교의 명맥을 잇기 위한 사업도 중시되고 있다. 3년제 불교학원이 설립되어 해마다 불교 전문 교직

---

326 전영선, 『문화로 읽는 북한』(서울 : 문예원 : 유니스토리, 2009), p. 214.

자들과 승려들이 양성되는 등 도제 양성과 역경 사업이 순조로이 이루어지고 있다."[327]는 기록에 잘 나타난다.

해방과 분단 이후 북한에서 스님 등 불교계 인사를 양성하기 위해 설립한 불학원은 조불련중앙위원회의 주도로 1965년에 량강도에 위치한 삼수갑산의 중흥사에 최초로 개설했다.[328] 이후, 1989년이 되자 불학원은 평양의 용화사로 이전했고, 1992년 2월경에는 광법사로 위치를 옮겼다. 그리고 얼마 지나지 않은 1994년 6월경 평양시 소재 모란봉구역 흥부동에 조불련중앙위원회 청사를 완공하자, 불학원을 조불련 청사로 이전했다.

2005년 11월 11일에 입적한 조불련 박태화 위원장은, 1995년 5월 24일 중국 베이징에 위치한 랜드마크호텔에서 열린 남북불교회에서 "우리도 남측과 같이 석문의범에 따라 염불과 찬불가 등을 하고 있으며 이를 불학원이 담당하고 있다. 불교 교리 학습은 선배 스님들이 전담해 가르치고 있으나 역사 등 다른 과목은 다른 연구기관의 인사들을 초청해 진행하고 있다."고 밝힌 바 있다.

그러나 현재 북한에서는 불학원과 불교강습소 등의 교육소를 상설적으로 운영하지 않는다. 남한과 비교할 때 강원이나 승가대학과 같은 교육시설과 전반적인 교육과정이 부족한 상황이다. 북한의 승려 양성 교육은 중앙당 산하 통일전선부의 담당인 것으로 전해진다. 또한 양성 교육은 상설로 운영하지 않는 대신 중앙당의 통일전선부

....

327 『우리나라 불교』, (평양 : 평양출판사, 1989), p. 125.
328 심상진(2001), p. 73.

와 조불련의 중앙위원회에서 필요하다고 판단하면 개설한다. 이후 3년의 교육과정을 종료하면 다시 신입생을 뽑는 특징을 갖고 있다.

〈표 4-5〉 북한 승려 교육기관—불학원 운영 형태[329]

구분	학제 (기간)	인원	내용	강사
불교학원 (佛學院)	3년제	30명 내외 (매 기당 수강 인원)	• 1년차 : 역사(불교사 등), 불교의식 등 • 2~3년차 : 조선불교사, 교리, 의식, 문화(풍습), 금강경 · 반야경 등 경전 해설, 철학 등	• 조불련 주요 간부, 선배 승려의 지도 • 과목에 따라 다른 기관의 연구자를 초청하여 강의함
불교강습소 (지방순회 강습소)	6개월 (단기 과정)	10명 이내	• 역사(불교사 등), 불교의식 등 (1년차 과정을 준용함)	

불학원 등에 입학하려면 고등중학교 이상의 학력을 소지한 사람으로서 소재지에 있는 지역 사찰과 연관이 있거나 또는 조불련의 지역별 위원회의 추천을 받아야 하며, 이런 자격을 갖춘 이들 중에서 조불련중앙위원회가 최종 선발을 결정한다. 불학원에 입교하는 이들은 다수가 대학을 졸업한 후에 조불련에 소속된 지역 사찰이나 기관 또는 도 · 시 위원회에서 근무한 경력을 가졌기 때문에 대부분 연령이 30세 정도다.

．．．．．．．．．．．．．

329 이지범, "북한의 불교 교육기관", 「북한불교의 재발견 시리즈 9」, 『불교닷컴』 (http://www.bulkyo21.com), 2012년 7월 3일.

불학원 교육을 이수한 졸업자들이 조불련에서 공식 승려로서 활동하려면 조불련에서 주관하는 법계자격고시위원회를 통과해야 한다. 이런 이후에야 비로소 조불련 소속의 임원 또는 승려로서 자격을 얻는다. 현재 북한에서는 조불련 5대 심상진 위원장이자 대선사를 포함해 대다수가 불학원을 졸업한 것으로 알려져 있다.

조불련에서 진행하는 교육과정의 주요 내용을 살펴보면, 사찰은 불교의식과 행사를 진행하며, 불학원이 승려의 교육과 양성을 담당한다. 불교강습소는 부정기적인 교육과정임에도 불구하고 "조선불교도연맹은 후계자를 양성하기 위하여 각지에 불교강습회를 개최하고 있으며 개성 시내에서는 약 50명의 참가자가 있었다. 그런데 가장 젊은 사람이 40대였다."라고 일본의 일간지 『요미우리신문(讀賣新聞)』이 보도[330]한 내용처럼 북한 불교인 양성을 위해 중요한 교육과정의 하나라고 할 수 있다.

불학원의 교육은 강의를 기본으로 한다. 그 외에 문답, 통보, 또는 강습과 강연들을 진행하며, 절하기, 법복을 입는 방법 등의 '습의'도 함께 진행한다. 따라서 교육과정 중에는 종교 역사는 물론이고 경전 이론 강의와 염불 기술 강습, 그리고 집중 강의와 의복 기술 강습 등이 계획적으로 진행된다. 불학원이나 불교강습소에서는 교육 방식의 일환으로 '방식상학'[331] 등을 실시한다. 이는 한 단위에서 창출한 모범을 본보기로 삼아 관련 일군들에게 정치 사업의 방법이나 방식

----

330 『하나로』 통권 14(서울 : 조국평화통일불교협회, 1995), p. 24.
331 일종의 시범학습법으로서 사상 교육과 기술 지도에 쓰이는 방법임.

을 가르쳐 모든 단위로 실무진들의 능력을 높이는 것을 목표로 하는 것이다. 선진기술을 도입하거나 창안할 때에도 사용한다. 북한에서는 조불련 소속 예비 승려들에게 이론을 강의하며 염불 경험, 목탁 등의 불교용품을 제작하거나 실물 보이기, 법회 등의 본보기를 제시하는 방식상학을 적용한다. 교육에 쓰이는 교재는 당 산하 통일전선부에서 제공한 교재이며, 불교의식에 관한 염불 등은 구전(口傳) 강의로 전수받거나 암송하며, 필사로 경전의 내용을 학습하기도 한다. 북한은 1949년에 한자 사용을 전면 폐지하며 한글 전용을 원칙으로 삼으면서 불학원의 교재도 대부분 한글화되었다. 북한이 불교 교단을 잇고 국가의 한 구성요소로서의 발전을 원한다면 승려의 양성과 육성을 꾸준히 진행해야 할 것이다.

〈표 4-6〉 북한 종교 단체의 교육기관 현황 등[332]

연도	추진 내용	참고 자료/인터뷰 내용
1965년	• 조선불교도연맹, 량강도 삼수갑산 중흥사에 '불교학원' 설립함	• 심상진,『불교도들의 참다운 삶』, (조불련중앙위원회, 2001), p. 73.
1972년 9월경	• 조선기독교도연맹(현 조선그리스도교연맹)이 평양에 '신교학원(神學院)'을 개원함(교육과정 3년제)	• 평화문제연구소,『꼭 알아야 할 통일·북한 110가지』, (범우사, 2011), p. 214. • 김응수,『21세기 북한의 이해』, (북코리아, 2011), pp. 254~255.
1981년 7월	• 조불련 임원 등 인도, 태국, 미얀마, 스리랑카 등 방문함	• 심상진,『불교도들의 참다운 삶』, (조불련중앙위원회, 2001).
1984년 6월	• 보현사 만세루 대대적 보수(강당으로 사용됨)	• 심상진,『불교도들의 참다운 삶』, (조불련중앙위원회, 2001).

....
332 이지범, "북한의 불교 교육기관",「북한불교의 재발견 시리즈 9」,『불교닷컴』 (http://www.bulkyo21.com), 2012년 7월 3일.

연도	추진 내용	참고 자료/인터뷰 내용
1988년	• 평양 '장충성당' 건립됨(조선천주교 인협회는 1989년 5월 결성되었음) • 조선기독교도연맹(현 조선그리스 도교연맹), 평양 '봉수교회' 건립함	• 김웅수, 『21세기 북한의 이해』, (북코리아, 2011), pp. 254~255.
1989년	• 조선기독교도연맹, 평양 '칠골=반 석교회'를 건립함	• 김웅수, 『21세기 북한의 이해』, (북코리아, 2011), pp. 254~255.
	• 김일성종합대학 역사학과에 종교 학부 개설(분야 : 기독교, 불교, 유 교, 이슬람교, 천주교 등 세계 5대 종교)	• 심상진, 『불교도들의 참다운 삶』, 2001. • 평화문제연구소, 『꼭 알아야 할 통일 · 북한 110가지』, (범우사, 2011), p. 214.
	• 조선불교도연맹, 불학원을 중흥사 에서 평양 용화사로 이전함	• 심상진, 『불교도들의 참다운 삶』, 2001.
1990년 1991년	• '불학원'의 학인스님들이 중국불교 협회(당시회장 조박초)의 초청으 로 베이징, 상하이 등 불교 유적지 를 견학함	• 심상진, 『불교도들의 참다운 삶』, 2001.
1991년 4월 8일	• 조선불교도연맹은 미국 LA 관음 사 주지 고 도안 스님, 법타 스님 과 함께 묘향산 보현사 범종루에 서 분단 이후 최초로 '통일타종법 회'를 개최함	• 『태양의 따사로운 품』, (조불련, 1995). • 『평불협 창립 10돌 백서』 화보집, 2000.
1992년	• 조선불교도연맹, 불학원을 평양 용 화사에서 광법사로 다시 이전함	• 2000년 10월, 조불련 심상진 서 기장 인터뷰 내용임
1994년 5월경	• 조선불교도연맹, 불학원을 평양 광 법사에서 조불련 청사로 다시 이 전하고 개원함	• 2000년 10월, 조불련 심상진 서 기장 인터뷰 내용임
1995년	• 조선기독교도연맹(현 조선그리스 도교연맹)이 평양에 다시 신학원 을 신축하고 개원함	• 김웅수, 『21세기 북한의 이해』, (북코리아, 2011), pp. 254~255.
2000년 9월	• 조선그리스도교연맹, 신학원의 교육학제를 3년에서 5년제로 개편함	• 평화문제연구소, 『꼭 알아야 할 통일 · 북한 110가지』, (범우사, 2011), p. 214.
2002년 3월	• 러시아정교회가 목자 양성을 위 해 모스크바 신학교에 북한 유학 생을 파견함	• 김웅수, 『21세기 북한의 이해』, (북코리아, 2011), pp. 254~255.

6. 조불련의 역경 사업

북한은 고려대장경 등의 불경 번역과 역경 사업을 김일성 주석의 교시로 정부 주도로 추진했다.

북한불교의 역경 사업은, 김일성 주석이 1947년 5월 묘향산 보현사의 현지 지도에서 "8만대장경과 목판은 우리 민족의 자랑이고 귀중한 문화유산이다."라고 하여 영구 보존에 대한 지침을 내렸고, 1978년 8월에 다시 보현사를 방문하여 "8만대장경이 옛날의 불교 경전이라고 하여 번역해 놓지 않으면 지금 사람들이 그것을 보기 힘들고, 그렇게 되면 거기에 담긴 뜻은 물론 민족문화유산도 잘 모르고 지낼 수 있다. 번역 해제하여 누구나 쉽게 볼 수 있게 하여야 한다."라는 교시를 내림으로써 본격화되었다. 또한 "8만대장경을 해제하자면 큰 학자 연구 집단이 있어야 한다. 빠른 시일 안에 학자 집단을 동원하여 번역 해제하도록 대책을 세우라. 많은 참고도서들이 요구되겠으므로 우리나라에 없는 것들은 다른 나라에 가서라도 구해 와야 한다."는 대책까지 마련해 주었다고 전한다.[333]

이런 북한 불교계의 다양한 자료를 검토할 때, 북한에서 정책적으로 대장경 번역과 해제 사업을 상당히 중요하게 여겼다는 것을 추측할 수 있다.

고려대장경의 번역을 진행한 곳은 조선사회과학원 산하 민족고

---

[333] 심상진(2001), pp. 79~80. ; 조선불교도연맹 중앙위원회(1995), 『태양의 따사로운 품』, pp. 26~27.

전연구소(소장 홍기문)이다. 이미 『조선왕조실록』을 한글로 번역했던 홍기문 소장은 소설 『임꺽정(林巨正)』의 저자로 잘 알려진 벽초 홍명희의 아들이다. 홍기문 소장은 1992년 7월 사망 전까지 고려대장경의 번역과 해제 등 작업 전반을 주도했다. 이 사업에는 조불련의 홍화두 고문이 번역에 대한 감수를 맡았다. 또한 지난 1997년에 북으로부터 망명해 2010년 사망한 황장엽 노동당 비서도 여러 직책을 거치며 이 사업에 관여했다고 알려져 있다. 고 황장엽 씨는 북한에서 1965년 김일성종합대학 총장, 1979년에는 주체사상연구소장으로서, 1987년에는 조선사회과학자협회 위원장 등 북한의 요직을 거친 인사다. 한편, 대장경 번역을 진행한 민족고전연구소는 1993년부터 김승필 소장의 책임하에 있다.

북한에서 대장경 등의 번역 사업을 비교적 짧은 시간에 추진할 수 있었던 이유는 몇 가지로 볼 수 있다. 먼저, 해인사 판의 고려 재조대장경 목판 및 인경본이, 묘향산 보현사에 있는 팔만대장경 보존고는 물론 김일성종합대학 도서관에도 현존하고 있었기 때문에 가능했다. 둘째, 김일성종합대학의 학술적·인문학적 기반이 충분하기 때문이다. 1946년에 개교했을 때 사학과, 문학과, 교육학과를 개설했고, 1949년 9월에는 역사학부, 조선어문학부를 확대해서 개편하기도 했다. 또한 1956년 8월 어문학부 산하에 한문학과를 신설하면서 한문학 강좌를 개설·운영하는 등 여건이 충분했다.[334]

대장경 조성 사업은 역사를 통해서도 의미를 발견할 수 있다. 고

....
334 『김일성종합대학 10년사』(1956), pp. 18~19. ; 전영선(2009), p. 214.

려가 거란, 몽고와 전쟁 이후 피폐한 국토를 재건하고 전사자들을 위로하기 위해 고려인들을 통합하는 의미로 집약하고, 당시의 선진 문물을 활용해 대장경 사업을 국책 사업으로 위상을 높여 추진하기도 했다. 북한에서도 해방 이후 설립한 국가의 문화와 전통성의 권위를 높이는 목적과, 일제시대 수십 년간 수탈과 약탈당한 주민들을 위로하기 위해, 해방 후 2년이 채 되지 않은 시점에 김일성 주석이 묘향산 보현사를 방문해 1947년 5월에 고려대장경을 번역하고 해제할 것을 지시했다고 추측할 수 있다.

또한 북한은 1984년 6월에는 당시 '묘향산 력사박물관'으로도 불리던 평안북도 묘향산의 보현사에 '팔만대장경 보존고'의 건립을 추진했다. 더불어 '고려대장경'의 번역도 병행한다는 것을 『평양방송』을 통해 공표하기도 했다. 이 대장경은 한국전쟁 중에는 묘향산 금강굴에 보관했으나, 1988년 5월에 팔만대장경 보존고를 완공한 이후 옮겼다.[335] 이 보존고에 있는 자료는 고려대장경 영인본 전질, 조선시대 인쇄 목판본 3천여 점 등을 비롯해 서산과 사명, 처영 대사 등 역사적 인물과 연관된 다량의 문화재 등이다.

북한 당국은 신중하게 번역과 해제 작업을 추진했는데, 크게 4개의 원칙이 알려져 있다. 첫째, 원본을 최대한 살릴 것이며 둘째, 경전 단위의 내용은 개괄하여 서술하되 경전 매 권은 요약해서 알기 쉽게 풀이할 것이며 셋째, 해제 시 주관적 비판 혹은 분석을 하지 말

---

335 사회과학원 고전연구실, 『팔만대장경 : 해제—서문』(평양 : 사회과학출판사, 1992).

평양 묘향산 보현사 내 금강굴암. 보물유적 제96호. 서산대사 주석처로 현재의 건물에는 '淸虛方丈'(청허방장)이라는 현판이 걸려 있다. 6 · 25 전쟁 당시 고려대장경 인쇄본 등 문화유산을 보관했다.

보현사 경내에 별채로 자리 잡고 있는 사당인 수충사에는 서산대사(1520~1604), 사명대사(1544~1610), 처영대사(?~?)의 진영이 모셔져 있다.

것과 넷째, 사전류와 목록류 등 불교 자료들은 간략히 정 단위로 소개할 것 등을 핵심으로 한 '해제 집필 요강의 기본 원칙과 요구'를 정했다.

한편, 조선사회과학원 민족고전연구소는 『팔만대장경 해제 해설』을 발행해 총 14개 항목에 걸쳐 대장경 해제를 위한 근본 원칙과 서술의 기본 요구를 정했다.[336]

대장경 해제의 기본 원칙의 1항에서는 "해제에서는 팔만대장경의 편성 순서에 따라 처음부터 마지막까지 모든 불교 경전과 책들을 빠짐없이 해제 대상으로 하였다.", 2항에서는 "해제에서는 매개 경전과 책들의 번역 또는 편찬년대, 역자 또는 저자, 권수와 품수, 이름 뜻과 내용 등을 개괄한 다음 매 권의 내용을 알 수 있도록 간략하게 서술하였다.", 9항에서는 "해제에서는 해당 경전의 가치와 연구 보급 실태를 보여주는 후세 고승학자들의 주석서와 해석서들은 우리나라의 것을 위주로 하면서 대표적인 것만 밝혔다.", 12항에서는 "해제에서는 대장경과 불교 연구에 참고 자료로 이용될 수 있도록 원전의 기본사상과 내용을 의역하여 체계적으로 정확히 전달하기 위하여 힘썼다.", 13항에서는 "해제에서는 해제 집필 요강의 기본 원칙과 요구를 지키면서 경전과 책들의 특성과 체제에 맞게 다양한 형식과 방법을 서술하기 위하여 노력하였다." 등으로 정하였다.[337]

....

336 『내외통신』 제627호, 1989년 2년 17일. ; 「최근 북한의 종교 실태와 정책」, p. 1.
337 사회과학원 고전연구실, 『팔만대장경 : 해제—서문』(평양 : 사회과학출판사, 1992).

이러한 기준을 바탕으로 조선사회과학원 민족고전연구소의 주관하에 1983년부터 시작한 고려대장경 번역 사업은 5년에 걸쳐 1987년 4월까지 진행됐다. 그 결과 해인사본과 동일한 '보현사본 팔만대장경'의 번역 해제를 완성하여 전 25책에 이르는『팔만대장경 해제본』을 출간했다.

북한은 이 해제본을 50질 한정으로 출판했다. 그러나 1990년 4월에 사회과학원 민족고전연구소는 "해외 등 수요자들의 요구와 사회적 관심을 고려하여 편의상 25책의 내용을 그대로 15책을 묶어서 재판하게 된다."는 내용을 발간사에서 밝히며『팔만대장경 해제』를 재판했다. 이처럼 불교 관련 출판물이 거의 전무한 북한에서 팔만대장경을 완역(1989년 7월)하고 출간한 것은 충분히 이례적으로 평가받는 사안이었고, 세계 사학계에서도 커다란 주목을 받기에 충분했다.

그러나 이 해제본은 경전 본래의 뜻과 사상을 담는 충실한 완역에서는 부족한 점들이 많이 나타났다. 북한의『평양방송』에서도 1987년 5월 방송을 통해 "원전에 있는 대로 요약하여 통속적으로 해제했다."라고 보도했다. 이것은 "완역으로 보기에는 어려운 북한의 대장경 번역본을 경의 제목과 유통에 대한 해설, 경전의 중요한 대목을 가려 뽑아 정리한 해제집"이라 할 수 있다. 즉, 경의 제목, 유통 해설, 경전 주요 부분을 선별해 엮었으나 미흡한 측면도 있다는 것을 뜻한다.

해제본의 구성은 다음과 같다. 1권에서 7권까지는 대승경전이며, 8권에서 10권은 율장과 논장이고, 11권에서 18권까지는 소승경전이며, 그리고 19권에서 24권까지는 불교의 역사와 자료를, 마지막 25권은 한국 고승의 저술을 포함해 편찬했다.

이 번역 작업은 민족고전연구소에서 범어, 산스크리트어, 그리고 한문문헌학과 교리학에 밝으며 지식과 번역 경험까지 갖춘 40~50대 학자들 40여 명이 핵심 역할을 담당했다고 한다.

남한에서는 1991년에서야 북한에서 출간했던『팔만대장경 해제』본이 처음 소개되었고, 1994년에는 '91년판 해제본' 전 15책을 판매하기도 했다.

7. 조불련의 신도 조직

해방 전 우리나라의 불교 신앙은 민간신앙에 결부되어 종교관이 형성되어 있어서 민족적인 불교문화를 바탕으로 하고 있다. 더욱이 6·25 한국전쟁을 계기로 남북한의 종교 양상은 그 모습이 상이하게 바뀌었다. 한국에서는 기존의 종교와 더불어 서양문물의 전래로 천주교나 기독교의 교세 확장이 이루어지고, 북한에는 주체주의 사상이 통치 이념의 중심이자 반종교 정책의 근간을 이루면서 북한 종교의 정상적 생존 현장을 북한 지역에서 확인할 수 없게 되었다.

1950년대 발간된『조선중앙연감』에 의한 북한의 불교 현황을 살펴보면, 불교 총무원 산하에 있던 사찰 518개, 승려는 모두 732명, 신도는 합계 37만 5천488명이라고 한다. 1991년 조불련 중앙위원회의 통계에 따르면 현재 소속된 사람은 약 1만 명이며, 1988년부터 불교계 4대 명절에 행사를 허용하고 1992년에 북한 헌법이 개정되면서 약 10만 명의 불교 신도가 불교 행사에 참가한다고 한다. 추정되는 총 불교 신자의 수는, 물론 조불련 소속의 300여 명의 승려를 포함한 것이다. 또한 중앙노동당 소속의 책임지도원이 담당하는 유물보존총국(남한의 문화재청 기능)에서 일하는 불교 신도도 포함된 것으로 볼 수 있다.

통상 북한불교의 신도 수를 추산할 수 있는 근거로는 다음과 같다. 먼저 1987년 묘향산 보현사를 복원하고, 1992년에 고구려 시대 사찰로 유명한 평양 대성산에 위치한 광법사(조불련 총본산 기능)를 복원하며, 조불련 중앙위원회 사무실을 1994년에 평양시 모란봉에 2층 단독 블록건물로 신축한 배경을 감안해야 한다. 이 과정을 통해 중앙과 지역의 연맹 가입자가 증가한 것도 자연적 불교 신도 확장의 부분으로 볼 수 있다. 또한 부처님오신날 등 불교계의 큰 경축일에 국가의 공인을 받아 참여하는 인원과 공양물을 올리거나 탑돌이 등의 예불의식에 참여하는 인원도 고정 불교 신도로 추정할 수 있다. 그러나 남한처럼 해당 사찰에서 신도카드를 마련하거나 인명부 등재를 통해 파악할 수 있는 사찰의 재적 신도는 없다.

현재 조불련이 추정한 1만 명의 신도 중에서 남녀의 성비는 '6 대 4'로 큰 차이 없이 대등한 구성비를 보이고 있다. 이 중 여성은 '4'에 해당되며 이 수치는 북한에서 법적 여성의 지위나 실생활과도 연관이 있을 수 있다. 북한 헌법 제22조에 "여자는 국가 정치 경제 사회 문화 생활의 모든 부문에 있어서 남자와 동등하다."라고 지위를 밝히고 있다. 또한 여러 조항에 이와 같은 내용을 명시해 놓고 있다. 더불어 북한은 성인 여성의 노동이 당연시되는 사회구조로서 협동농장이나 기타 공장 등의 노동 현장에 모든 가족이 취업을 한다. 또한 식량배급제 등을 통해 주민의 생활은 일정 지역에 제한된다. 그러므로 직장이나 지역 조직을 통해 각종 행사에 동원되어 참여하는 여성의 수는 남자와 거의 비슷하다. 결국 여성이 북한의 종교 형태에 영향을 미칠 가능성은 거의 없다. 이들은 신앙 활동과 사회조직원으로서의 활동을(가령 전통적인 남녀 역할의 예로 영육아 또는 살림 등) 동시에 할 수 없기 때문에, 남한과는 정반대라고 분석하는 것도 가능하다.

북한불교의 대다수 신도는 소재 지역을 중심으로 파악할 수 있다. 먼저 중앙과 지역인민위원회에서 관리하는 사찰의 승려와 가족, 둘째로 각 위원회의 교직자, 셋째 사찰과 인근의 사하촌 주민들로 구성된다. 따라서 남한처럼 원거리에 있는 사찰의 신도가 되는 일은 불가능하다고 볼 수 있다. 북한은 대중교통 수단이 열악하고 통행에 제한이 있으며 계획적인 인구 정책에 따라 사회 전반에 걸쳐 유동 인구를 제한하기 때문이다.

1980년대 북한의 총 인구는 17,691,000명이며, 이 중 여성 인구는 8백91만 3천 명으로 전체 인구의 50.4퍼센트를 차지한다. 남녀 간의 직업별 구성비는 여성들이 농업 부문의 55.5퍼센트, 공업 부문의 45.5퍼센트, 탄광 지하노동 부문 20퍼센트, 중공업 분야 15퍼센트, 경공업 분야 70퍼센트, 임업 분야 30퍼센트, 교육 분야에서 인민학교 80퍼센트, 중고등학교 35퍼센트, 기술계통학교 30퍼센트, 대학교 15퍼센트를 차지하고 있다. 이러한 수치상에서 북한 사회의 노동 분야 전 영역에 걸쳐 여성이 훨씬 더 많은 일을 해내고 있음을 알 수 있다. 북한 사회의 중심 구성원으로서 여성들의 종교를 포함한 문화생활은 북한 당국이 정책적으로 장려하고 있다는 문화예술 공연들, 즉 음악이나 연극 · 무용 등의 관람은 개인 여가에 선용되는 것이 아니라 직장과 인민반 조직을 통한 단체 관람이 보편화되어 있고 또 지정된 프로그램만을 봐야 하며, 영화·연극 등의 내용들이 사상 교육의 도구화가 되어 있어 취미나 오락의 차원이라기보다는 정치학습과 결부된 문화예술로 볼 수 있다.

종교에 있어서도 1994년 이후 그 변화의 양상들이 전 세계적으로 점차 공개되었는데, 특히 1995년 12월 26일에는 조불련 창립(1946년) 50돌 기념행사에 평양시 사찰의 주지와 신도, 그리고 지역 사찰의 승려와 신도들이 대거 참가하였고, 이례적으로 북한의 천주교 및 기독교, 천도교 중앙교회의 주요 간부, 평양시 교약자 등 300여 명이 함께 행사를 했다는 것이 서방 언론에 의해 보도되었다. 그러나 북한 여성들의 불교 활동에 나타나는 비중은 아주 협소하다. 다만 불교 행사에 참석하는 비율은 대등하지만 공식적으로 중앙위원회 간부를 말하는 조불련의 조직상 지위를 갖고 있는 여성은 현재 아무도 없는 것과 종교의 주체를 과거 전통적인 경향에 북한 정부가 시각 교정을 하지 않고 있는 점 등, 북한불교에서 여성이 제 역할을 못 하게 하는 원인적 요소가 있다고 결론지을 수 있다.

종교 정책에 있어서는 많은 변화가 있었지만 실질적으로 인민들이 종교 생활을 자율적으로 행할 수 있는 기회는 거의 없고, 청소년 학생들은 소풍 등의 집단 활동에서 지역 내 인근의 사찰을 찾아가기도 하지만, 그 문화재들은 불교와 연관이 있을 뿐이며 종교적 신앙화와 관계가 없다. 탈북자들의 증언을 보면 "그 사찰에는 가봤다."고 경험을 밝히지만 사찰의 스님('중'이라고 표현)에 대해 담당하는 책임지도원으로서 이해하고 있다는 것을 알 수 있다. 이런 상황은 불교

만이 아니다. 타종교도 마찬가지로, 남한의 언론에 보도된 것과 다르게 북한의 종교 자유와 인민의 수용 정도는 여전히 자유롭지 못하다. 1995년 5월 중국 베이징에서 열린 남북 불교 실무대표자 회담에서 조불련 박태호 위원장으로부터 확인된 바에 따르면, 평양시 개선문 청년공원의 용화사는 매월 격주간으로 정기법회가 열리며, 매 법회마다 약 1백 명의 승려와 신도가 참여해 신앙 활동을 한다고 한다.

8. 조불련의 현존 사찰

북한은 해방 이후 문화재에 대한 대대적인 정리에 들어갔다. 민족문화를 건설한다는 기조 속에서 '주체성의 원칙'과 '대중성(인민성)의 원칙', 과거 시대를 정리하는 의미로 '현대성(반反복구주의)의 원칙', 그리고 '역사주의(유물사관)의 원칙'에 입각해서 진행했다. 이에 따라 사회주의 이념에 반하는 문화재에 대해서는 문화재적 가치를 평가절하했으며, 그 반면 사회주의국가를 건설하는 데 필요성이 인정되는 문화유산은 발굴 · 보존했다.

특히, 평안북도 묘향산 보현사처럼 하나의 명칭으로 국보를 지정하는 포괄적 지정방식으로 문화재를 관리하고 있다.

현재 북한에서 보유한 문화재를 보면 국보 50점, 보물 53점이며 사적은 73개소, 명승지 19개소와 천연기념물 467점 등 문화재로 지정된 것은 총 712점이다. 이 중에서 불교 문화재는 국보 19점과 보물 28점, 그리고 사적 3점 등 지금까지 총 50점을 지정해 관리하고 있다.

북한의 불교 문화재 중에서 가장 주목할 것은 '다라니 석장'이다. 이는 남한에서 찾아볼 수 없는 것으로, 돌에 다라니 경문을 새겨 당간지주와 함께 세운 것이다. 북한에서도 3기만 현존하는데 평안북도의 용천다라니석당(龍川陀羅尼石幢), 또 황해도의 해주다라니석당(海州陀羅尼石幢), 그리고 개성의 현화사 당간지주(玄化寺 幢竿支柱) 등이 그것이다. 또한 북한의 지정문화재 중에서 불교 문화재에 해당하는 목조 건축물은 약 24퍼센트에 이른다.

북한에서 사찰을 인정하는 주된 이유는 세 가지로 나눠 볼 수 있다. 첫째, 문화재 자체로서의 가치를 인정한다. 김일성 주석은 "이 절간을 가지고 불교를 선전하자는 것이 아니라 우리 인민들의 슬기로운 건축술의 전통을 후대들에게 가르쳐야 한다."고 언급했다. 둘째, 인민들이 종교과 상관없이 이용할 수 있는 휴식 공간으로서의 가치를 인정한다. 북한에서 과거의 사찰은 '봉건 통치배들의 유흥지'였지만 사회주의국가에서는 인민들의 공간으로 전환해서 '근로 인민들의 즐거운 문화 휴식터'이자 '소년단의 야영지' 등의 휴식 공간이 되었다. 셋째, 관광지로서의 기능과 역사적인 유적지로서의 가치를 인정한다. 이처럼 북한의 사찰은 그 체제의 독특함으로 인해 역할이 축소된 것이 사실이나, 사찰의 존재를 불교와 분리할 수는 없다.

북한에서 출판한 책에서도 사찰에 관한 정보를 얻을 수 있다. 조불련은 1989년에『북한의 사찰』을 발간했는데 대표 사찰 16곳을 컬러 화보로 싣고 있다. 또한 1985년 판『조선중앙년감』과『북한학보』13집에도 현존하는 사찰 총 44곳을 소개하고 있으며, 이 자료에서 불상, 석탑, 범종, 그리고 석당, 석등에 대한 설명도 게재되어 있다. 북한에 현존하는 사찰에 대한 가장 구체적인 자료를 정리하면 〈표 4-7〉과 같다. 이는 『우리나라 역사유적』(1983년 판), 조불련 중앙위원회가 조사해서 전달한 『북반부 사찰 단청지원 관련한 자료』(2002년)를 기반으로 정리한 것이며 가장 구체적인 자료로 볼 수 있다.

〈표 4-7〉 북한 지역의 현존 사찰 현황(2015년도 기준)[338]

해당 지역	현존 사찰명 (괄호 : 복원 연도 등)	비고
평양특별시 (5개소)	광법사(1991년), 용화사, 법운암, 동금강암, 정릉사(1993년)	• 용화사 : 2011년 폐쇄(개선청년공원 내 소재했었음) • 영명사 : 일제 31본산 평양 영명사는 현재 흥부초대소로 사용됨
남포직할시	없음	• 문헌 기록 등이 없음
개성직할시 (4개소)	관음사, 안화사, 화장사, 령통사(2005년 10월) 복원(남한 천태종 일부 지원)	• 개성 령통사 복원 : 천태종 일부 지원 • 개성 대흥사 : 향교 건물임(?)
황해남도 (8개소)	신광사, 강서사, 묘음사, 현암, 자혜사, 패엽사, 월정사, 원정사(고정사)	• 고정사는 원정사와 同刹임(조불련 단청 요청 사찰) • 낙산암, 청련사(미확인) • 송월암(미확인)
황해북도 (4개소)	성불사, 심원사, 속명사(원명사), 귀진사	• 가탈사(미확인)
평안남도 (4개소)	안국사, 정진사(법련사), 법흥사, 백운암	• 향풍사는 정진사의 누각임 • 법련사와, 정진사는 同刹임(조불련 단청 요청 사찰 표기)

....
338 북한사회과학원 고고학연구소, 『우리나라 역사유적』(평양 : 과학원출판사, 1983), 신법타(2000), 북반부 사찰 단청 지원 관련한 자료(조불련중앙위원회, 2002년) 등을 토대로 필자가 종합 · 정리한 것이다.

해당 지역	현존 사찰명 (괄호 : 복원 연도 등)	비고
평안북도 (19개소)	보현사, 불영대, 상원암(칠성전), 축성전, 금강암, 능인암(법왕대), 하비로암, 계조암, 화장암, 개원사, 보윤암, 금광사, 천주사, 서운사, 양화사, 심원사, 보월사, 만년사, 백흥사(용문사)	• 영산전은 보현사 부속 건물 • 보현사 내 사찰 팔만대장경 보존실 • 묘향산 단군사(단군굴)임
강원도 (10개소)	석왕사, 명적사, 보현사, 보문암(석왕사 산내 암자), 불지암, 용적사, 금강산 내 4사찰 : 표훈사, 정양사, 보덕암, 신계사(2007년 10월, 남한 대한불교조계종에서 70억 원 보시 복원)	• 금강산 신계사 : 2007년 남한 조계종이 복원함 • 보문암(석왕사 산내 암자), 영추암 등은 사찰명이 변경, 혼용됨 • 마하연은 칠성각, 산신각만 현존 • 석왕사는 6·25 때 전각 전소. 일주문과 다리 현존. 2015년 복원 완료
함경남도 (8개소)	양천사, 용흥사, 가루사, 광제사, 동덕사, 정광사, 귀주사, 안불사	• 불지암 : 기존 사찰명과 혼용됨
함경북도 (4개소)	개심사, 쌍계사, 청계사, 관해사	• 금강사(KEDO 법당, 2001년)
자강도 (0~2개소)	(원명사, 만수암)	• 2002년 조불련 통계자료에 새로 포함된 사찰임
량강도 (1개소)	중흥사	• 1965년 불학원 최초 설립 사찰
소계	67(~69)개소	

제3절 조불련의 역대 주요인물

북한에는 남한처럼 여러 종파가 난립하지 않고 조선불교도연맹(약칭 조불련)이라는 유일한 조직이 전국을 관장하고 있다. 남한 불교계의 총무원에 해당하는 '조선불교도연맹 중앙위원회'의 청사가 수도 평양 모란봉 기슭에 있다. 그 대표자로 남한 불교계의 종정에 해당하는 '중앙위원회 위원장'이 있으며, 위원장이 실질적으로 모든 실권을 행사하고, 실무 총책임자가 남한의 총무원장에 해당하는 '서기장'이다. 또한 전국 신도회장 격인 '평양시 신도회장 또는 평양시 부장'이 감사의 역할을 하고 있다. 이들을 중심으로 남북 불교계의 교류 협력 시기에 주요한 역할을 했던 조불련의 스님과 신도들을 살펴보고자 한다.

이 시기에 가장 중요한 북한 스님은 1979년부터 2005년까지 26년 동안 조불련 위원장을 맡아 온 박태호 위원장과, 1년 먼저 입적한 황병준 부위원장, 그리고 심상진 서기장이 북한불교의 핵심이자

중흥조에 해당된다. 여기서는 재일본조불련 산하의 재일본조선불교
도연맹(재일조불련) 주요인물들도 함께 기술한다.

1. 박태화 대선사(일명 박태호, 3대 위원장)

박태화(朴泰和) 대선사(박태호朴泰浩)는 함경북도 길주군 덕산면에서
1919년 10월 15일 출생하여, 1936년 길주군 보현사에 출가하여 득
도하였다. 1946년 12월에 결성된 조선불교도연맹의 함경북도위원
회 위원장직을 1959년부터 1969년까지 지냈고, 1958년 인민경제
대학을 졸업하였다. 부인과 슬하에 두 아들이 있는데 큰아들은 국가
작품심의위원회 책임심의위원이며, 둘째 아들은 미술가이다. 현재
1986년부터 최고인민회의 대의원이며, 아시아 불교평화회의 집행
위원과 조선민족센터위원장, 세계불교도우의회(WFB) 북한지역센터
위원장을 맡은 사람이 대선사 박태호이다.[339]

박태호 스님은 법명이 '학림'이었으나 학림(鶴林)인지 학림(學林)인지
는 확실치 않다. 평양 시내 대성산 구역의 광법사에 주석하였다.[340]
이 사찰은 6 · 25 때 거의 파괴되었으나 1992년 2월에 복원되었으며,
1992년도에 신축하여 1994년 4월 평양시 모란봉구역에 2층 블록 양
옥 건물로 조선불교도연맹 중앙위원회 사무실이 개원됐다.

....

339 조선화보사, 「화보인터뷰—공화국 각계인사에게 듣는다」, 『조선화보』(1988
년 11월호), p. 21.(일본어판)
340 안동일, 「내가 만난 북한 조선불교도연맹 위원장」, 『미주 현대불교』, 2월호
(1992), p. 5.

1992년에 평양시 대성산 광법사가 복원되면서 함경도 갑산 중흥사에 있는 불학원을 여기로 옮겨 본격적으로 승려를 양성할 계획이라는 말을 박태호 스님으로부터 필자는 들었다. 이후 광법사가 복원되었지만, 북한 승려 교육기관인 불학원이 중흥사에서 옮겨진 것은 확인하지 못했다.[341]

북한에서 『조선중앙통신』을 통해 발표한 부고에 따르면, 2005년 11월 11일 정오에 박태화 위원장이 86세를 일기로 타계했다고 알려졌다. 이 부고는 북한의 최고인민회 상임위원회와 함께 조국통일민주주의전선(조국전선) 중앙위원회, 그리고 조선불교도연맹 중앙위원회에서 공동명의로 발표했다.

박태화 대선사는 1937년부터 1945년까지 강원도의 묘향산에 있는 보현사에서 출가수행을 했다. 1979년부터는 조불련 위원장으로 활동하고, 1991년에 북한과 일본의 우호친선협회 부회장을 맡고, 1993년에는 범민련 북측의 본부 부의장을 역임하는 등 북한 불교계의 역동적인 시기에 책임자로서 활동을 했다. 또한 박태화 대선사에 대해 북한에서 그의 지위를 가늠할 수 있는 것은, 2000년 6월 15일에 평양에서 개최한 남북정상회담 환영 만찬에 참석하고, 2001년에는 6·15 민족대축전에 부위원장으로 참석하는 한편, 2002년의 8·15 남북공동 행사에도 참여했다는 것이다. 북한의 조불련은 박태화 대선사로 인해 재탄생했다는 평가도 적지 않다. 현재 조불련 중앙위원회 소속의 스님들 대부분이 박태화 대선사의 상좌 또는 손

....
341 신법타, 「북한불교의 실상」, 『북한불교연구』(서울 : 민족사, 2003), p. 145.

상좌라는 것을 감안하더라도 조불련의 중흥조를 이끌었음을 가늠할 수 있다.

박태화 대선사의 조직관리 능력도 높게 평가받는 부분이다. 1983년 4월 2일 조불련 제8차 전원대회를 통해 3대 위원장으로 재선출된 이후 조직 개혁을 단행했다. 홍화두 스님을 부위원장에 다시 선출하는 한편, 시·도위원회를 조직하는 등 조불련 내부 개혁을 단행했다. 또한 불교 교리가 주체사상에 부합한다는 내용의 호소문을 작성해 남한을 비롯한 해외 불교도에게 발표하기도 했다. 특히 박태화 대선사는 1985년 12월 26일 평양의 용화사에서 창립 40주년을 맞아 열린 중앙보고대회를 개최하여, 북한에서 조불련의 위상을 더욱 높이는 데 이바지했다.

조불련의 위상이 국제적으로 더 높아진 것도 박태화 위원장의 시기였다. 1986년에는 북한 종교 단체 중 최초로 해외의 종교 단체를 평양으로 초청했다. 8월에는 소련불교 대표단을 초청하고, 9월에는 중국의 불교 대표단을 초대했다. 12월에는 제15차 세계불교도우의회(WFB)에 참석했는데, 네팔의 카트만두에서 열린 회의에서 조불련은 소련과 중국의 지원을 받아 정식 회원국으로 가입해 조불련의 국제적인 위상을 높이게 되었다.

국외에서의 활발한 활동에 이어 조불련은 1987년 7월 3일에 국제불교도의 평화 행진을 묘향산 보현사에서 개최했고, 이듬해 1988년 1월 10일에 역시 묘향산 보현사에서 통일을 기원하는 법회를 처음으로 열었다. 특히 박태화 위원장은 1988년 5월 5일에 석가탄신일 기념법회를 묘향산 보현사에서 봉행했는데 이는 분단 이후 최초의

일이며, 이튿날인 5월 6일 자 『평양방송』을 통해 세상에 알리기도
했다.

조불련은 1989년 평양에서 열린 '제13차 세계청년학생축전'에서
그 위상을 굳건히 했다. 7월 1~8일 열린 행사에 세계청년불교도 대
표 1명과 조선청년불교도 대표 2명이 파견됐으며, 세계 각국의 종
교인들과 친선 활동을 했다. 또한 이 기간 중에 조불련은 청년학생
불교도들을 환영하는 법회를 평양 용화사에서 개최했다.

한편 1988년까지는 '박태호 대선사'로 수행을 했으나 이후 '박태
화 대선사'로 명칭을 공식 사용했다. 박태화 대선사는 조불련의 조
직 내부를 개혁한 공로도 있으나, 국제 교류는 물론 남북 불교 교류
에서도 큰 업적을 쌓았다. 분단 이후 최초로 1991년 미국 로스엔젤
레스(LA)에서 열린 남북 합동 법회에 참석했으며, 1994년에는 일본
도쿄를 방문했다. 1995년 중국 베이징에서는 중단됐던 남북 교류에
새로운 길을 열었다. 이런 공로를 인정받아 박태화 위원장은 1998
년에 '조국통일상'을 수상했고 북한 당국으로부터도 생일상을 받기
도 했다. 이후에도 활동은 이어져서 2001년 6·15민족대회 개막 연
설을 금강산에서 하고, 2002년에 서울을 방문하는 등 남북 불교 교
류를 주도했다.

박태화 대선사는, 남한 불교계 수장 중 최초로 북한을 방문한 조
계종 총무원장 스님과 조불련 청사에서 2005년에 회동을 했고, 같
은 해 6·15 남북공동선언 5주년을 기념하는 행사에서 만나기도 했
다. 그러나 병환으로 6월 말부터 활동을 중단했으며 요양을 하던 중
입적했다."**342**

2. 홍화두 대선사(고문)

조불련 중앙위원회 법등 홍화두 고문은 1998년 8월경에 입적한 것으로 알려진 인물로, 일제시대부터 해방 이후에 이르기까지 북한 불교를 꾸준히 이어 왔다. 홍화두 고문의 은사에 대한 확실한 기록은 없으나, 일제시대에 북한에서 수행했던 어떤 고승의 제자인 것은 확실하다. 동문수학한 스님으로는 대한불교조계종의 종정을 역임한 고불총림 백양사 서옹 스님이 일본 교토에 있는 임제대학(현 : 하나조노 花園대학)에서 함께 수학한 것으로 알려져 있다.

고 홍화두 고문의 유명한 일화는 1991년 초에 김일성 주석이 완공된 평양의 광법사를 찾았을 때 김일성 주석에게 광법사는 물론 북한불교에 대해 설명한 것을 꼽을 수 있다. 그때 촬영한 사진은 현재 조불련 중앙위원회 청사(평양시 모란봉구역 흥부동 소재)의 현관 벽면에 대형 유화 그림으로 전시되어 있다. 이 유화 작품은 1991년에 조불련 청사를 새로 건립할 때 '만수대창작사'에서 직접 그리고 제작했는데, '만수대창작사'는 북한에서 미술 분야에 관한 최고의 창작 단체이며 인민 공훈 작가들로 구성된다.

홍화두 고문이 주로 주석하고 수행한 곳은 바로 평양시의 개선문 옆에 위치한 용화사이다. 그는 또한 북한 방문자들에게도 북한불교와 종교에 대해 설명을 잘했다고 알려져 있다. 1988년 7월에 미국

---

342 이지범, 「북한불교를 움직이는 사람들 2」, 『불교닷컴』(http://www.bulkyo21. com), 2012년 3월 30일.

시민권을 가진 기대원 스님, 1989년 6월에 남한 국적으로 평양을 처음 방문한 법타 스님, 그리고 고 도안 스님(미국 LA 관음사 주지) 등이 방북 당시 홍화두 고문을 만나 북한불교에 대해 설명을 들었다.

그리고 빠질 수 없는 업적으로『고려대장경』(일명 팔만대장경) 해제본 작업에서 홍화두 고문이 번역과 감수를 맡은 것을 꼽을 수 있다. 한편, 해당 사업을 지원한 황장엽 전 노동당 비서는 1997년 2월 11일 여광무역연합총회사 사장 김덕홍과 함께 남한으로 망명하여 2010년 10월 10일에 사망했다.

홍화두 고문이 참여했던『고려대장경(팔만대장경)』해제본 사업은 조선사회과학원의 부설 기관인 민족고전연구소(소장 홍기문)에서 1989년 5월『팔만대장경』해제본 전 25권을 출간했으며, 1991년에는 15권으로 구성해 '팔만대장경 해제' 판을 발간했다. 이 해제판은 1994년부터 남한에서도 판매됐다.[343]

3. 황병준 대선사(개명 전 황병대, 부위원장)

북한불교의 연설과 법문에 탁월함을 보여준 금산 황병준 부위원장은 2004년 9월 8일 갑자기 입적해 불교계에 충격을 주었다. 황병준 부위원장은 조불련 홍화두 고문의 만상좌이며, 두 아들은 교원으로 근무하는 등 전반적으로 교육자의 분위기를 풍긴다. 그런 황병준

343 이지범,「북한불교를 움직이는 사람들 2」,『불교닷컴』(http://www.bulkyo21.com), 2012년 3월 30일.

부위원장이 일명 '조불련의 야전사령관'이라 불리는 이유는 박태화 위원장을 대신해 대부분의 조불련 행사를 주관하는 한편 교류 체계도 구축했기 때문이다.

황병준 부위원장은 1996년부터 남북 불교 교류 회의에 참석했으며 교류 관계를 주관하기도 했다. 또한 1998년까지는 부위원장으로 활동했으나 1999년부터 대선사로 공식 명칭을 사용했다. 황병준 대선사는 연설에 능통한 것으로 알려졌듯이, 2002년 12월 9~13일 말레이시아의 쿠알라룸푸르에서 열린 제22차 세계불교도우의회(WFB : World Fellowship of Buddhists) 개막 총회에서 특별 연설도 했다. 이 대회에는 조불련 국제부장 등 3명과 같이 참가했다. 또한 이 대회에서 조계종과 조불련은 「한반도의 자주적 평화통일 선언」을 공동성명으로 발표해, 이 자리에서 세계 20개국에서 참석한 500여 명에 이르는 세계 불교도들로부터 지지를 받기도 했다.

황병준 대선사는 남북 간의 교류에도 적극 참여했다. 2002년 12월 20일부터 21일까지 중국 베이징의 평양관에서 남북 불교계의 중요한 만남이 있었다. 바로 남한 조계종 민족공동체추진본부와 북한 불교계가 금강산의 신계사 복원을 위해 공동 불사에 대해서 「의향 합의 각서」에 서명하고 북한의 사찰에 대해 「단청 의향서」를 체결한 것이다. 이로써 본격적인 남북 공동 사업의 계기를 만들었다.

또한 남한에서 열린 2003년 3·1절 민족대회에 황병준 대선사는 북한불교 대표단 단장 자격으로 참석했고, 3월 2일 서울 강남구의 봉은사에서 3·1절을 기념해 통일을 기원하며 마련한 '남북 불교도 합동 법회'를 남측과 공동 주관했다. 그날 봉은사 법왕루에서 마련한 방명록에 "북과 남의 불자들이 화합하고 단합하여 6·15 공동선언 리행에 더욱 분발 정진합시다."라고 기록을 남기기도 했다.

남북 불교계의 교류에 큰 기록을 남긴 2003년 3·1 민족대회가 성사되기까지는 여러 과정을 거쳐야 했다. 1996년 2월에 중국 베이징에서 열린 남북종교인베이징회의를 계기로, 1997년 5월의 아시아종교인평화회의(ACRP : Asian Conference of Religions for Peace)가 개최한 베이징평화모임, 또 1999년 4월에 있던 베이징평화모임, 그리고 2001년 3월 금강산평화모임 등을 거쳐 촉발된 것이다. 이 대회에 북한은 4개 종단이 참여했는데 천도교 청우당과 조선그리스도교연맹, 조선불교도연맹, 그리고 조선가톨릭협회 등이다. 남한은 민족화해협의회(민화협) 관계자가 참석했고, 행사 둘째 날인 2일 오전에는 각 부문의 행사가 열렸다.[344]

4. 성보 류영선 대선사(제4대 위원장)

조불련의 4대 위원장 성보 유영선 대선사는 조불련의 위상을 급격히 격상시킨 인물로 평가받는다. 2006년 5월 8일에는 유영선 위원장의 선출과 함께 조불련 중앙위원회가 이례적으로 "제4대 조불련 위원장으로 성보 유영선 대선사를 선출했다."며 남한 불교계에 통보하기도 했다.

··············

344 이지범, 「북한불교를 움직이는 사람들 2」, 『불교닷컴』(http://www.bulkyo21.com), 2012년 3월 30일.

유영선 위원장은 고(故) 박태화 위원장의 맏상좌이며, 1980년대부터 조불련 중앙위원회에서 상무위원으로 활동했다. 기간 중 박태화 위원장 등과 함께 1995년 5월 24일에 중국 베이징에서 열린 남북불교회의에 처음 참석하기도 했다. 1995년에는 다양한 활동을 했는데 7월 2일에는 일본 도쿄에서 평화통일과 불교도들의 역할을 논의하기 위해 개최된 '제1차 도쿄회의'에 참석했으며, 이 회의에는 조불련의 황병준 부위원장과 어명식 스님 등도 동행했다. 이어서 같은 해 7월 4일에는 일본 증상사에서 8·15 광복 50주년을 맞아 통일을 기원하고 희생된 동포를 위해 진행한 '공동법요식'에도 참석했다.

2006년 3월 1일 일제가 수탈해 간 '북관대첩비'를 북한에 귀환시켰다. 같은 해 3월 3일에 남한에서 발족한 '조선왕실록환수위원회', '조선왕실의궤환수위원회'에 대해 조불련이 지지하면서 남북 공동사업으로 추진하기도 했다. 유영선 위원장은 박태화 위원장이 2005년 11월 11일 입적한 이후 뒤를 이어서 조불련 4대 위원장에 공식 취임했다. 2007년 10월 13일에는 남한의 조계종 총무원장인 지관 스님과 함께 금강산에서 '신계사 남북공동 낙성식'을 주관하기도 했다.

그러나 이런 활발한 활동과 기여에도 불구하고 유영선 위원장은 2008년에 위원장에서 사임했다고 알려져 있다. 그간 유영선 위원장은 북한의 교육성 국장으로서 남북장관급회담에서 북측 대표단으로 활동했으며, 2004년에 남북 간 사회문화 교류를 전담하는 민족화해협의회의 북측 부회장도 역임했다. 2007년 남북정상회담 때에는 종교 분야 간담회를 위해 북측 단장으로 참석했다. 2009년에 국내 일부 언론 『연합뉴스』와 『중앙일보』(2009년 1월 5일)에서 유영선 위원장 관련 기사로 "통일전선부 신임 부부장이 되었다."고 보도되었다.

5. 법봉 심상진 대선사(본명 심상련, 제5대 위원장)

법봉(法峰) 심상진 대선사는 2008년 8월 조불련 위원장에 오른 인물로 북한 불교계에서 인정받는 대강백(大講伯 : 경론 강의 승려)이다. 분단 이후 북한불교를 최초로 소개한 『태양의 따사로운 품』(1998년)과 함께 『불교도들의 참다운 삶』(2001년)이라는 단행본을 집필·출간하였다.

심상진 위원장의 행장을 보면 법계는 대선사이고, 현재 세속 69세이며 법랍 45년이다. 1951년 신설된 량강도에서 출생했으며, 홍화두 고문의 맏상좌이다. 승려로서의 수학 과정은 1965년 삼수갑산 중흥사에 설립한 조불련의 승려 교육기관인 불교학원에서 1970년부터 4년간 수학한 것으로 알려져 있다. 또한 김일성 사범대학을 졸업했고, 문화재보존총국에서 부장으로 근무한 이력도 있다. 조불련 서기장직은 1974년부터 1999년까지 역임했고, 2004년 11월 1일부터는 부위원장으로 활동했다.

심상진 위원장은 남북한 불교 교류에 많은 기여를 했다. 1991년 미국 LA를 방문하고, 1995년 중국 베이징에서 열린 남북 불교회의를 주관하는 등 해외에서의 활동도 활발했다. 이런 노력으로 1997년 베이징회의에서 부처님오신날을 봉축하는 「남북공동발원문」을 채택하고 발표하는 데 기여하기도 했다. 또한 1998년에 청공 윤이상 천도제를 평양 광법사에서 봉행하는 한편, 6·15는 물론 8·15 남북공동행사에 참석하였다. 이런 광범위한 활동을 할 수 있던 것은 당시 심상진 위원장이 조불련 외에 '세계불교협회 조선센터' 서기장도 역임하면서 '아시아 불교도 평화회의 조선센터'에서 서기장으로도 활동하였기 때문이다.

북한 불교계의 인물 중에서도 남한에 이름이 많이 알려진 심상진 위원장은 조불련 제5대 위원장으로 2008년 7월 30일부터 임무를 수행하였다. 공식 취임일은 2008년 9월 1일이며, 심상진 위원장은 2009년 3월 26일부터 4월 3일까지 열린 제2차 세계불교포럼에 참석하기 위해 중국, 중화민국(대만)에서 개최된 제2차 세계불교포럼에 조불련 위원장으로서 처음 참석하기도 했다. 그리고 조계종과의 첫 공식회의도 심상진 위원장의 업적이다. 남북 불교 간의 첫 공식회의는 2010년 1월 30일에 열렸으며 남한에서는 조계종 총무원장 자승 스님이 참석했다.[345]

6. 서화 정서정 대선사[346]

서화 정서정 대선사는 김일성종합대학교 어문학부를 졸업하고 남포시 경제일꾼으로 복무하였다. 1992년부터 조불련 중앙위원회에서 상무위원, 2004년 12월부터 서기장 등을 역임하며 행정을 관장, 조불련의 모든 사무를 총괄했다. 현재는 2010년부터 건강상의 문제

345 이지범, 「북한불교를 움직이는 사람들 2」, 『불교닷컴』(http://www.bulkyo21.com), 2012년 3월 30일.
346 이지범, 「북한불교를 움직이는 사람들 2」, 『불교닷컴』(http://www.bulkyo21.com), 2012년 3월 30일.

로 요양을 하고 있다.

정서정 서기장은 고 박태화 위원장의 상좌이며, 현재 약 52세다. 서기장에 임명되기 전인 2003년에는 금강산 신계사와 개성의 영통사 복원 사업을 총괄해 남북공동협력 사업에 기여했다. 한편 2000년 6·15 남북정상회담 이후에 열린 6·15와 8·15 등의 남북공동행사에도 모두 참석했다.

2004년 6·15 남북공동행사에서도 북한 조불련의 활동이 있었다. 당시 6월 14일에 있던 6·15 남북공동선언 4주년을 기념하는 국제토론회에는 리종혁 조선아시아태평양평화위원회 부위원장 등의 북측 대표단이 참여해 김대중 전 대통령을 예방했고, 조불련에서는 정서정 서기장과 리현숙 전국신도회 부회장이 참여했다. 정서정 서기장은 이후에 남북 불교의 교류 및 협력 증진을 위해 2004년 12월경 조불련 산하에 '불련무역회사'를 설립해서 베이징에 사무소(총경리 길정태)를 설치하기도 했다.

정서정 서기장의 업적 중 남북 불교의 전통문화 교류에 힘쓴 것도 주목해야 한다. 2004년 9월 11일에는 금강산에서, 특히 고구려의 유적이 세계문화유산에 등록한 것을 기념하는 '사진 전시회 및 학술토론회'를 개최했다. 또한 그해 11월 20일에 금강산의 신계사에서 대웅보전 낙성식을 남북이 합동해서 추진한 것도 정서정 서기장의 추진 속에 진행됐다. 이 행사에는 당시 북한 불교계의 중심 인물들이 다수 참여했다. 참석한 사람은 정서정 서기장과 심상진 부위원장을 비롯해 류인명 책임부원, 차금철 책임부원과 리의하 문화보존지도국 부국장도 참여했으며, 한용걸 평양건설건재대학 교수와 리기

웅 문화보존지도국 유적실장, 또 같은 국의 황명호 조선문화 보존사 설계실장을 비롯해 문화보존지도국에서 최일남, 송철민, 서철민, 리동혁 등이 참여했고, 북한의 민화협 전성철 책임부원 등 다수의 인원이 참여했다.

또 정서정 서기장은 남북한 불교계 신도 단체들의 교류를 추진했다. 바로 2005년 3월 31일 중국 베이징에서 열린 행사인데, 신임 조불련 정서정 서기장과 라영식 전국 신도회장이 참석했고, 남한에서는 조계종 중앙신도회와 첫 교류를 했다. 또한 2005년과 2006년에는 금강산의 신계사에서 합동으로 법회를 개최하기도 했다.

정서정 서기장은 한반도 불교 역사의 전통성을 회복하는 일에도 성과를 나타냈다. 과거 1905년 러일전쟁 당시 일본군이 약탈해 일본으로 옮겨 야스쿠니 신사에 있던 북관대첩비를 대외협상을 통해 북으로 이관한 것이다. 북관대첩비는 개성을 통해 인도받았고 본래 자리인 김책시 길주군에 세워졌다. 한편 남한의 불교계가 2006년에 조선왕조실록을 환수하려는 운동을 주도하자, 북한은 3월 1일에 이에 대해 지지 성명을 발표했고 환수위원회에 지지한다는 내용의 서신을 보내기도 했다. 조불련은 이 성명에서 "일본이 우리 민족에게 끼친 온갖 죄악은 반드시 계산되어야 하며 빼앗아 간 문화유산은 무조건 전부 반환되어야 한다."며, "환수위원회의 활동에 전적인 지지와 련대성을 보내며, 북남불교도들이 힘을 합쳐 북관대첩비를 되찾아 온 것처럼 조선왕조실록 되찾기 사업에서도 큰 성과가 있기를 기원한다."고 지지의 뜻을 밝혔다.

한편 남한에서는 조선왕실의 의궤를 환수하려는 위원회를 결성,

2006년 9월 14일 경복궁에서 출범했다. 이 환수 사업에 불교계에서 참여한 인사는 월정사 주지 정념 스님과 봉선사 주지 철안 스님이며, 정계에서는 국회 통일외교통상위원장인 김원웅 의원이 참여했다. 조불련은 이에 대해 지지 성명을 발표했다. 이후 남과 북은 해외 약탈문화재를 환수하기 위한 '남북공동협약'을 2008년 8월 8일에 평양의 양각도 호텔에서 체결했다.

통일을 위한 활동에도 정서정 서기장의 기여는 크다. 2007년에 열린 '평양-남포 통일자전거대회'는 남한의 사회 및 정당 인사 총 200여 명이 참가했는데, 조불련은 참가한 이들과 함께 묘향산 보현사, 평양 대성산 광법사 등 두 곳에서 통일을 기원하는 남북 불교도 동시 법회를 봉행했다. 더불어 분단 이후 하지 않던 등(燈) 달기 행사를 할 수 있도록 협조를 얻어 평양 광법사에서 최초로 등 달기를 했다.

또 다른 남북 불교의 교류 및 협력 사업도 있다. 2003년 2월 천태종과 남북 공동 사업 체결을 시작으로 개성의 영통사에서 천태종과 조불련이 공동으로 2007년 11월 14일, 2009년 11월 21일 등 두 차례에 걸쳐 대각국사 의천 스님의 열반 908주기를 기념해 '남북 합동 다례재'를 가지기도 했다.

이날 대각국사 다례재는 남북의 관계를 긴장하게 만든 2차 서해교전 이후 열린 남북합동 다례재로서 의미를 갖는다. 다례재에는 조불련 정서정 서기장과 차금철 책임지도원 등의 임원이 참여했고, 개성 영통사의 주지 혜명 스님과 영통사의 정각 스님도 참석했으며, 남한의 천태종 총무부장 무원 스님이 참여하는 등 남북 불교도 30여 명이 참여했다.

7. 지성 강수린 대선사(6대 위원장)

2012년 11월 29일 평양 조불련에서 서울 평불협(회장 법타)에 팩시밀리로 통보한 내용에 의하면, 이날 조불련 제17기 4차 전원회의에서 심상진 위원장이 신병 관계로 부위원장으로 내려앉고, 조불련 중앙위원회 상무위원, 조선적십자회 중앙위원회 위원인 강수린을 조불련 위원장으로 선출하였다 한다.[347]

실제적으로 40년 가까이 조불련을 실무, 실세로 이끌어 왔던 심상진 위원장이, 신병이 있었지만 부위원장으로 강등(?)된 것도 우리 상식으로는 상당히 이례적이고 충격적이다. 김정은 제1 국방위원장 취임 이후 북한 내부의 정치적 급변과도 관계가 있지 않나 추측이 된다. 더구나 강수린 신임 위원장을 조불련 상무위원이라 하지만, 남한 불교계에는 거의 알려지지 않은 인물이다.

그의 이력을 보면 1차, 3차 아시아태평양평화위원회 실장으로 대남 사업과 해외 관계의 전문가로 보인다. 남북고위급회담 수행원, 손학규 경기지사 방북 시 환송 만찬 참석(2007년 5월), 2004년 6 · 15 공동행사 등 남북 교류 협력 담당, 조선적십자회 위원장(2013년 7월) 등 남북 관계 전문가로서 갑자기 발탁된 것이 아닌가 싶다. 또한 김일성 주석의 외척 후손이 틀림없어 보인다.

....
347 김현웅(2001) 참조.

8. 리규룡 대선사[348]

현재 북한불교의 대표적인 염불 습의의 대가는 연암 리규룡 대선사이다. 박태화 위원장의 상좌이며, 금년 59세이다. 리규룡 대선사는 조불련 중앙위원회의 책임부원(부장급)을 맡아 1989년부터 조불련청사와 법당, 사찰, 그리고 불학원에서 진행하는 염불 등의 불교의식을 담당해 왔다.

1996년에 중국 베이징에서 열린 남북 불교회의에 처음 참석한 연암 리규룡 대선사는 그간 조불련 중앙위원회의 주요한 사무를 관장했고, 염불 등에서도 깊은 지식은 물론 기술을 겸비한 인재다. 특히 조불련에서 2003년에 신설했다고 전해지는 포교부의 부장(책임부원)으로 활동했다고 알려져 있다. 2007년부터는 개성의 영통사 복원 이후에 주요 업무를 담당하고 있다.

연암 리규룡 대선사는 2009년 5월에 조불련의 서기장에 공식 취임했다. 이후 조불련 서기국에서 남북한의 교류와 국제 교류를 총괄하는 역할을 했다. 리규룡 서기장은 남한을 방문한 적도 있는데, 2003년 3월 2일에 서울 강남구에 있는 봉은사에서 통일을 기원하며 열린 남북 불교도 합동 법회에 참석했다. 이 법회는 2004년 9월 8일 입적한 황병준 부위원장이 참여한 법회이기도 하다.

또한 금강산의 신계사 복원 두 돌을 기념하는 기념 법회를 2009

----

348 이지범, 「북한불교를 움직이는 사람들 2」, 『불교닷컴』(http://www.bulkyo21.com), 2012년 3월 30일.

년 10월 13일에 주관했다. 해마다 금강산의 신계사에서 남북 불교도의 합동 법회를 열고, 개성의 영통사에서 대각국사 의천 스님을 위한 다례재를 주관한다.

9. 차금철 선사[349]

소명 차금철 선사는 고(故) 박태화 위원장의 상좌이며 조불련 중앙위원회에서 책임부원(부장)을 지내고 있다. 1990년대 말부터 활동을 시작한 차금철 선사는 남북한의 불교 교류와 협력 사업을 주요 업무로 담당한다.

차금철 선사는 2003년 3월에 서울을 처음 방문했는데 서울의 봉은사에서 열린 남북 불교도 합동협회에 고(故) 황병준 부위원장, 리규룡 서기장 등과 함께 참여했다. 이 합동 법회는 3·1절을 기념해 평화와 통일을 기원하는 '3·1 민족대회'에서 각 종교계별로 진행한

....

349 차금철 : 현 조불련 서기장.
경력과 활동상 : 조선불교도연맹 중앙위원회 부장, 2001년 조선불교도연맹 중앙위원회 책임지도원, 2010년 7월 조선불교도연맹 중앙위원회 부장, 2010년 1월 1일 통일신보에 '민족의 단합된 힘으로' 제하 글 기고, 2010년 7월 24일 평양방송 인터뷰, 동해상에서의 한-미 연합훈련 관련 '적들의 무모한 전쟁 도발 책동은 파탄을 면치 못할 것이다' 제하 반향, 2011년 2월 26일 통일신보에 '3·1인민봉기의 넋을 이어' 제하 글 기고, 2011년 11월 9일 민족통신과 인터뷰, "불교신자는 현재 1만여 명, 승려 200명, 사찰 60여 개", 2012년 4월 28일 통일신보에 '조국통일의 기치 아래' 제하 글 기고, 2012년 6월 16일 통일신보에 '북남공동선언의 기치 높이' 제하 글 기고, 2012년 10월 16~17일 대한불교조계종 민족공동체추진본부와 실무회담 참석. 평양 불교유적 발굴·복원사업 추진 협의(중국 선양), 『한국인물사전. 2013 하권』(서울 : 연합뉴스, 2013), p. 1436.

행사의 일환이었다.

또한 소명 차금철 선사는 조불련에서 원불교 관련 업무도 2004년부터 담당하고 있다. 원불교 업무란 원불교의 장응철 교정원장과 당시 박태화 위원장이 2001년에 서명했던 「원불교 독립창구 개설 의향서」를 바탕으로 진행됐다. 이 의향서는 남한의 원불교 측에서 2001년 민족통일대축전을 맞아 평양을 방문해 작성됐다.

차금철 선사가 북한 불교계 종무행정의 달인으로 불리는 것은 다양한 사업을 진행하면서도 원활하게 관리했기 때문이다. 먼저, 2003년 2월 27일에는 조불련과 천태종단이 중국 베이징에서 개성의 영통사를 복원하기 위해 약정합의서를 체결했다. 둘째, 2002년 12월에는 금강산의 신계사 복원 불사를 위한 합의서를 진행했으며 실질적인 실행을 위해 2004년 1월에 조불련과 조계종단의 신계사 복원 불사를 위한 실행합의서를 체결하기까지 했다. 남한의 천태종, 조계종과의 협력 사업에서 실질적인 성과를 얻으며 성사시킨 것이다.

특히, 소명 차금철 선사는 조계종 총무원장 자승 스님을 포함한 남한의 방북대표단이 평양을 방문했던 2010년 1월 30일부터 2월 2일까지 업무 협의를 직접 주관한 것으로 알려졌으며, 통일을 위해 남북공동선언을 이행하고 우리 민족의 화해와 협력을 위한 합의서 체결에도 크게 기여한 것으로 전해진다.

10. 청운 최형민 대선사

청운(青雲) 최형민 대선사[350]는 1929년생으로, 묘향산 보현사의 오
랜 주지 스님이었으며 남한의 언론에서도 자주 회자되는 북한불교
의 인재다. 북한에서는 승려의 삭발 여부는 자유의지에 따라 정하는
데 삭발한 모습의 최형민 대선사가 남한 언론에 소개되자 북한불교
에 대한 이미지에도 변화가 있었다.

최형민 대선사가 홍화두 고문의 상좌라는 설도 있으나, 정확한 은
사는 알려지지 않았다. 다만 일제시대에 스님이던 분의 상좌라는 것
은 확실하다. 북한 조불련의 1세대로 구분되는 최형민 대선사는 홍
화두 고문, 박태화 위원장과 함께 북한 불교계의 계맥을 잇는 중요
인물이다. 현재 최형민 대선사의 친아들도 김일성대학 종교학과를
졸업하고 출가하여 묘향산의 보현사에서 수행하고 있다.

묘향산 보현사는 북한 불교계에서 종찰의 지위를 갖고 있다. 이
보현사의 주지 스님인 최형민 대선사의 공식 활동은 1984년 6월 보
현사 대웅전, 만세루 등의 유적을 복원하면서부터 시작됐다. 당시
북한 언론에서 고려대장경 번역 사업을 1980년부터 시작하고 있다
고 발표하였다.

....

350 신법타(2003), p. 151.
   최형민
   • 1929년 출생. 법명 청운(青雲).
   • 1983년 4월 불교도연맹 중앙위원회 상무위원.
   • 1986년 6월 묘향산 보현사 주지.
   • 1987년 5월 묘향산 보현사, 역사박물관 관장.
   • 1998년 일본 요미우리신문사와 인터뷰한 북한 승려임.

보현사 청운 주지 스님과 필자(오른쪽)
(1991년)

또한 최형민 대선사는 보현사에서 열린 큰 행사들도 주관했다. 1987년 7월 3일에는 국제 불교도들의 평화 행진과 1988년 1월 10일에 열린 조국통일기원법회도 주관했다. 한편 보현사에서 1988년 5월 5일 종전 이후 최초로 북한에서 봉행한 석가탄신일 기념 법회는 『평양방송』에서 5월 6일 보도하기도 했다.

청운 대선사는 보현사로 동진 출가하여 60여 년을 주석해 온 묘향산의 지킴이 산신령이다. 1989년 6월에 미국 유학 중이던 법타 스님(前 동국대 정각원장)은 북한을 최초로 방문했는데, 이때 묘향산 보현사의 대웅전에서 그와 함께 법담을 나눴다. 당시 방문 중에는 1974년에 보현사로 옮긴 금강산 유점사 범종을 타종하는 의식이 있었다. 최근 각종 남북 교류를 위해 평양을 방문하는 인사들은 대부분 묘향산 보현사를 대부분 방문한다. 그간 남북 불교도들의 합동 법회를 주로 보현사에서 개최한 것을 보더라도 북한 불교계에서의 위상을 알 수 있으며, 주지 스님인 최형민 대선사의 능력 또한 가늠할 수 있다.[351]

11. 그 외의 조불련 주요 임원

혜안 리영호 선사는 염불과 종무행정의 전문가로서 현재 조불련 스님 중에서 가장 큰 키의 인물이다. 주로 법회와 각종 행사의 불교 의식을 주관한다. 1998년 11월 4일에 고 윤이상의 천도재를 평양의 광법사에서 집전하기도 했다.

청담 류인명[352] 선사는 연설 등의 문안 작성의 전문가로서 각종 법회나 교류 행사에서 발표한 연설문이나 법문안 등을 작성했다.

한성기 선사는 조불련의 국제부장으로서 외국어에 능통하다. 이에 국제 교류에서 전문성을 보이고 있다.

교육부장인 리승한 선사는 조불련과 불학원에서 교육을 담당하고 있다. 리승한 선사는 2006년 9월 1일에 금강산 신계사에서 열린 2차 남북 불교도의 합동 법회에서 첫 법문을 하기도 했다.

....

351 이지범, 「북한불교를 움직이는 사람들 2」, 『불교닷컴』(http://www.bulkyo21. com), 2012년 3월 30일.

352 일명 류인수. 불교도연맹 중앙위원회 남한 담당 책임지도원. 1998년 3월 13일 베이징 남북 불교회의 참가. 1998년 9월 9일 성명을 류인태에서 류인수로 개명함.

이들 외에도 1995년에 일본 도쿄에서 있던 국제행사에도 참여한 어명식 책임부원과 리덕수 책임부원, 그리고 리동철 평양시 부장 등 많은 조불련 임원과 부원들이 활동하고 있다.[353]

〈표 4-8〉 그 외의 조불련 주요 임원[354]

- 청백 : 묘향산 보현사 부전 스님
- 백운 : 묘향산 보현사 부전 스님
  1998년 11월 6일 묘향산 보현사 남북통일기원법회 참가
  (윤이상 통일음악제 단원과 함께)
- 정봉식 : 조불련 중앙위원회 책임지도원(45세)
  1997년 3월 13일 중국 베이징 남북 불교회의(옥수수 지원) 참가[355]
- 연암 : 불교도연맹 중앙위원회 스님(1998년 11월 4일)
  1999년 11월 27일 베이징 남북 불교회의 참가
- 안순찬 : 평양 광법사 주지(현)
  1998년 11월 4일 윤이상 선생 천도재 주관(광법사)
- 혜명 : 평양 광법사 부전 스님(1998년 11월 4일)
- 금송 : 금강산 표훈사 주지(1991년 4월)
- 안황계 : 평양 용악산 법운암 주지(1998년 11월 6일)
- 정영준 : 정방산 성불사 주지, 법명 정묘(1998년 11월 4일)
- 어명식 : 불교도연맹 중앙위원회 부장
  1941년 6월 25일 자강도 용천군 화암구 출생, 평양시 낙양구역 승리1동 거주
  1996년 7월 1일 일본 도쿄 남북해외불교지도자 합동법회 참가

············

353 이지범, 「북한불교를 움직이는 사람들 2」, 『불교닷컴』(http://www.bulkyo21.com), 2012년 3월 30일.
354 신법타(2003), pp. 150~153.
355 신법타(2003), p. 151.

- 이덕수 : 불교도연맹 중앙위원회 책임지도원(1989년 10월)

  1935년 8월 18일 함남 함흥시 구흥동 출생, 평양시 낙양구역 충성동 거주

  1989년 10월 불교도연맹 중앙위원회 책임지도원

  1996년 7월 1일 일본 도쿄 남북해외불교지도자 합동법회 참가

- 김경일 : 불교도연맹 중앙위원회 상무위원(현)

  1946년 9월 16일 함남 은성군 양강리 출생, 평양시 대동강구역 능라동 거주

- 이종률 : 불교도연맹 중앙위원회 고문(1989년 8월)

  1989년 8월 16~24일 몽고 울란바토르에서 개최된 제4차 불교와 평화 국제세미나 참석

- 김종홍 : 불교도연맹 중앙위원회 책임지도원(1989년 10월 현)

  1989년 10월 7일 한강유등제 초청 회의(평양 용화사) 참가

- 김동웅 : 불교도연맹 중앙위원회 책임지도원(1990년 7월 현)

  1990년 7월 23일 제5차 불교와 평화 국제세미나(평양회의, 용화사) 참석[356]

- 향암 : 평양 용화사 주지(입적)

- 강병환 : 1983년 4월 불교도연맹 중앙위원회 전 검열위원장(현)

- 기찬경 : 1990년 불교도연맹 평양시위원회 위원장 역임

- 홍암 : 불교도연맹 개성시위원회 위원장(현), 개성 관음사 주지

- 박석화 : 불교도연맹 강원도위원회 위원장(현)

  1986년 불교도연맹 강원도위원회 위원장(현)

  1984년 8월 한국 불교계 법왕청 설립 추진 비난 담화 발표함

- 양관준 : 불교도연맹 중앙위원회 서기장 역임

- 이건일 : 불교도연맹 중앙위원회 국제부 부장(현)[357]

  1969년 함흥화학공업대 분석화학 강좌장 교수

  1970년 당 중앙위원회 위원

  1979년 당 중앙위원회 부장

  1982년 9월 기상수문국 국장(현)

  1988년 9월 중국 방문

  1990년 12월 기상수문국장 회의차 쿠바 방문

  1991년 3월 중국 방문

  1992년 8월 기상수문국 대표단 인솔, 이란 방문

  1993년 국가환경보호위원회 위원장(현), 불교도연맹 중앙위원회 국제부 부장(현)

12. 북한 주요 사찰의 스님들[358]

북한 불교계에서도 중요한 묘향산 보현사에는 부전 백운 스님, 청벽 스님 등이 있으며, 청운 최형민 대선사의 아들도 현재 보현사에서 수행하고 있다.

또한 평양의 대성산 광법사에서는 주지 광선 스님, 금암 스님, 그리고 심상진 위원장의 상좌인 혜명 스님이 수행하고 있다. 평양의 용악산 법운암에서는 안화계 스님이 수행 중이다. 평양 광법사의 주지 광선 스님은 박태화 위원장의 상좌다.

한편 내금강산 표훈사는 조불련의 위원장이자 대선사인 심상진 위원장의 상좌가 대부분이라고 알려져 있다. 이곳에는 주지 청학 스님을 비롯해 부전 진각 스님이 수행하고 있다. 개성의 영통사에서 수행하는 스님은 주지 혜명 스님과 부전 정각 스님 등이다. 이 외에도 평성의 안국사, 구월산의 월정사와 성불사[359] 그리고 양천사, 강

....

356 신법타(2003), pp. 152~153.

357 신법타(2003), p. 151.

358 이지범, 「북한불교를 움직이는 사람들 2」, 『불교닷컴』(http://www.bulkyo21.com), 2012년 3월 30일.

359 정묘 스님 : 황해북도 사리원시 성불사 주지(입적).
황해북도 성불사 주지 정묘 정영준 스님은 1998년 5월경에 갑자기 입적했다. 고 박태화 대선사의 상좌인 정묘 스님이 남북 불교 교류에 처음 자리한 것은 평불협이 미주평불협(회장 도안 스님)을 앞세워 조불련 중앙위원회와 평불협(회장 법타 스님)이 1997년 황해북도 사리원시에 '금강국수 공장'을 설립할 당시에 배석하면서이다. 그 당시 성불사를 방문한 평불협 대표단이 주지 정묘 스님과 교우하며 깊은 인상을 가졌다고 한다.
1일 7,700그릇의 국수를 생산해 북한 주민과 어린이들에게 급식하는 '금강 국수 공장'을 관장하는 사찰로 성불사를 염두에 두었기 때문에 정묘 스님의

필자(가운데)의 북한 방문 당시, 개성 박연폭포 관음사 스님들과(1987년 7월)

원도의 안변 석왕사, 보현사 등등 북한에서는 주요 사찰에 대부분 주지를 임명하고 있으며, 많은 스님들과 불자들이 사찰에서 종교 활동을 하고 있다.

입적 소식은 얼굴을 알고 있던 분들에게 안타까움으로 전해졌다. 정묘 스님이 수행하던 성불사는 노산 이은상의 시조를, 1932년 미국에서 유학 중이던 홍난파가 작곡하여 1933년 『조선가요작곡집』을 통해 발표된 가곡 「성불사의 밤」이 널리 애창되어 유명해진 곳이기도 하다.

13. 조불련 전국신도회 주요 임원[360]

조불련에서 전국신도회를 창립한 것은 2001년 12월의 일이다. 이 조직의 운영은 조불련 전국신도회 운무 라영식 회장과 신도 조직에서 대표적으로 활동하는 안심행 리현숙 부회장을 중심으로 한다.

라영식 회장은 박태화 위원장에게 수계를 받았으며 대표적인 활동은 2005년부터로 볼 수 있다. 2005년 3월 31일 라영식 회장은 중국 베이징에서 열린 '남북 불교 신도단체 교류회의'에 참가했고, 이후 7월 1일 개성직할시의 자남산여관에서 열린 남북 불교 신도의 합동 법회를 위한 실무 회의에도 참여했다. 이 회의에는 조불련 정서정 서기장도 참여했으며, 남한의 조계종 중앙신도회 김의정 회장도 참석해 분단 이후에 남북 불교 신도가 참여한 최초의 실무 회의라는 기록을 남겼다.

이 실무 회의의 내용은 합동 법회의 규모와 내용 협의, 참가 방식과 행사 제반 사항 점검 등이다. 합동 법회는 1차로 2005년 7월 22일, 2차로 2006년 9월 2일에 두 차례 모두 금강산 신계사에서 진행됐다. 참석한 인사는 심상진 부위원장, 정서정 서기장 등 조불련 임원과 조불련 전국신도회의 라영식 회장과 리현숙 부회장, 그리고 조불련 신도 50여 명이다. 이 합동 법회는 그간 북한 종교계와의 공동 행사 중에서 최대 인원이 참석한 것에서도 의미가 깊은 것으로 평가

....

[360] 이지범, 「북한불교를 움직이는 사람들 2」, 『불교닷컴』(http://www.bulkyo21.com), 2012년 3월 30일.

받는다.

조불련 전국신도회 리현숙 부회장은 박태화 위원장으로부터 수계를 받은 인물로 라영식 회장과 함께 남북 교류와 방문 사업을 추진하고 있다. 2006년 '6·15 민족통일대축전'이 열린 전남 광주에 정서정 서기장과 함께 참석하기도 했다.

2006년 민족통일대축전에서는 부문별 상봉을 위해 북한에서도 많은 인사들이 참여했다. 북측 종교대표단 6명은 각 불교, 기독교, 그리고 천주교, 천도교와 종교인협회 등에서 참여했으며 불교에서는 정서정 서기장이 포함됐다. 남측 불교대표단은 보다 많은 인사들이 참여했다. 공동대회장을 필두로 백양사의 유나 지선 스님이 참여했으며 조계종의 총무원 호법부장 도진 스님과 사회부장인 지원 스님, 사회국장 혜용 스님 등이 참여했다. 또한 민추본의 명진 스님, 학담 스님, 그리고 도각 스님과 법경 스님도 참가했다. 평불협의 법타 스님과 천태종 사회부장 무원 스님, 그리고 진각종 포교부장 회성 정사, 또 송광사 주지 영조 스님과 광민 스님(무각사 주지), 그리고 행법 스님은 물론 조계종 중앙신도회 최연 사무총장 등의 인사들이 참여했다.

조불련 전국신도회의 주요 임원을 보면 주요 행사에서 사회를 담당하는 성죽 리명희 위원과 신정애 위원이 있으며, 성각 정영호 평양시신도회 회장을 들 수 있다. 성각 정영도 평양시신도회 회장은 2005년 7월 22일 1차로 열린 남북 불교도의 합동법회에서 폐막사를 하기도 했다. 이 외에도 임성훈과 리동철 거사도 평양시를 대표해 활동했다.

〈표 4-9〉 조불련 전국신도회 주요 임원[361]

• 임성훈

　조불련 평양시 부장

　1999년 3월 23일 베이징 남북 불교회의 참가

　1999년 4월 25일 베이징 남 · 북 · 일 종교인평화모임 참가

　1999년 11월 27일 베이징 남북 불교회의 참가

• 리동철

　대외문화협력위원회 부국장 불교도연맹 평양시위원회 부장(현)

　1991년 10월 29일 LA 남북 불교 조국통일 합동 기원법회 참가

　1993년 중앙인민위원회 참가

·············

361 신법타(2003) p. 153. ; 필자가 정리하였다.

제4절 재일본조선인총련합회의 재일본조선불교도연맹

1. 재일본조선불교도연맹의 창립과 활동

1948년 해방 이후에도 환국하지 않거나, 못하고 일본에 거류하고 있는 60여만 명의 한국 사람들은 북한 국적인 '재일본조선인총련합회(약칭 조총련)'과 한국 국적인 '재일거류민단'으로 한반도처럼 둘로 나뉘어 있다.

일본과 한국이 국교가 없던 시절에는 조총련 소속 교포가 훨씬 많았고 북한 정부의 조직적인 관리와 지원으로 본국과의 유대가 긴밀하였다. 일본 내에서 정치적 · 경제적으로 토대가 단단하였고 조총련 산하에 대학교와 중고등학교 및 하급 교육기관을 전국에 설립하여 2세, 3세의 단합도 철저하였다. '민족 교육'을 잘 시켜 왔고, 원하는 사람들은 북한으로 귀국하여 '북송선'의 환희와 비극이 교차하여 왔다.

반면에 재일거류민단 동포들은 한국 정부와 일본 정부와의 수교

이전에는 적대적 관계였기 때문에 여러 가지로 불이익을 당하여 왔고, 한국 정부 역시 무방비 상태가 지속되었다. 1965년에 한일국교 정상화가 되고 한국 경제가 급성장하면서 재일거류민단 중심의 '고국, 고향 방문단' 사업이 성공하면서 재일거류민단 소속 동포의 인권과 사회적 영향력이 증대되었고, 조총련 이탈 동포가 많아지면서 조총련은 정치적·경제적으로 중대한 붕괴 위기에 처해 있는 현실이다. 북한의 식량난을 비롯한 경제적 지원이 중국과 같이 한 축을 이뤄 온 것도 사실이다.

재일본조선불교도연맹(약칭 재일조불련)은 1948년(주체 37년) 8월에 결성되었다. 도쿄에 있는 국평사, 묘엄사, 교토의 만수사, 오사카의 통국사, 고베의 대승사가 중심이 되었다.[362]

재일조불련은 북한과 정치적 입장을 함께해 왔다. 1974년 8월 도쿄에서 김일성 주석의 '조국 통일 3대 원칙'을 지지하고 미국과 박정희 군사 정권의 '두 개 조선' 조작 책동을 규탄하는 시위를 벌였다.[363]

1974년 11월 인디아의 수도 뉴델리에서 진행된 아시아 불교도 평화회의(A.B.P.C.) 제3차 총회에 대표단을 파견하였다.[364]

1980년 5월에는 남한 전두환 정권의 '파쇼적 폭압 행위'를 규탄하고 16개국의 종교 단체와 종교인들에게 호소문을 보냈다.

1981년 7월에는 남한에서의 '미군 철수' 요구 서명운동을 벌였다.

1991년 10월 30일부터 11월 2일까지 미국 로스앤젤레스 관음사

....

362 심상진(2001), p. 94.
363 심상진(2001), p. 94.
364 심상진(2001), p. 95.

^(주지 도안)를 중심으로 남북 분단 이후 최초로 봉행된 남과 북, 해외불교도 합동 '조국통일기원법회'에 박태화 조불련 위원장과 심상진 서기장, 재일조불련의 홍봉수, 회장 서태식 고문 등이 참석하여 조국의 평화통일을 기원하였다.[365]

1992년 3월에는 처음으로 재일조불련과 민단계 '재일한국불교도연맹(재일한불연)'이 합동으로 일제 치하에서 징용 등으로 인한 희생자를 위해 '희생동포 위령 합동 법회'를 봉행하였고, 7월에는 7·4 공동성명 20돌에 즈음하여 해외 불교 단체와 공동성명을 발표하였다.[366]

1993년 4월에는 '반전, 반핵, 조국의 자주적 평화통일 기원 제2차 세계대전 희생동포 위령 합동 법요'를 공동 봉행하였다.[367]

1995년 7월에는 도쿄의 증상사에서 남북, 재일 조불한, 재일 한불련 대표들이 '8·15 광복 50주년 기념 조국통일 기원 희생동포 위령 공동 법요'를 봉행하고 이튿날 '조국통일과 불교도들의 역할에 관한 제1차 도쿄회의'를 봉행하고 공동선언문을 발표하였다.[368]

1952년 9월 도쿄에서 진행된 제2차 WFB(세계불교도우의회)대회에 참가하였고, 1976년 7월에는 A.B.P.C(아시아불교도평화회의)에 가입하여 국제적인 활동을 하여 오고 있다.[369]

....

365 심상진(2001), p. 106.
366 심상진(2001), p. 96.
367 심상진(2001), p. 96.
368 심상진(2001), pp. 96~97.
369 심상진(2001), p. 97.

1981년 '6 · 25~7 · 27 조선 인민과의 련대성 월간'에 즈음하여 남한에서 미군 철수와 조미평화협정 체결을 요구하는 서명을 벌여 세계 22개국 종교 지도자에게 보냈고 1982년 5월에는 소련의 모스크바에서 열린 '핵 위협으로부터 신성한 생명을 구원하기 위한 세계 종교자 대회'에 참석하였다.[370]

1986년 8월에는 몽골 불교협회를, 1988년 8월 말에는 소련 불교협회를 공식 친선 방문하였다.

1976년 8월에는 전 아시아불교도평화회의 인디아민족센터 사무국장 달지트센 아델, 1983년 1월과 1985년 8월, 1988년 7월 3차에 걸쳐 A.B.P.C. 회장 함보라마 가아단 일행을 초청, 미군 철수 통일 방침을 서명하였다.[371]

2. 북한 지도자와 재일조불련 스님들

김일성 주석은 1976년 5월에 전 재일조불련 장태성 위원장을 총련 대표단 부단장으로 임명하였고, 1979년 10월과 1986년 7월에는 재일조불련 대표단을 초청하여 묘향산 보현사 등을 성지순례토록 하였다.[372]

1988년 8월에는 북한 건국 50돌과 재일조불련 창립 50돌을 맞이하여 홍보월 회장을 단장으로 대규모 방북하여 조불련과 합동법회

··············
370 심상진(2001), pp. 97~98. 일부 참조.
371 심상진(2001), p. 98.
372 심상진(2001), p. 99.

를 가졌다. 전 회장인 홍봉수 고문은 수시로 방북하였다.[373]

1990년 4월에는 교토 만수사 주지 윤창국 부부의 신혼여행을 북한에서 하도록 하였고, 1997년 10월에는 도쿄 국평사 신도회장인 김유현 보살을 입북토록 하였다.[374]

김정일 국방위원장은 1992년에 재일조불련 전 고문과 고베 대승사 전 주지였던 김성해 스님과 윤영섭 스님을 초청하였고, 김일성 주석 접견 후 수십 대의 대형 화물자동차를 북한에 기증하였다. 김정일 국방위원장은 그의 이름을 따서 '성해 애국 화물자동차사업소'를 만들었으며 훈장을 수여하였다.

성해 스님은 1994년 9월 중순 세수 86세에 평양에서 입적하였다.[375] 1979년 5월 윤영섭 스님은 조총련 분회장으로 활동을 인정받아 방북하였고 1989년 7월 평양에서 열린 '제13차 세계청년학생축전'에 참가하였다 중병에 걸리자 평양의 김만유 병원에 입원을 시켜주었고, 그가 사망하자 사회장으로 치르도록 하였다.

윤영섭 스님의 두 아들이 함흥과 원산에 떨어져 살자 평양으로 합치도록 하였고, 대학 공부를 시켰다.[376]

....
373 심상진(2001), p. 100.
374 심상진(2001), p. 100.
375 심상진(2001), pp. 101~104. 일부 인용.
376 심상진(2001), pp. 105~107. 일부 인용.

〈표 4-10〉 재일조불련의 주요 승려³⁷⁷

- 장태성(사망)
  조총련 재일본조선불교도협의회 위원장 역임
  1976년 7월 WFB 정식회원국 가입에 공헌함

- 홍봉수(사망)
  1917년 12월 경북 울산 출생
  1960년 5월 조총련중앙위원회 총무부장
  1966년 9월 대외문화연락위원회 국장 및 위원
  1966년 11월 주 파키스탄대사관 영사 겸 상무위원(현),
  　　　　　　불교도연맹 중앙위원회 부위원장 역임
  1972년 12월 최고인민회의 제5기 대의원 위원
  1977년 12월 최고인민회의 제6기 대의원 위원
  1989년 10월 재일조선인불교도협회 중앙위원회 위원장
  1990년 재일조선불교도협의회 회장(현)
  1994년 6월 20일 일본 도쿄 남북해외종교인회의 참가

- 서태식(사망)
  일본, 정당단체 부문 부위원장
  1989년 6월 재일조선인불교도연맹 중앙위원회 부위원장,
  소련회의 참가
  1991년 10월 30일 남북해외불교지도자 합동법회(미국 LA) 참가

- 최희준
  1982년 8월 조선청우당 중앙위원회 부위원장 겸 상무위원(현)
  1982년 11월 불교도연맹 중앙위원회 부위원장 역임
  1985년 5월 남북적십자사회담 자문위원(제8~10차)

················
377 신법타(2003), p. 153.

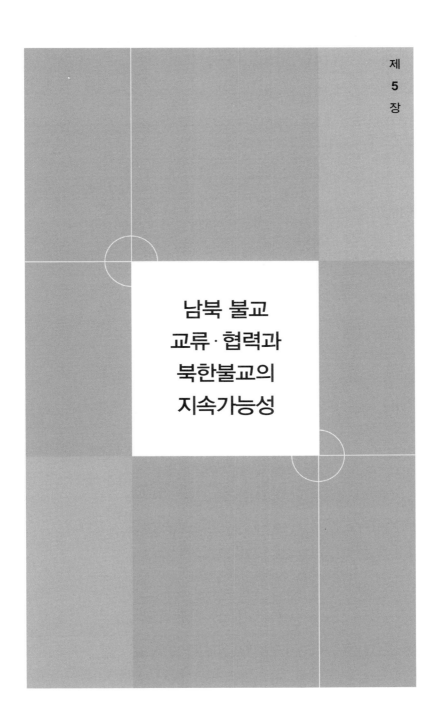

제
5
장

남북 불교
교류·협력과
북한불교의
지속가능성

제1절 　남북 불교 교류 · 협력의 역사

　　남북한 간 불교 교류의 첫 물꼬를 연 것은 1989년 당시 미국 LA
에 유학 중이던 필자였다. 남한 노태우 정부는 「민족자존과 통일번
영을 위한 특별선언」을 1988년 7월 7일 발표하였다. 역사적인 7 · 7
선언으로 일컬어지고 있으며, 중요 내용은 "남한과 북한의 관계는
국가 대 국가 간이 아니고 '내국 관계'이기 때문에 누구든지 '절차를
밟아' 북한을 방문할 수 있다. 해외 동포나 해외 장기 체류자, 유학
생은 한국 대사관에 신고"만 하면 되었다.

　　이에 고무되어 필자는 마침 북한이 건국 후 39년 만에 처음으로
국제사회에 공개하는 '제13차 세계청년학생제전(이하 평양축전)'이 7월
초부터 열리기 때문에 방북을 추진한 것이다. LA에서 서울 조계종
총무원(원장 서의현)에 방북을 보고하고, 중국과 미수교 상태라 홍콩에
도착하여 중국 내 비행기로 베이징에 닿았다. 당시 6월 25일은 공교
롭게도 일요일이었다. 39년 전 북한이 남침한 날, 북한 대사관(영사관)

에서 방북 비자를 받고 이튿날 6월 27일부터 7월 25일까지 거의 한 달간 체류하였다. 7월 초에 남한 전대협 대표로 한국외국어대 임수경의 밀입북과 당찬 모습을 보았다. 남한 여권으로서는 최초로 방북한 것이다.[378]

방북 기간 동안 조선불교도연맹 중앙위원회(이하 조불련) 위원장 박태호 대선사와 서기장 심상련 등 간부들을 수차례 만나 남북 해외 불교 교류에 대한 의견 교환을 나누었고, 긍정적인 대화를 하였다. 이때 박 위원장(북한의 종정)으로부터 백자 불상 2좌를 기증받아 1좌를 조계종 총무원에 기증하였다. 이 불상은 북한 예술가들의 총 집합처인 '만수대창작사'에서 조성하였으며, 동년 10월 14일 한국불교종단협의회가 주최한 '나라 안정과 평화통일 기원 제2회 한강 유등 대법회'에서 점안과 친견이 봉행되었다.[379]

필자가 시작한 남북 불교 교류에 대해 크게 '사찰 복원'과 '주요 법회'를 중심으로 남북한 불교 교류의 획기적인 사안들을 논하고자 한다. 첫째로는 남북 분단 46년 만에 미국 LA에서 최초로 개최된 '남북 해외불교 지도자 조국 통일 기원 법회'를 논하겠다. 둘째로는 분단 이후 최초로 진행된, 한국전쟁에 불타버린 금강산 신계사 복원을 다루고자 한다. 셋째로는 북한에 의해 70퍼센트 이상 건축 복구된 개성 오관산 령통사의 복원을 다루겠다. 넷째 북한 사찰에 대한 단청 사업을 다루고자 한다.

....
378 신법타(2003), p. 561.
379 신법타(2003), p. 606.

1. 미국 로스앤젤레스 제1차 남북 및 해외동포 불교도 합동법회

이 법회의 의의는 남북이 분단 이후 46년 만에 최초로 진행한 법회이자, 남북의 해외불교 지도자가 한자리에서 만났다는 점에서 그 의의가 매우 크다. 1991년 10월 29일과 30일 양일간 미국 로스앤젤레스(LA)에 있는 관음사에서 열렸으며 양측의 최고 책임자가 최초로 만났다. 이 법회는 처음 미국에서 결성된 '조국의 평화통일을 위한 미주불교인협의회(평불협 회장 신법타, 사무국장 김형근)'가 추진하였다.

그 후 결성된 한민족불교교류 추진위원회(한불련 회장 김도안)와 함께 추진하였으며, 한국 내의 입장과 대표성에서 범종단 차원으로 한국불교종단협의회(당시 회장 서의현)가 주최하고 한불련이 주관하게 되었다. 온갖 우여곡절과 난관 끝에 '조국통일 촉진을 위한 남북 해외동포 불교인 간담회'가 남북한과 해외동포의 조국통일을 기원하는 불교도의 합동 법회를 개최하는 것에 남북대표단이 합의하여 남북 불교계가 공동으로 참석해 열리게 되었다.[380]

1991년 10월 29일에 제1차 통일기원을 위한 남북한과 해외동포의 불교도 합동 법회는 LA 관음사에서 오후 5시에 처음으로 봉행되었다. 1991년 10월 30일에는 한민족불교지도자 연석회의(미국 LA 관음사)가 개최되었다. 불교도 합동 법회는 평불협과 조불련, 한국불교종단협의회, 한불협이 주최·주관한 행사로 남북한 및 해외동포 불교지도자 70여 명이 역사적으로 만났으며 남한의 총 16개 종단 대표

....
380 신법타(2003), p. 328.

가 참석했고, 북측에서도 조불련 대표 4명과 일본 조총련계의 조불협 대표 3명, 민단계 한불련 대표 4명이 참여하는 등 남북한의 불교계 주요 인사가 참석했고 언론사 중에서는 『불교신문』이 이를 취재했다.

이 기념적인 합동 법회와 연석회의에 남측에서 참여한 사람은 대표단장 서의현을 필두로 해서 대표 송월주, 전운덕, 그리고 박해륜이다. 북측에서는 대표단장 박태호를 비롯해 대표 홍화두, 심상련, 이동철이 참여했으며 미국 측에서는 김도안, 신법타, 기대원이 참여했다. 일본 측에서도 조총련계의 홍봉수, 서태식이 참여했고 일본 민단계의 이법홍, 이혜륜이 참석했다.

연석회의에서는 한반도의 평화통일을 위한 불교인의 역할을 중심으로 정기적인 교류를 할 수 있는 방안, 불교 문화재에 대한 공동 조사, 그리고 북한 지역의 사찰을 복원하는 내용까지 총 8개 항의 안건과 한강, 대동강, 그리고 임진강에서 유등 법회를 열어 통일이 될 때까지 해마다 '부처님오신날' 합동 연등제를 개최하기로 정했다.[381]

이 법회는 삼귀의, 반야심경, 한민족불교교류추진 미주불교협의회 회장 도안 스님의 인사, 남측 대표단장인 한국불교종단협의회 회장 서의현 스님과 북측 대표단장인 북한조선불교도연맹 중앙위원회 위원장 박태호 스님의 기조연설, 재일조총련불교회장 홍봉수 스님과 재일민단 소속 한민족불교회장 김혜륜 스님의 보조 연설에 이어

381 이지범, 조계종 민족공동체추진본부(이하 민추본), 『남북 불교교류의 흐름』 (서울 : 대한불교조계종 민족공동체추진본부, 2010), pp. 291~292.

선물 증정, 사홍서원의 순으로 봉행되었다.

당시 단장을 맡은 서의현 스님은 "불자로서의 동질성을 확인하고 공감대를 확산시켜 통일을 향한 민족적 여망에 부응하자."고 역설했으며, "4세기 후반부터 북녘땅에 스며들기 시작한 불은의 향기는 1천6백여 성상을 거치면서 산하 곳곳에 위대한 발자취를 남긴 점을 상기시켜 다시 조국의 강토에 넘치도록 하기 위해 상호교환 방문을 통한 공동법회 주최, 불교 유적 발굴에 양측 공동 참여, 공통 관심사를 논의할 것"을 제안하였다.

이어 박태호 단장은 "분단 이후 처음 있는 뜻깊은 만남인 만큼 온 불교도가 힘을 합해 분단 조국의 통일을 위해 노력하자."고 하면서 "통일의 주체는 전체 조선 민족이다. 연방제에 의한 통일 방식은 가장 합리적인 조국 통일의 방도이다. 자유 내방과 전면 개방을 가로막고 있는 국가보안법과 콘크리트 방벽 등 물리적 차단품을 폐지하기 위해 투쟁하자. 정전협정을 평화협정으로 바꾸고 북남 사이의 불가침선언 채택을 실현하기 위해 적극 나서자. 미국과 핵무기의 완전하고도 무조건적인 철수와 북남 동시 핵사찰을 실시하자. 팀스피리트를 중지하자. 이렇게 할 때 그 어느 누구도 민족의 통일 의지를 꺾을 수 없다. 1990년대 통일을 기어이 성취하자."고 역설했다.[382]

이러한 남북 불교도 간의 역사적인 미국 LA에서의 만남은 처음부터 회의 명칭에 대한 문제로 장시간 회의 후에 합의를 이루었다. 1991년 10월 30일 연석회의에서는 남측이 남북 불교 교류에 역점

....
382 신법타(2003), pp. 328~329.

을 둔 주장을 한 반면에, 북측은 "국가보안법이 존재하고 있는 상태에서의 단순한 남북한의 불교 교류는 의미가 없으며, 평화통일을 방해하고 인간의 생명을 위협하는 핵무기 문제 등에 많은 비중을 두고" 회의에 임했다.

이와 같은 차이가 드러나게 된 것은 "행사가 개최되기까지 남과 북이 충분한 협의를 이루지 못하는 등 양측 간의 사전 대화가 부족하였다는 것과 소수의 사람들에 의해 회의를 진행한 결과"라고 할 수 있다.[383]

비록 여러 가지 문제점을 드러낸 점도 있었지만, 미국 LA에서의 남북 불교 합동 법회는 남북 및 국외 동포 불자들이 분단 이후 처음으로 한자리에 모였다는 역사적인 의의와 더불어 향후 남북한 불교 간의 교류의 물꼬를 트는 결정적인 역할을 다했다고 할 수 있다.

〈표 5-1〉 LA 조국 통일 기원 법회 경위와 과정[384]

- 1989년 2월 초, 미국 LA 관음사에서 '조국의 평화통일을 위한 미주불교인협의회'(미주평불협, 회장 법타 스님, 사무국장 김형근)가 결성됨.
- 1989년 6월 26일~7월 26일 당시 미국에서 유학하던 법타 스님이 한국 국적의 조계종 승려 신분으로 최초 방북(평양 단독 방문)하여, 조불련 박태화 위원장과의 회의를 열고, 백자 불상 2좌 기증받아 그중 1좌를 조계종 총무원에 다시 기증함. 이 백좌 불상은 10월 14일 종단협의회가 주최한 '나라 안정과 평화통일기원 제2회 한강연등대법회—유등제'에 모셔져 점안 및 친견이 봉행됨.

··············

383 신법타(2003), p. 610. ; 이지범, 민추본(2010), p. 75. 중복 인용.
384 이지범, 민추본(2010), pp. 282~292.

제5장 남북 불교 교류 · 협력과 북한불교의 지속가능성   **303**

- 1989년 6월 전대협 소속의 임수경 양 방북함.
- 1990년 6월 북미주 기독교계의 초청으로 '북조선 미국방문단'(단장 한시해 등 기독교 대표 8명)이 미국 LA를 방문함.
- 1990년 6월 북조선 미국방문단, 환영 만찬장에서 북한불교 대표단의 미국 파견을 공식 수락함(미국 LA 관음사).
- 1990년 11월 15일 미주평불협의 회장 법타 스님, 사무국장 김형근의 이름으로 '조국의 평화통일기원 남북재미동포 불교인합동법회' 제안서와 초청 대상으로 남측엔 서의현 · 송월주 · 최지선 스님을, 북측엔 박태호 · 심상련 · 최형민 스님 등으로 하여 조불련에 전달함.
- 1991년 1월 15일 조불련 측으로부터 '조국통일촉진을 위한 남북해외동포간담회'라는 행사 명칭과 '재일본조선불교도협회(조불협)'의 회장 홍봉수 · 부회장 서태식 대표를 초청에 포함해 줄 것을 수정 제의받음. 이에 미주평불협은 조불련의 수정 제의에 대해 수락 통보를 함.
- 1991년 1월 23일 조불련, 평양 용화사를 비롯하여 보현사, 표훈사 등 4대 사찰에서 '성도절 및 조국통일기원법회'를 대대적으로 개최함.
- 1991년 2월 조불련, 평양 광법사 다시 복원함(준공됨).
- 1991년 2월 재미 승려를 중심으로 '한민족불교교류추진 미주불교협의회'(한불협, 회장 도안, 부회장 법타 · 기대원 스님) 창립됨.
- 1991년 4월 21일~5월 10일 미국 LA 도안 · 법타 스님 2차 방북, 보현사에서 처음으로 유점사종(보현사 종각 보전되어 있음)을 33번 타종하는 의식을 가짐.(이 기간 중에 조불련의 청사로 사용하던 평양 용화사에서 조불련 박태화 위원장, 홍화두 고문 등과 6차례 회의를 갖고, 행사 주최는 한불협으로, 주관은 미주평불협이 맡기로 조정하는 등 미국 LA 간담회에 있어 조불련의 참가를 공식 확인함).
- 1991년 8월 3~13일 미국 LA 한불협 기대원 스님, 2차 방북함.
- 1991년 8월 17일 조불련, 미국 LA 북측 대표단의 명단과 이력 통지함.
- 1991년 8월 25일 한불협 도안 · 법타 · 기대원 스님, 서울을 방문하여 조계종단 등에 공식 보고와 행사를 조정함.
- 1991년 10월 15일 미국 LA에서의 남북한 공동법회는 한국의 종단협이 주최를 맡는 것으로 하여 확정됨.
- 1991년 10월 28일~11월 10일 공식명칭 제1차 남북 및 해외동포 조국통일 기원 불교도 합동 법회, 조불련 · 한국불교종단협의회 · 한불협이 주최 · 주관한 이 행사는 미국 LA에서 분단 이후 최초로 남북한 및 해외동포 불교 지도자 70여 명이 역사적으로 만났음(이 행사에는 한국의 16개 종단 대표가 참석하고, 북측의

조불련 대표 4명, 일본의 조총련계 조불협 대표 3명과 민단계 한불련 대표 4 명, 미국에서 미주평불협과 한불협 등의 주요 인사들이 대거 참석하고 불교신 문이 취재하였음).

- 1991년 10월 29일 제1차 남북 및 해외동포 조국통일 기원 불교도 합동법회는 LA 관음사에서 오후 5시에 처음으로 봉행했음.
- 1991년 10월 30일 한민족불교지도자 연석회의(미국 LA 관음사) 개최함.
- 1991년 10월 31일~11월 4일 합동 법회 참가자들은 요세미티, 샌프란시스코, 태평양 연안 2박 3일 관광과 LA W.HYAYY 호텔에서 만찬 겸 환송 법회를 개최 하고, 같은 해 11월 4일 LA를 출발하여 뉴욕 전등사에서 환영 법회를 갖고, 11 월 5일 뉴욕 원각사 참배, 11월 6~7일 맨해튼 자유의 여신상 관광과 UN 본부, 엠파이어스테이트 빌딩 참관을 거쳐, 11월 8일 필라델피아 원각사에서 환영 법 회를 개최하고, 11월 9일 워싱턴 법주사 환영 법회를 마지막 일정으로 하여, 11 월 10일 북측 조불련 대표단은 베이징을 거쳐 평양으로 귀국했음.

2. 금강산 신계사의 복원

1950년 6월 25일 새벽, 북한의 남침으로 시작된 소위 '6·25 한국 전쟁'은 한반도를 초토화시켰다. 건조물은 거의 다 부서지고 민생은 도탄에 빠졌다. 이 와중에 천년 고찰인들 남아날 리가 없었다. 좁은 한반도에서 3년여의 국제전쟁을 치렀으니, 문화재의 멸실과 훼손은 물론 커다란 인명 피해 등 무엇인들 남았겠는가. 그 결과 통일은커 녕 상호 적대 감정의 골은 깊어지고 아직도 분단 71년을 맞고 있지 않은가.

신법타 스님은 1989년부터 수차례 방북하면서 북한 조불련 위원장 을 비롯한 관계 당국의 관계자들에게 6·25의 상흔을 씻고 민족문화 의 동질성을 확인하는 가장 좋은 방법이 '세계의 명산이요 불교 성 지'인 금강산의 사찰들을 복원하는 것이라고 북한 측에 건의하였다.

당시 북한 측은 공감·환영하면서도 남한 김영삼 정권에 대한 불신이 컸다. 북한 김일성 주석의 갑작스런 사망에 대한 조문 사절 금지, 즉 소위 '조문 파동'으로 김영삼 집권 기간에는 남한과는 일체 단절한다는 강경 방침이 뚜렷하였다. 그래서 김대중 정권으로 교체되자마자 1998년 3월 14일, 베이징에서 조선으로부터 금강산 개발을 위임받은 '금강산국제그룹(회장 박경윤)'과 북한의 대외 창구인 '조선아시아태평양위원회(아태 위원장 김용순)'를 상대로 하여 남한의 '조국평화통일불교협회(약칭 평불협, 회장 신법타 스님)' 간에 금강산의 문화재를 복원하기 위한 합의서를 체결했다.

〈표 5-2〉 금강산 신계사 문화재 복원을 위한 합의서[385]

조국평화통일불교협회(이하 평불협이라 한다)와 조선불교도연맹을 대리한 금강산국제그룹은 남북의 평화통일을 촉진하고 민족의 명산 금강산의 문화재를 복원하여 민족문화를 선양하기 위하여 다음과 같이 합의한다.

1. 평불협은 금강산에 소재한 전통사찰 문화재 중 신계사를 우선 복원하며, 복원과 관련된 비용과 기술은 평불협이 제공한다. 신계사 복원이 성공적으로 완료되었을 경우 평불협은 금강산 소재 전통사찰 문화재에 대한 복원 범위를 확대한다.
2. 금강산국제그룹은 남북 정부가 금강산 탐방을 허용할 경우 불교도를 대상으로 한 금강산 성지순례에 관련된 남한 내 활동에 대한 일체의 권한을 평불협에 위임한다. 또 평불협은 불교도들의 성지순례와 수련 편의를 위한 숙소 등의 시설을 금강산 인근 지역에 별도로 건립할 수 있다.
3. 금강산국제그룹은 1998년도 상반기 중에 금강산 문화재 복원을 위한 현지답사를 할 수 있도록 주선하며, 이를 위한 제반 절차상의 편의를 제공한다.

··············
385 신법타(2003), pp. 585~586.

4. 평불협은 1997년 12월 29일 조선불교도연맹과 합의한 바대로 성불사가 소재
   한 사리원을 비롯하여 석왕사가 소재한 안변, 금강산이 소재한 고성 등 가능한
   지역에 국수 공장을 건립하며, 금강산국제그룹은 이에 최대한 협조한다.
5. 이 사업을 성공적으로 완수하기 위하여 평불협이 별도의 단체를 구성, 이 사업
   을 승계시키더라도 금강산국제그룹은 이 단체를 인정하고 사업의 계속성을 보
   장한다.

                                                        1998년 3월 14일

               조국평화통일불교협회 북조선으로부터 금강산 개발을 위임받은
                                       회장 신 법 타 금강산국제그룹
                                                    회장 박 경 윤

                                          조선아시아태평양평화위원회
                                                        황 철

　　같은 해 6월 18일에는 한국불교종단협의회(종단협) 강당에서 '금강
산신계사복원추진위원회(공동위원장 법타 스님, 성초 진각종 통리원장, 문화재 건
축 전문 김동현 박사)'를 발족하였다. 동년 9월 16일에는 베이징에서 북측
아태(대표 황철)와 금강산국제그룹과 함께 금강산의 신계사 복원을 위
한 관련 협약서를 체결했다. 이처럼 본격적으로 신계사 복원을 추진
하였으나 통일부의 비협조로 진척이 되지 않았다.

　　통일부는 현대아산의 금강산 관광과 연결하여 현대아산으로 일원
화를 종용·압박하였고, 현대아산은 1998년 11월 18일에 드디어
금강산 관광 유람선을 첫 출항시키며 신계사의 경내에 관광호텔을
짓고자 했다. 평불협은 한국전쟁 이전 모습의 복원을 기본으로 하였
으나 현대아산의 상혼과 통일부의 현대아산에 대한 일방적 지원과

비협조로 진척되기 어려웠다. 그러나 2000년 6 · 15 남북정상회담의 실현으로 협의가 진척되었고, 2002년 12월 21일 대한불교조계종 총무원(이하 조계종, 원장 정대 스님)과 「금강산신계사 복원 불사에 관한 의향서(각서)」가 교환되었다.[386] 이미 2001년 11월 초에 신계사의 지표조사를 실시하였고 지표조사 보고서도 발간하였다.[387]

2004년 4월 6일 '금강산 신계사 복원불사 착공식'을 봉행하였고[388] 동년 6월 19일 '금강산 신계사 복원 추진위원회(위원장 종상 스님)'가 발족되었다.[389] 동년 11월 3일 신계사에 불사도감으로 당해 7월 25일 임명한 제정 스님을 현장에 파견하였다.[390] 2007년 10월 13일 복원공사 3년 6개월 만에 '금강산 신계사 복원 남북공동 준공식'을 봉행하였다.[391] 약 60여억 원이 복원 불사비로 소용되었다.

신계사의 복원은 한국전쟁 시 남한이 군사 작전상 폭격으로 불탔던 고찰을 복원함으로써 전쟁의 상흔을 치유하고 불교를 매체로 한 남북 대화와 교류 협력의 본보기 현장이다. 평불협에서 시작하여 조계종이 마무리한 좋은 불사가 되었다. 신계사는 11개 전각을 거느린 금강산 4대 사찰 중 하나였다. 1951년 6 · 25 전쟁에 모두 불타고 우주가 떨어져 나간 삼층석탑만 남았다. 이것을 복원한 것이다.

대웅전은 정면 3칸, 측면 3칸의 다포계 팔작지붕 건물로 조선 말

....
386 이지범, 민추본(2010), p. 304.
387 이지범, 민추본(2010), p. 302.
388 이지범, 민추본(2010), p. 308.
389 이지범, 민추본(2010), p. 308.
390 이지범, 민추본(2010), p. 309.
391 이지범, 민추본(2010), p. 316.

복원 전, 금강산 신계사 터(1992년)▲▶

복원 전, 금강산 신계사 만세루 터(1992년)▼

복원된 금강산 신계사 대웅보전과 3층 석탑(2007년 2월)

기 대표적 사찰 건축이었다.[392] 근현대의 고승으로 조계종 종정이었던 효봉(曉峰) 스님의 출가 본사이다. 복원된 건물은 대웅전, 칠성각, 대향각, 극락전, 나한전 어실각, 만세루 향로전과 최승전이며 3층 석탑도 보안·복원되었다. 북한의 국보문화유물 제95호로 지정되어 있다. 금강산 신계사 복원 경위와 과정은 다음과 같다.[393]

<표 5-3> 금강산 신계사 복원 경위와 과정[394]

- 1998년 3월 14일 중국 베이징, 조선아세아태평양평화위원회(참사 황순)와 금강산국제그룹(회장 박경윤), 평불협(회장 신법타)이 「금강산문화재 복원을 위한 합의서」를 체결하고, 같은 해 6월 18일 종단협 강당에서 금강산 신계사 복원추진위원회(공동위원장 법타 스님, 성초 통리원장, 김동현 박사)가 발족됨. 이어 9월 16일에는 「금강산 신계사 복원에 관한 협약서」를 베이징에서 아·태 등과 체결했음.
- 2000년 8월 29일 베이징에서는 조선아세안태평양평화위원회와 금강산국제그룹, 평불협이 참가한 가운데 금강산 사찰 복원을 위한 회의가 개최됨.
- 2001년 11월 2~10일 민추본과 문화유산발굴조사단, 금강산 신계사 터 지표조사 실시함(분단 이후 최초의 남북공동 학술 지표조사를 실시함).
- 2002년 2월 초 신계사복원추진위, 2차 지표조사를 하면서 「금강산 신계사 지표조사 보고서」를 발간함(현대아산, 전국 주요 사찰·단체에 발송함).
- 2002년 12월 21일 중국 베이징에서 조계종 총무원장 정대 스님과 조불련 위원장 박태화 대선사 명의의 「금강산 신계사 복원 불사에 관한 의향서(각서)」 교환함(이후 의향서는 2003년 7월 조계종-현대아산 간 「신계사 복원 불사에 대한 실행합의서」 체결과 2004년 1월을 기해 금강산 「신계사 복원 불사에 대한 실행합의서」가 작성되어, 조불련 박태화 위원장과 조계종 총무원장 정대 스님 간의 서명으로 체결되었음). 의향서 교환은 조계종 총무원 사회부장 양산 스님과 조불련 심상진 서기장이 상호 교환함.

....
392 이지범, 민추본(2010), pp. 297~316. 내용 중 발췌 인용.
393 이지범, 민추본(2010), pp. 297~316. 발췌 인용.
394 이지범, 민추본(2010), pp. 297~316. 발췌 인용.

- 2003년 1월 14일 「금강산 신계사 복원 불사에 대한 기본 합의서」가 교환됨.
- 2003년 4월 12일~5월 31일 금강산 신계사에 민족화합을 위한 연등 달기를 추진했음.
- 2003년 7월 초순 조계종과 현대아산(주) 간의 「금강산 신계사 복원 불사에 관한 실행 합의서」를 체결함.
- 2003년 8월 8일 조계종과 조불련은 상호 전문을 보내, 신계사 복원 불사에 대한 세부 사항을 점검하였음(그 사항으로는 남북을 대표하여 신계사 복원 불사를 조속히 추진할 것, 실무 협의를 위해 빠른 시일 내 실무회담 개최할 것, 서울에서의 실무회담 개최 유무에 대해 조불련의 답신과, 신계사 복원과 관련한 유관 기관과의 협조 문제는 남한의 조계종이, 북한에서는 조불련이 책임을 지고 진행한다는 내용임).
- 2003년 10월 21~25일 금강산에서 신계사 복원 불사를 위한 실무회의를 진행함(신계사 복원과 관련한 남북의 관계 기관이 모두 한자리에 모여 복원 불사의 주체와 일정, 발굴 조사, 역할 분담, 세부실행 합의서 등 전반적 사항에 대한 공식 협의와 남북의 대표단과 학자들이 공동으로 신계사에 대한 학술적인 의견을 교환하고 복원을 위한 제반 사항을 협의하고, 우선적으로 대웅전 발굴조사를 시행하기로 함).
- 2003년 11월 9~25일 남북공동 시 · 발굴 조사 및 남북공동 지도위원회는 남북공동으로 신계사지에 대한 기초 시 · 발굴 조사를 실시하여 대웅전과 삼층석탑에 대한 자료, 설계 작업을 위한 기초 작업을 실시하고, 12월 30일까지 「금강산 신계사 남북 공동 시 · 발굴 조사보고서」를 발간하기로 했음.
- 2004년 1월 12일 금강산 신계사 대웅전 및 삼층 석탑 보수 · 복원 설계도 완성함.
- 2004년 1월 13일 신계사 복원에 따른 양측 간 의향 합의를 통해 「실행합의서」를 체결함(조계종 총무원장 법장 스님과 조불련 위원장 박태화 대선사 명의로 작성된 실행합의서).
- 2004년 1월 30일 신계사 복원 불사에 대해 조계종 중앙종무기관과 조계종 종회에 설명회를 개최함(이후 각계 전문가들과의 간담회를 거쳐 범불교적 불사추진위원회를 조직하고 통일부의 남북사회문화협력사업으로 승인을 신청했음).
- 2004년 3월 22~24일 조계종 총무원 사회부장 스님과 신계사 설계자 등 실무대표단 5명 금강산을 방문하여 조불련과 복원사업에 대한 추진일정 협의함.
- 2004년 4월 6일 '금강산 신계사 복원 불사 착공식 봉행'함(금강산 신계사 터에서 남한의 종단 대표와 문화재청, 불교 신도 등과 북한의 조불련과 문화보존 지도국 등 총 200여 명이 참석함).
- 2004년 6월 19일 '금강산 신계사 복원추진위원회'가 발족함(조계종 총무원 4층 회의실에서 종정예하 증명과 총재 총무원장 스님, 추진위원장 종상 스님, 추진

부위원장 비구니회 회장 스님과 각 교구본사 주지 스님으로 구성, 각계 전문가 위원회와 실무 사무국을 구성함).

- 2004년 8월 3~25일 신계사 2차 발굴조사 및 석탑 해체, 복원 현장 공사 준비에 이어 10월 6~8일 신계사 공사 일정 등에 관한 금강산 실무회의를 조불련과 같이 개최했음.
- 2004년 11월 3일 금강산 신계사 불사도감 제정 스님(7월 25일 임명), 신계사에 파송함.
- 2004년 11월 20일 조계종 원로의장 종산 스님, 총무원장 스님 등과 남북의 주요 인사들이 참가하여, 금강산 신계사 대웅보전 낙성식을 봉행했음.
- 2004년 12월 14~17일 신계사 복원위, 중국 베이징에서 조불련 신임 정서정 서기장과 조불련 전국신도회 라영식 회장 등과 첫 회의를 가졌음.
- 2005년 2월 2일 금강산에서 1차 만세루 복원에 관한 남북공동자문위원회 회의 개최됨.
- 2005년 3월 3일 신계사 만세루 복원에 관한 남북공동자문위원회 2차 실무회의 가짐.
- 2005년 3월 27~29일 중국 베이징에서는 남북공동자문위원회 3차 실무접촉을 개최함(남북사찰 연등 달기 행사를 2006년에 실시하는 것과 일본의 독도 영유권 주장과 관련한 공동 규탄 성명을 발표하고, 조선불련무역회사 사업과 단청불사 협력 사업, 인도적 지원사업 등 남북 교류에 관한 실무 협의를 가짐).
- 2005년 4월 26일~5월 31일 남한 문화유산발굴조사단 7명과 북한 조선중앙박물관 발굴단 11명이 참여하여 신계사 요사채 및 전체 사지에 대한 공동 시·발굴 조사를 실시했음.
- 2005년 5월 3일 금강산에서 남북공동자문위원회 5차 실무회의를 개최함. 조계종 불교중앙박물관 개관 기념 전시회 등은 순연을 하고,「휠체어 지원 및 풍경(바람 방울) 지원 등에 대한 의향서」를 체결했음.
- 2005년 8월 4일 신계사 만세루 복원공사 실시(이후 9월 23일 요사채 설선당, 산신각 복원공사 실시, 9월 28일에는 2004년 해체한 삼층석탑의 조립 복원과 보존 처리를 실시했음).
- 2005년 8월 6일~10월 7일 금강산 신계사 복원위, 금강산에서 5차, 6차, 7차 실무회의를 개최, 만세루 낙성식과 남북 공동 낙성식 봉행에 대한 실무안 협의함.
- 2005년 10월 말 신계사 불사도감 제정 스님과 함께 정현 스님이 신계사 기도법사를 맡아 정진함.
- 2005년 11월 10일~12월 10일 금강산 신계사 복원위, 금강산에서 8차, 9차, 10차에 걸친 실무회의를 진행했음.

- 2006년 2월 6일~10월 20일 금강산 신계사 복원사업에 관한 실무회의가 9차에 걸쳐 추진되었으며, 인도적 지원사업과 조계종 대표단의 방북 관련 사항과 조불련 무역회사의 신계사 매점 운영에 필요한 지원사항 등과 신계사 낙성법회가 주요 안건으로 다루어졌음.
- 2006년 3월 3일~11월 3일 신계사복원추진위원회, 금강산에서 3차례 회의 개최와 중앙종회 사회분과위원회의 복원 현장 방문, 신계사 현장 관리 감독을 위한 방북 등과 도목수 선정 및 부속 당우 건립, 조경공사에 대한 사항과 낙성식에 따른 편액 제작과 수송 등과 공동단청 등에 관한 사항을 협의하고 사업 조정을 했음.
- 2006년 4월 1일~7월 25일 신계사복원위, 신계사 복원 현장 자원봉사자 1명 파견.
- 2006년 6월 28일 금강산 신계사 극락전 상량식 봉행함.
- 2007년 10월 12일 조계종, 신계사 복원 부처님 봉안 및 점안식 봉행, 증명 총무원장 지관 스님 외 원로 스님, 법주 세민 스님이 총 54존상에 대한 점안을 가졌음.
- 2007년 10월 13일 '금강산 신계사 복원 남북공동 준공식'이 봉행되었음(총무원장 지관 스님 등 종단 원로 스님들과 종회의장 자승 스님, 유홍준 문화재청장, 현대아산 현정은 회장, 윤만준 사장 등과 김의정 중앙신도회장 등 불자들과 대만 국제불광회 중화총회 심정 스님을 비롯한 스님과 신도 등 500여 명이 동참. 이날 준공식은 통일부와 현대아산, 북한 명승지 종합개발지도국이 후원을 했음).

3. 개성 영통사의 복원과 남한 천태종

영(령)통사(靈通寺)는 고려조 천태종을 개창한 대각국사 의천(義天) 선사가 출가하고 열반한 곳이다. 16세기 화재로 전각이 모두 전소되었다. 영통사의 복원은 김정일 국방위원장의 특별 지시로 시행 중이었다. 북한 당국은 1999년 봄, 개성 령통사 복원추진위원회를 구성하고 인민군 500여 명이 29개 전각을 콘크리트로 복원 중이었다. 마무리를 위한 기와, 단청, 조경용 나무, 내부 불상, 문짝 등이 필요했다. 위원회는 당장 시멘트와 철근이 모자라자 평불협 회장인 필자를 중국 베이징에서 만나 공사 진행에 필요한 물자 지원을 요청하였고, 이에 대해 남측은 지원하였다.

이미 남한 대한불교천태종(천태종)에서 복원 현장인 영통사 옛터를 참관하였으나 북한 측의 복원 경비 요구로 포기한 바 있다. 그러나 천태종으로서는 종조인 중국의 천태 지자 대사의 성지보다도 고려조 천태종조인 대각 국사와 본찰인 영통사의 복원은 필수불가결한 것이었다. 위원회는 천태종의 지원은 절대 받지 않겠다고 하였으나 필자는 "복원이 중요하지! 남한 천태종과는 통일사업 안 할 거냐? 이것저것 조건을 달면 나는 못 하겠다. 나 하는 대로 맡겨 두어라." 하고 내심 천태종을 참여시키고자 하였다.

필자가 2003년 개성 현장을 방문한 당시에는 공사가 중단되어 있었기 때문에 당장 필요한 자재를 평불협에서 지원하였다. 당시 천태종 총무원장 전운덕 스님과 간부들을 네 차례 만나 설득, 복원 참여를 종용하였다. 그 결과 천태종은 2년간 16회에 걸쳐 복원 불사 마무리에 필요한 기와 40만 6천여 장, 단청 재료, 조경용 나무, 새 도로 개설용 포클레인 등 40여억 원에 해당하는 불사 지원을 하였다. 당시 사회부장 무원 스님이 실무 총책을 맡아 지원하였다.

분명한 것은 천태종에서 조계종의 금강산 신계사처럼 일체 복원한 것이 아니라 이미 북측에 의해 29개 동의 건물이 세워졌고, 그 일부 마무리에 필요한 부속 자재를 지원한 것이다. 마치 전체를 독단으로 복원한 것처럼 알려진 것은 잘못된 것이다.[395] 2002년 2월

....

395 령통사 복원에 천태종 참여를 주선한 신법타 스님의 증언.

15일 자 인터넷 『불교신문』 49호에서 정웅기 기자는 "대각 국사 의천의 출가 사찰인 개성시 용흥리(옛 경기도 개풍군 영남면 용흥리) 영통사에 대한 대대적인 복원이 진행 중"이라고 북한 관영 중앙통신이 보도한 내용을 정리하여 실었다.[396]

천태종은 복원 공사가 진행 중이던 2003년 봄에 「남북공동복원불사에 대한 약정합의서」를 체결했다. 동년 10월 27일 1차 기와 10만 장 지원을 시작으로 16차에 걸쳐 지원을 했다. 2005년 10월 31일 낙성식을 봉행하였다. 2007년 11월 14일에는 대각 국사 의천 선사 다례재를 봉행하였다. 남북 관계가 원만하면 그해마다 수백 명 단위로 많은 신도들이 영통사를 성지 참배하였다. 영통사 복원 과정과 천태종의 기여는 다음과 같다.

....

396 "대각 국사 의천의 출가 사찰인 개성시 용흥리(옛 경기도 개풍군 영남면 용흥리) 영통사에 대한 대대적인 복원이 진행 중이라고 북한 관영 중앙통신이 19일 보도했다. 보도를 통해 북한은 '의천이 1065년에 이곳에 와 35년간 중 생활을 통해 불경을 터득하고, 그 과정에 조선에서 처음으로 천태종 불교를 창시한 영통사의 재현을 통해 조선에서 첫 통일국가였던 고려의 건축 역사를 실물로 보게 됐다.'면서 북 사회과학원 고고학연구소와 평양건설건재대학 건축사연구실 등이 이미 이 절터와 역사 문헌자료들을 조사해 복원설계를 마쳤다고 밝혔다. 이 복원설계에 따르면 영통사는 4만여 평방 제곱미터의 대지에 기본 절, 동북 무덤 서북 건축지구 구획으로 구분돼 총 2,800여 평방 제곱미터의 큰 가람으로 복원된다. 건축 양식은 절터에서 발굴된 유물의 여러 양식 가운데 1065년을 전후한 시기의 모습인 고려 양식으로 복원될 전망이다. 한편 중앙통신은 보도를 통해 영통사가 천태종의 발상지라는 이색적인 주장을 폈다. '고려문종의 넷째 아들인 의천이 10살 때인 1065년 이곳에 들어와 35년간 생활하며 천태종을 창시했다.'는 주장이다. 그러나 남한에서는 송나라 유학을 마치고 돌아온 의천이 1095년 낙성한 개성 국청사에서 1097년부터 천태학 강의를 시작했고, 학자와 스님이 1천 명이 넘었다는 기록 때문에 천태종 원찰은 국청사로 여겨 온 것이 통설이다. 영통사엔 대각국사 비등의 문화재가 다수 있는 것으로 알려져 있다." 출처 : 「북, 개성 영통사 복원추진—1만 3천 평 규모 설계 완료」, 『불교신문』 49호, 2002년 2월 15일.

- 1997년 봄~1998년 가을까지 북한 당국, 개성 영통사지 1~4차 기초발굴 조사를 시행함.
- 1997년 가을 북한 사회과학원 고고학연구소와 일본 다이쇼(大正)대학이 공동으로 개성 영통사 유적 발굴조사(현지 공동조사)를 진행함.
- 1998년과 1999년에 걸쳐 영통사 현지 공동조사 답사가 추진되었고, 「영통사 유적 발굴보고서」는 2002년 9월에 발간됨.
- 1999년 봄, 북한 당국은 개성 영통사복원추진위원회를 구성함.(영통사 복원 과정에는 1997년 가을 북한 사회과학원 고고학연구소와 일본 다이쇼대학에서 현지답사를 가진 바 있으며, 이미 북한 당국에서는 1997년 봄부터 1998년 가을까지 1~4차 기초발굴 조사를 한 후 1999년 조선불교도연맹 등 북한의 3개 단체로 구성된 '영통사복원추진위원회'를 발족함.)
- 2000년 11월에도 남한 천태종은 개성 방문과 영통사 현지답사를 진행.
- 2003년 2월 27일 천태종, 「개성 영통사 복원에 관한 약정합의서」 체결함(베이징, 참가자는 조불련의 심상진 서기장과 정혜 스님, 정덕 스님, 최경철 참사, 김성철 개성영통사복원추진위원회 사무국장). 사전에 천태종(사회부장 무원 스님)은 개성 영통사 복원사업(불사)을 협의하였고, 이후 조불련과 천태종은 2003년 봄에 이르러 남북공동 복원 불사에 약정합의서를 체결한 것임.
- 2003년 10월 영통사 복원은 착공되어, 천태종에서 10월 27일 1차 지원을 시작으로 2004년 3월 29일까지 6차에 걸쳐 기와 406,490매를 지원하였고, 2004년 4월 26일부터 7차 지원이 시작되어 2005년 3월 29일까지 총 16차에 걸쳐 단청용 도료 및 각종 첨가제, 작업 도구, 전기제품, 굴착기·불도저 등 중장비와 장비 오일, 각종 건축 마감재, 페인트, 타이어, 행사용 비품, 조경용 묘목 등을 지원함.
- 2003년 10월 초순 천태종, 개성 영통사 복원 불사 기공식 개최함.
- 2003년 10월 27~29일 개성 영통사 기와 전달식(천태종 관계자들과 법타 스님, 혜해 스님 등이 참석)을 개최함. 기와 10만 장 전달.
- 2005년 10월 31일 천태종, 개성 영통사 낙성식을 봉행함(전운덕 총무원장 등 300명).
- 2007년 6월 8일부터 영통사 성지순례 및 관광을 시행함.

....

397 이지범, 민추본(2010), pp. 295~318. 발췌 인용.

- 2007년 7월 26일 천태종, 개성 영통사 4차 성지순례(250명).
- 2007년 8월 11일 천태종, 개성 영통사 5차 성지순례(310명).
- 2007년 8월 18일 천태종, 개성 영통사 6차 성지순례(240명).
- 2007년 8월 25일 천태종, 개성 영통사 7차 성지순례(260명).
- 2007년 11월 14일 천태종, 조불련과 공동으로 개성시 영통사에서 「6 · 16 공동 선언」 실천, 개성 영통사 대각국사 의천 스님 906주기 열반 다례재를 봉행함(천태종 총무원장 스님 등 300명이 참석함).
- 2009년 11월 21일 국사 의천 스님 열반 908주기 남북 합동 다례재 봉행.

4. 북한 사찰 단청 지원

북한의 현존 고찰 60여 개는 해방 이후 북한 당국에서 단청이나 불상 개금을 한 적이 없다. 그래서 고색창연한 분위기는 있으나 쉽게 부패할 수밖에 없다. 평양의 광법사나 동명왕릉 정릉사처럼 8, 90년대 복원한 콘크리트조의 사찰로서, 단청이나 문양의 안료도 남한 수준이 아니다. 전각 내의 불상도 가금(假金)으로 개금(改金)되어 완전히 퇴색되어 있어 개금과 단청이 꼭 필요하여, 필자는 방북 중에 조불련과 단청 및 개금 불사에 대하여 누차 건의한 바 있다.

2002년 10월 9일, 베이징 랜드마크호텔에서 남북한 불교회의 당시 조불련이 조계종 민족공동체추진본부[398](이하 민추본)와 평불협 등 남한 불교계에 총 59개 145동의 건물에 대한 단청 불사 안료 지원

----

398 2002년 6월 8일 조계사에서 조계종의 통일운동 조직으로 '대한불교조계종 민족공동체추진본부'(약칭 민추본, 본부장 정련)가 창립되었다. 민추본은 종단 차원의 대북 교류 협력 공식 창구로서 창립 이후 많은 역할을 하고 있다.

과 단청 기술 지원을 요구했다.[399] 민추본과 평불협은 공동 지원키로 하고, 시범 사찰로는 평양 외곽 법운암(法雲庵)을 선정하였다. 법운암은 고구려 시대의 사찰로 규모는 작으나 풍광이 아름답고 장군수 같은 오랜 전통과 전설이 깃든 고찰이다. 대웅전은 조선 중기 이후 세워진 단아한 건물이었다. 이곳을 택한 큰 이유의 하나는 일제강점기 백범 김구(白凡 金九) 선생이 승려 신분으로 이곳에 머물다가, 일본 순사를 처단하고 중국 망명을 하였기 때문이다.[400]

2002년 11월 26일부터 12월 3일까지 필자는 단청 수리 기술자 김성룡 등 5명을 대동하여 평양과 법운암을 방문하고 조불련과 북한 지역 단청과 개금 불사에 대한 구체적인 시행 사업을 협의하였다. 단청은 북한의 요구대로 59개 사찰로 하고, 이에 더하여 시범적으로 평양 법운암과 평불협 금강국수 공장이 있는 성불사 불상을 개금하기로 하였다.

〈표 5-5〉 북한 조불련 사찰 단청 일정과 개요[401]

- 지원 주체 : 평불협과 민족공동체추진본부가 공동 지원.
- 지원 상황 : 1차로 2003년 5월 27일 안료 15톤과 받침목, 붓, 합판 등 부대 도구 등을 인천에서 남포로 보냄. 4차까지 보냄.
- 단청 개금불사 봉행 법회 : 8월 5일 대표단은 24명이 방북하여 평양 법운암에서 개최. 평불협 대표단은 별도로 개성직할시 개풍군 영통사 복원 불사 현장 방문.

....

399 이지범, 민추본(2010), p. 303.
400 이지범, 민추본(2010), p. 203.
401 이지범, 민추본(2010), p. 306.

- 단청 불사 진행 계획
  - (1) 1단계는 2003~2004년까지 2개 사암.
  - (2) 2단계는 2005~2006년까지 31개 사암 등 2단계로 나누어 진행.
- 사암 단청 재료 소요량
  - (1) 총 소요량
    - ① 단청하려는 총 사암 수 : 59개 사암
    - ② 단청 면적 : 123,715㎡
    - ③ 단청 재료 총 소요량 : 47,260kg
  - (2) 1단계
    - ① 단청하려는 사암 수 : 28개 사암
    - ② 단청 총 면적 : 55,439㎡
    - ③ 단청 재료 소요량 : 24,650kg
  - (3) 2단계
    - ① 단청하려는 사암 수 : 31개 사암
    - ② 단청 총면적 : 68,276㎡
    - ③ 단청 재료 소요량 : 22,610kg
- ※ 사찰 단청 외에 북측 지역의 역사문화유적건물 단청 재료도 더 지원하여 주도록 한다.

2003년 8월 5일 평양의 법운암에서 조계종과 평불협과 조불련은 "남북공동 단청 및 개금 불사 입재법회"를 공동 개최했다. 이날에는 남한의 김성룡을 비롯한 단청 개금 기술자 5명과 북한 기술진 25명이 함께 참석하였다. 남한에서 시공되고 있는 전통 문양 단청과 개금 기술을 북한 기술진에게 전수시켜 나머지 사찰들을 자체적인 기술로 단청토록 하였다.[402] 2004년 3월 3일 단청 불사 안료 2차분 15톤을 평양에 보냈다.[403] 2004년 12월 31일 3차분 15톤을 인천에서

....

402 이지범, 민추본(2010), p. 306.
403 이지범, 민추본(2010), p. 308.

남포항으로 보냈다.[404] 2005년 5월 25일 4차분 안료 15톤과 보완 자료를 보냈다.[405] 북한 사찰의 단청과 개금 불사의 지원 개요와 일정은 다음과 같다.

〈표 5-6〉 북한 사찰 단청 개금 불사 지원 개요와 일정[406]

- 2002년 10월 9일 베이징 남북 불교회의, 조불련이 민추본과 평불협「북한 지역 사찰 단청 불사 현황 자료」를 제출하고, 북한 지역 사찰 총 59개와 145동의 건물에 대한 단청 불사를 요청하는 것과 동시에 단청 재료 지원 및 단청 기술 지원을 요구했다.(이 회의에서 단청 불사 시범 사찰로 평양 법운암을 선정 합의하였다.)
- 2002년 11월 26일~12월 3일 평불협 법타 스님 · 김성룡 단청 수리 기술자 등 6명이 평양을 방문하여, 조불련과 북한 지역 사찰 단청 및 개금 불사에 대한 사업 협의를 통해 시범 사찰로 평양 법운암과 황해북도 사리원시 성불사로 지정하여 사업을 추진함(조불련은 2002년 말까지 단청 불사에 대한 사업 확정과 북한 지역 사찰 단청 지원과 관련한 자료를 남한 불교계에 제공하기로 하였음. 북한 지역의 단청 불사는 2002년 10월 조불련이 작성하여 제출한 자료에는 「북반부 사찰 단청 지원과 관련한 자료」라고 표시하고, 1단계 단청사암 28개 사찰에 단청 면적 55,439평의 현황과 2단계 단청사암 31개 사찰에 68,276평 현황이 담겨 있다.)
- 2003년 1월 7일 조계종 총무원(사회부장 양산 스님), 2002년 12월 조불련과 합의한 북한 지역 사찰 단청 불사 계획을 기자간담회를 통해 발표함.
- 2003년 2월 10~14일 중국 베이징에서 열린 남북 불교회의에서 2월 10일 조계종(사회부장 양산 스님)과 조불련(서기장 심상진)과의 회담을 통해 북한 사찰 및 민족문화재 단청 불사와 관련한 남북협력 사업 협의, 단청 불사를 위한 남한 전문가를 비롯한 실사단을 3월 중순 초청할 것, 단청 불사 시범 작업이 종료되면 회향법회 봉행할 것. 금강산에서 단청 관련 토론회 및 전시회를 개최할 것 등 4가지 항이 합의됨.

....

404 이지범, 민추본(2010), p. 309.
405 이지범, 민추본(2010), p. 310.
406 이지범, 민추본(2010), pp. 303~309. 발췌 인용.

- 2003년 3월 11~15일 단청 불사 실사 방문단이 평양을 방문하고, 「북한 지역 사찰 방문 및 세부 실행 합의서」를 작성함.
- 2003년 5월 27일 대한불교조계종 북한사찰단청불사추진위원회(위원장 사회 부장 양산 스님)를 구성, 통일부의 승인을 받아 단청 안료 및 재료 15톤 분량과 가설비계 및 합판, 화필 등 단청 도구 일체 총 6억 5천만 원 상당의 1차분을 지원했음.
- 2003년 7월 28~30일 금강산에서 분단 이후 남북한 불교계의 공동 행사로 '남북 단청문화 전시회 및 토론회'를 개최했음(이 행사에는 남북의 학자들이 참가하여 단청의 역사와 문화에 대한 학술토론회 개최, 남북의 전통 단청문화 작품들을 공동으로 전시하고 상호교환을 했음).
- 2003년 8월 5~9일 평양 법운암에서 '남북공동 단청 및 개금불사 입재법회' 개최했음(이날 입재식에는 남한 기술진 5명과 북한 기술진 25명이 함께 참석하여 양측 간의 기술을 전수하고 교류를 통해 분단 이후 단절된 민족문화의 이질 감을 해소하고 불교문화의 보존에 기여하고자 했음).
- 2004년 3월 3일 단청 불사를 위한 안료 지원분 총 60톤 중에서 2차분 안료 15톤을 인천항에서 선적하여 전달했음.
- 2004년 3월 17일 북한사찰 단청 불사 자료집 『남북의 단청』 발간과 기념 법회를 개최함.
- 2004년 12월 31일 민추본, 북한사찰 단청 불사 지원 3차분 안료 15톤 조불련 전달했음.
- 2005년 5월 25일 민추본, 2004년 12월까지 단청 안료 3차분 중에서 파열 우려가 있는 액상 품목을 추가 지원하고, 생활용품 1컨테이너 분량을 지원함.

제2절 남북 불교 교류와 북한불교의 변화

　북한의 사찰은 전통 문화재의 보전, 인민 휴식 공간, 관광자원 등
으로 활용되고 있지만, 스님들은 대처승, 장발, 양복 착용 등 한국
전통불교의 외형을 갖추지 못하고 있다. 이와 같은 북한불교의 모습
은 북한 사회에서 주민들이 갖는 종교적 경향 때문이다. 그것은 먼
저, 북한 동포들의 의식 속에 주체사상이 신앙처럼 존재하고 있어
불교와 기타 종교의 영향력이 없고 필요성도 느끼지 않기 때문이다.
둘째는 북한 정권의 통치와 정책 이외의 종교의식이나 다른 사상,
관념은 통용되지 않고 있다는 점, 셋째는 공동체적인 집단이 가지는
획일적 의식과 행위만을 요구하고 있는 점을 들 수 있다. 넷째는 북
한 정권 자체가 종교화되어 있기 때문이다. 최고지도자가 신격화·
우상화되어 있고 통치 철학이 교리이며 조선노동당을 교단으로 볼
수도 있다.

　그러나 이러한 경향도 남북 교류 등과 북한 사회의 변화에 의해

많이 달라지고 있다. 그동안 북한불교의 초기 모습은 1989년부터 수차례 북한을 방문한 평불협 미주본부 등을 통해 소개되었다. 북한 스님들은 불학원에서 승려 교육이 이루어지고, 조불련 조직과 개인적인 사사 등으로 전통적인 불교 교리와 염불 등이 전수되었다고 볼 수 있다. 보현사 등 사찰과 조선불교도연맹 중앙위원회 스님들을 중심으로 법명 사용, 불교의식 습의와 법복 착용, 삭발을 하는 등 외형적으로 큰 변화를 가져온 것으로 확인되었다.

세계적인 음악가 고 윤이상의 부인 이수자 여사가 남편의 사십구재를 묘향산 보현사에서 봉행하면서 북한 불교계에 큰 자극제가 되었다. 이수자 여사가 북한 불교계와 관계를 맺으면서 변화가 이루어진 것이다. 남북 불교 교류 사업의 의의는 북한과 남한의 불교계가 함께 동일한 의식에 따라 법복을 착용하고, 외형적으로 삭발 등을 맞춘 것 등 상호 동질성을 확인했다는 것이다. 이는 무엇보다도 윤이상음악연구소 명예회장으로 있는 이수자 여사의 노력이 뒷받침된 결과이다.

1997년 말부터 1998년 한 해 동안 북한 당국의 협조를 받아 조불련 중앙위원회 스님 2명과 함께 북한 전역의 사찰을 참배하면서, 북한 주민들과 각 사찰에 적잖은 변화를 이루게 하였다. 참배 사찰에서 이수자 여사는 "사찰에 향, 초, 목탁 등 불구(佛具)가 없으면 안 된다. 그리고 스님들은 왜 염불과 삭발을 하지 않는가." 등을 해당 지역 관리들에게 지적하고 요청하여, 1998년 11월에는 묘향산 보현사에 있는 스님들 전원이 삭발한 광경이 목격되었다. 1995년 5월 중국 베이징에서 조불련 박태호 위원장은 북한의 사찰에서도 한국불교와 같은 방식으로 석문의범에 의거해 염불과 찬불가 등을 한다고 소개했다. 또한 1988년 평양의 광법사에서 행한 윤이상 천도재는 북한 불교계에서 염불에서 가장 높이 평가받는 혜명 스님(광법사)이 집전하고 스님들도 다 함께 염불하였다. 이는 처음으로 소개된 북한 불교계의 염불 광경이었다.

2000년대까지 북한의 사찰은 관리인 성격으로 책임 지도원이 배치되었거나 묘향산 보현사와 성불사 같은 주요 관광지 사찰에는 조불련 소속의 스님들이 주지로서 관리하고 있다. 사찰에 상주하는 책임 지도원은 거의 모두 과거부터 불교와 연관이 있거나 그 후손들이 대부분이었다. 그러나 지금은 정규교육을 이수한 분들이 그 역할을 담당하고 있다.

이처럼 북한에서 불교의 새로운 변화는 첫째, 남북 불교 교류에 기인한다. 남북 종교 교류에 따라서 불교계 인사들의 영향력이 전반적으로 커지면서 각종 활동이 전개되었다. 여기에는 고 윤이상 씨의 부인 이수자 씨의 활발한 불교 활동으로 북한불교에서 개선된 부문이 많다.

둘째, 북한 스님들이 실질적으로 변화했다는 것이다. 사찰의 승려가 상주하거나, 삭발과 법복 착용 등의 외형적 변화, 그리고 불교의식을 재현하면서 이전에 하지 않던 불교 행사를 개최하는 등 다양한 면에서 달라졌다. 이는 북한 주민들에게도 불교의 이미지를 변화시키는 데 많이 기여했다. 특히, 대외협력 행사를 추진할 때 북한의 스님들이 사찰을 방문한 해외 외교 인사 및 관광객 안내에도 참여하자, 불교계의 일원으로서 북한을 소개한다는 대표성을 얻을 수 있었고, 또한 일반인들이 불교에 대해 자긍심도 가질 수 있었다.

셋째, 국가 차원에서의 불교에 대한 지속적인 관심 제고이다. 북한 당국이 사찰 문화재를 주체건축 차원에서 중요성을 높이 평가하였다. 따라서 사찰을 보존하려는 노력으로 대규모 사찰 복원과 문화재 복구가 이루어졌다.

넷째, 불교가 가지고 있는 문화성에 연유한다. 사찰을 포함한 불교 문화재는 북한에서 자랑하는 역사성은 물론 정통성과 우수성도 내포하기 때문이다. 동명왕릉과 정능사, 국제친선관람관은 물론이요, 묘향산 보현사를 비롯한 금강산과 여러 사찰들, 그리고 주체건축과 불교 건축물 등에서도 불교의 문화특질이 잘 나타난다.

결국 북한의 불교계가 변화한 요인들은 조불련이 조직 내에서 전통의식과 교육에 관심을 갖고 한층 더 고양시키는 계기가 되었다. 또한 북한에서 사찰의 기능이나 종교 행위를 위한 형식을 갖추는 데에도 도움이 되었다. 스님의 삭발이나 법복 착용, 그리고 염불 등의 외형적 변화는 물론 기본 불교용품이라 할 수 있는 향, 초 등을 사찰에 비치할 수 있도록 '필수사항'으로 관리되는 점도 큰 성과라 할 수 있다.

현재 조불련의 주요 업무는 세 가지로 볼 수 있다. 첫째, 남한을 비롯한 제3국과의 종교 교류이며 둘째, 북한 종교의 실질성을 유지하는 것이고 셋째, 승려 교육과 사찰 관리를 수행한다는 것이다. 실제로 조불련은 조직의 내외적으로 다양한 측면에서 국제 교류 및 협력을 추진한다. 이러한 조불련의 주요 활동과 교류 형태를 정리하면 〈표 5-7〉과 같다.

<표 5-7> 조불련 주요 활동과 교류 형태[407]

주요 사업 과제	교류 형태	협력 사업 및 불교 특징
종교 교류의 참여 방식	• 미국 LA 합동 법회 공동 주최 (1991년) • 중국 베이징 대표자회의 주관 (1995년) • 조선종교인협의회(KCR) 참여 • 6 · 15, 8 · 15 행사 참가 등	• 금강국수 공장 설립 (1997년)〈평불협〉 • 사찰 단청 불사 (조계종과 평불협 공동 지원) • 백두산, 금강산 구월산 관광 추진
종교의 실질성 유지	• 부처님오신날 공동발원문 채택, 발표(1997년~현재) • 불교 4대 명절 행사 주관 • 윤이상 선생 천도재(1998년)	• 불교학원 및 법명 사용 • 안거 제도 및 법계고시 제도 • 법복 착용, 삭발(일부 승려) • 불교의식 전수(목탁, 찬불가 등)
종교적인 형태 보존	• 사찰 복원 및 관리 (북한 당국 차원) • 주지 스님 및 관리인 배치/안내 • 조불련 중앙위원회 운영	• 윤이상 선생 천도재(1998년) • 조불련전국신도회 조직 (2003년) • 합동법회(주요 사찰 및 기관에서 진행)

· · · · · · · · · · · ·

407 이지범, "오늘날 북한불교의 현황", 「북한불교의 재발견 시리즈 5」, 『불교닷컴』(http://www.bulkyo21.com) 2012년 4월 13일. 이 기사 중 〈표 4. 조불련 주요 활동과 교류 형태〉를 인용한 것이다. ; 「오늘날 북한불교의 현황」, 『대한불교조계종 정각사』(http://www.junggaksa.com) 2012년 5월 26일. 이 기사 중 〈표 3. 북한 지역 불교 현황 비교〉를 인용한 것이다.

제3절   북한 종교 변화에 대한 평가

1. 북한 종교 정책의 실질적 변천 과정

북한의 종교 정책을 시기별로 구분하는 것은 연구자의 의견, 가치관 또는 역사관을 포함해 다양한 기준에 따라 다르다. 그 시기와 명칭에서도 차이를 나타낸다. 북한의 종교 정책 변화 연구에는 다양한 관점이 존재한다.

먼저 박완신, 고태우 등 전통적인 반공주의의 관점에 따른 시각이다. 북한의 종교에 대해서 실제 내용은 없고 형식적이라고 파악하면서, 현재 북한의 종교 정책을 대남 통일 전술의 일환과 대외 선전용 등으로 평가한다. 따라서 북한 당국이 본질적으로 종교를 인정하지 않는다고 본다. 해방 초기 여러 정치세력이 함께 했던 인민민주주의 상황에서 종교를 인정했지만, 사회주의로 이행하는 과정에서 탄압을 통해 종교를 소멸시켰다는 것이다. 이는 1946년 토지개혁 당시 종교 단체 토지를 지주의 대토지처럼 처리하면서 몰수했던 것에서 시작되었고, 한국전쟁을 거치면서 본격화되었다. 1972년 사회주의 헌법에 나타난 '종교의 자유'는 선전 문구에 지나지 않는다는 것이다. 북한은 1980년대 종교시설을 건립하였지만, 이는 대외선전용이고, 북한 당국이 종교시설을 관리할 뿐이며, 실제 민간인들의 신앙 활동을 보장하지 않는다는 것이다.

두 번째로 윤이흠 등 북한이 현재 종교를 제한적으로 인정한다는 관점이다. 이러한 시각은 북한이 종교에 대해 해방 이후 탄압하였고, 현재 통일전선적 측면의 활용이 존재할지라도 소수의 신앙 활동을 인정하기 때문에 긍정적인 변화의 가능성을 부여한다. 따라서 남북 교류 등을 통해 소수의 북한 종교인들을 지원하여, 북한의 종교를 발전시켜 나가자는 견해에 큰 영향을 미치고 있다.

김일성 주석의 외삼촌으로 국가 부주석까지 지냈던 강양욱은 목사였으며, 그의 차남인 강영섭은 조선그리스도교연맹 중앙위원장을 역임하였다. 북한의 사찰을 방문하면 진짜 스님들이 계신다. 현재 북한에도 미비하지만 종교 활동이 존재한다. 과거 한국전쟁 등 북한의 종교 탄압에서도 명맥을 유지한 극소수 사람들의 종교 활동은 북한의 공식적 보고를 통해서도 확인되었다.

세 번째로 필자 등 북한의 종교 정책에 대한 변화를 내재적으로 바라보는 입장이다. 이러한 시각은 북한에서 종교가 사회주의와 함께 존재할 수 있는 가능성에 주목한다. 물론 북한은 1947년 북조선인민위원회 창립부터 반공적 성격을 지닌 기독교 등을 제한하기 시작하였다. 한국전쟁을 거치고, 사회주의적 개조를 완료한 1958년의 다음 해부터 사회주의 강화의 논리에 따라 반종교 선전을 강화하면서 종교를 본격적으로 탄압하였다.

1959년 대표적인 반종교 선전물로 정하철의 『우리는 왜 종교를 반대하여야 하는가』와 노재선의 『종교는 인민의 아편이다』 등이 출간되었다. 그러나 북한은 1970년대부터 공식적인 종교 단체의 활동을 허용하였고, 1983년 신약전서와 찬송가, 1984년 구약전서를 발간하였다. 1985년 이산가족 고향 방문단을 계기로 평양에서 처음으로 남북 공동 예배와 미사를 진행하였다. 1986년부터는 사찰, 교회, 성당 등을 본격적으로 복원해 나갔다. 나아가 1992년 헌법 개정에서 '반종교 선전의 자유'라는 조항을 삭제하였다.

〈표 5-8〉 북한 종교 정책 변화 시기 구분[408]

	1945	1950	1955 1960 1965 1970	1975 1980 1985	1990
윤이흠	저항기 (1945~1953)		해체기 (1953~1970)	피이용기 (1971~1987)	재생기 (1988~현재)
박완신	제한기 (1945~ 1949)	탄압기 (1950~ 1953)	말살기 (1950~60년대)	역이용기 (1970년대~현재)	
고태우	종교의 제거기 (1945~60년대)			종교 부재의 갈등기 (1970년대)	표면적 종교 형태의 외부적 표출기 (1980년대~ 현재)

....
408 북한연구소, 『북한총람』(서울 : 북한연구소, 1983), pp. 1228~1236. ; 고태우, 『북한의 종교』(서울 : 통일연수원, 1992), pp. 17~24. ; 법성, 「북한의 종교」, 강정구 편, 『북한의 사회』(서울 : 을유문화사, 1990), pp. 282~291. ; 신법타, 『북한불교연구』(서울 : 민족사, 1994), p. 91.

	1945	1950	1955 1960 1965 1970	1975 1980 1985	1990
신법타	제한적 제거기 (1945~ 1949)	본격적 제거기 (1950~ 1953)	종교 부재기 및 새로운 모색기 (1954~1972)	종교 재등장기 (1972년부터 1980년대 초반)	대남, 국제활동기 (1980년대 중반 이후)

필자의 북한 종교 정책 변화에 대한 시기 구분은 북한이 과거의 종교 탄압 일변도에서 변화하여 새롭게 사회주의와 종교의 공존을 추구하는 과정으로 이해될 수 있다. 따라서 북한의 신종교 정책의 등장과 본격화 과정으로 파악될 수 있다. 이는 구체적으로 다음과 같이 정리할 수 있다.

〈표 5-9〉 북한의 종교 정책 변천사[409]

년 도	1945	1950	1955 1960 1965 1970	1975 1980 1985	1990 1995 2008	현재
	제한적 제거기 (1945~ 1949) • 인민 정부 수립	본격적 제거기 (1950~ 1953) • 한국 전쟁	종교 부재기 (1954~ 1972) • 북한 김일성의 반대파 숙청 • 일인체제 확립	종교 재등장기 (1972~ 1989) • 사회주의 헌법으로 개정, 주체사상을 통치이념으로 함.(1972. 12. 27.)	종교 확장기 (1989~ 2008) • 북한 신종교 정책의 본격화 • 평양축전 종교선전	종교 교류 정체기 (2008~현재) • 남한 이명박 대통령의 대북 강경정책 전환

409 『북한총람』(1983), pp. 1228~1236. ; 고태우(1992), pp. 17~24. ; 법성, 「북한의 종교」, 강정구 편, 『북한의 사회』(1990), pp. 282~291. ; 신법타(1994), p. 91.를 참고로 정리하였다.

년도	1945	1950	1955 1960 1965 1970	1975 1980 1985	1990 1995 2008	현재
			• 기독교, 천주교 미제 앞잡이 스파이로 숙청 및 정리 • 1960년대 중반 북한 신종교 정책의 등장 : 1965년 불학원 설립	• 1970년대 초반부터 신종교 정책의 점진적 추진 : 1972년 평양 신학원 설립 • 조선종교인협의회 결성 : 장재언 위원장(1989. 5. 30.)	• 민족화해협의회 결성 : 김영대 위원장(2000. 3.) • 남한 김대중 대통령의 햇별정책 • 2000년 6·15 남북정상선언 • 2007년 10·4 남북정상선언	• 금강산 박왕자 피살사건 (2008. 7. 11.) • 천안함사건 (2010. 3. 26.) 이후 정부가 5·24 조치로 남북교류 일체 차단 • 연평도 포격 도발(2010. 11. 23.) • 북한 DMZ 목함지뢰 도발사건 (2015. 8. 4.)

북한의 중앙 종교 조직은 1945년 12월 26일 조선불교도연맹중앙위원회, 1946년 11월 28일 조선기독교도연맹중앙위원회(1999년 2월 11일 조선그리스도교연맹으로 개칭), 1947년 2월 14일 조선천도교회중앙지도위원회, 1988년 6월 30일 조선천주교인협회(1999년 6월 1일 조선가톨릭교협회로 개칭), 1989년 5월 30일 조선종교인협의회가 차례로 결성되었다.[410] 이는 당으로부터 임명을 받은 성직자들에 의해 운영되는 종교 조직을 의미하였다.

사회주의적 집단화가 이루어진 사회의 특성을 고려할 때, 북한의 종교는 국가의 승인을 받은 제도권의 '공인단체(公認團體)'가 있는 반

---

410 조선중앙통신사, 『조선중앙연감』(평양 : 조선중앙통신사, 1989). ;『미주한국불교』 창간호, 1995년 11월 1일.

면에, 전통적인 관습과 풍습에 따라 행해지는 비공인 '민간신앙(民間信仰)'으로 나뉘어 있다. 북한은 조직적 교육을 통해서 종교가 비과학적이라고 강조하여 주민들이 종교로부터 멀어지도록 유도하였다. 이것은 일반적으로 모든 사회주의국가들이 사회주의적 교육을 통해 종교를 약화 또는 소멸시키려고 시도한 것과 같다.[411] 하지만 중국 정부는 사회주의 일당독재 체제를 표방하면서도 1978년 이후 개혁·개방 정책의 도입에 따라 종교에 대해 점진적으로 허용하는 종교 정책을 펼쳤고, 최근 개혁·개방의 심화와 더불어 국제정치 환경의 변화에 따라 종교의 자유를 인정한다고 하면서 외국인의 선교활동만을 금하고 있다.[412]

북한의 종교 단체가 벌이는 종교 활동은 협의적으로 1962년부터 사회안전부의 소관 사업[413]이므로 그들로부터 지시받고 있다. 광의적으로는 당의 감독하에 설립된 종교 단체에서만 제한적으로 이루어지는 활동을 의미한다. 또한 당으로부터 임명을 받은 성직자들에 의해 지정된 장소에서 행해지는 통제적 활동을 말한다. 북한 주민들의 종교적 회합은 종교적인 목적을 수행하기 위해 이루어지지 않고, 당의 당면 과제를 실천하기 위한 형태로 지정된 일정과 시간에 따라 이루어지고 있다. 이와 같이 당의 감독과 임명된 성직자 지도를 벗

....

411 김성태, 「한국 천주교의 통일사목 방향」, 『가톨릭 신학과 사상』 제10호(신학과사상학회, 1993), pp. 188~189.

412 김준철, 「북한선교의 사명과 전망」, 『사목연구』 제7호(가톨릭대학교 사목연구소, 1999), p. 131.

413 고태우(1989), p. 80.

어난 종교 활동은 비정상적 또는 불법적 활동으로 간주되어 금지되고 있다.

북한에서 국가와 종교의 관계는 '사회주의 체제하의 국가지배형 종교'라는 형태를 이루고 있다. 북한은 헌법 개정을 통해 신앙의 자유에 대해 포괄적으로 규정하고 있지만, 중국과 달리 헌법의 하위체계인 법률적 규정, 즉 종교법이나 종교사무법 등을 마련하지 못했을 뿐 아니라 아직까지 행정부 내에 종교 업무를 관장하는 부서가 설치되어 있지 않다.[414] 이것은 하부구조의 부실을 초래하여 앞으로 북한의 종교 단체가 독립성과 자율성을 얻기 위해 풀어가야 할 과제로 남아 있지만, 북한의 중앙 종교 조직들이 당의 감독과 지도에 따라 정치적 성격을 띤 활동이나 대외관계 활동만을 하고 있었던 것은 아니다.

중앙 종교 조직은 1965년에 설립된 불교학원, 1972년에 개원한 평양신학원이라는 교육기관을 운영하면서 존립 기반을 이루는 교육 활동과 종교 단체 산하에 불교 승려의 품계를 정하는 '법계자격고시위원회'와 같은 공식 기구를 독립적으로 설치하게 됨으로써 성직자 양성과 관리에 효율적으로 대처할 수 있게 되었다. 이는 1960년대 초반 북한의 '조국평화통일위원회'에 종교 단체가 공식적으로 참여하면서 나타난 신종교 정책에서 비롯되는 것이었다. 따라서 1970년대 북한 종교 조직의 공식적 등장과 국제 교류 참여 등은 북한 신종

....
414 변진홍, 「북방 및 북한선교 전략」, 『사목연구』 제6호(가톨릭대학교 사목연구소, 1998), p. 11.

교 정책의 점진적 실현 과정으로 파악할 수 있다.

　이후 김일성종합대학교 사회과학대 역사학부 내에 종교학과를 1989년 1학기부터 개설하고, 주체사상연구소와 연계를 이뤄 불교, 기독교, 이슬람교, 가톨릭교, 천도교 등 5대 종교를 집중적으로 연구하도록 하였다.[415] 이를 통해 북한에서 신종교 정책이 본격화되었다.

　특히 오늘날과 같은 북한의 종교 정책이 본격적으로 추진된 시점은 1988년이다. 남한에서는 제6공화국이 출범하면서 시대적 상황 변화와 국민의 요구에 의하여 같은 해 6월 2일 「통일논의 자유화」 조치가 있은 후, 연이어 7월 7일에 노태우 대통령에 의해 「민족자존과 통일번영을 위한 특별선언」[416]이 발표되면서, 북한도 종교 정책의 수정을 가했다. 여기에는 반종교 정책을 실시해 온 북한이 종교

....

415 김준철(1999), pp. 141~142. or p. 177. 김일성종합대학교에 1989년부터 종교학과의 신설을 지시한 김정일 국방위원장은 "김일성종합대학 내 종교학과를 설치하고 1년간 5명 내지 10명의 종교 전문가를 배출해야 한다. 통일을 위해서 우리는 종교를 잘 아는 전문가가 필요하기 때문이다."라고 했다. 역사학부에 속한 종교학과는 5년제로 운영되며, 매년 20명을 선발하는데, 1994년에 첫 졸업생을 배출한 이후 8백여 명이 졸업했고, 현재 1백여 명이 재학 중이다. 불교 등 5개의 전공과목으로 구성되어 있고, 희망에 따라 학교에서 계속 연구하거나 정부기관 또는 종교 단체의 조직에서 일하게 된다. 특히 대학에 남아 있는 연구하는 졸업생들의 경우, 1980년대 말부터 진행된 주체사상과 여타 종교와의 상관관계 연구에 몰두하고 있다고 한다. 결국 김일성대학 내의 종교학과 기능은 정부기관의 종교 정책 인재 양성에 있으며, 졸업생들은 향후 중국의 종교사무국에 해당하는 기능을 맡을 것으로 보인다.
416 이른바 「7 · 7 특별선언」이라고 하는 이 선언은 노태우 대통령 선언으로 ① 다방면에 걸쳐 남북한 동포들이 상호 교류를 추진하며, 해외동포의 남북한 왕래를 개방하고, ② 인도주의적 견지에서 이산가족 문제를 시급히 해결하며, ③ 남북한 간 물자 교역을 개방하는 한편, ④ 남북한 경제협력을 추진하고, ⑤ 남북한 대결 외교를 종식하고 국제 무대에서 협력하며, ⑥ 남북한과 주변국가와의 관계 개선을 추진해야 한다는 등 6개 항의 실천 과제를 제시하였다.

유입에 대한 유연한 통제와 국제여론의 환기와 개방이라는 측면을 고려하게 된 것이다. 남한에서 88올림픽이 개최되는 데에 대한 국제적인 여론이 북한의 폐쇄성에 집중되는 것을 피하고, 북한 방문자들의 증가에 대한 불가피한 대응이라는 이유들이 작용하였기 때문이다.

북한은 1980년대 초부터 북한을 방문하는 해외동포들에게 북한 종교에 대한 궁금증을 해소하는 차원으로 사찰과 교회를 보여주기 시작했다.[417] 1985년 12월 25일 평양 용화사에서 개최된 조선불교도연맹 창립 40돌 중앙보고회에는 중앙과 지방 일꾼들과 주요 사찰의 승려들, 그리고 평양시의 불교 신도들이 참가했다는 내용이 보도되었다. 일본의 『요미우리신문』은 1986년 6월 24일 자로 「북한의 여름」이라는 제목으로 북한 사찰과 승려, 그리고 가정교회를 현지 취재한 가사를 실었다.

한편, 1986년 3월 4일 평양에서 열린 조선불교도연맹과 조선기독교연맹 중앙위원회 연합회의에서는 "북과 남, 해외의 모든 동포들은 정견과 신앙의 차이를 초월하여 반전 평화 옹호 운동에 거연히 떨쳐 나서자."라는 호소문을 합동으로 발표하는 등 종교 단체의 중앙 조직 활동이 활발해졌다. 이와 같이 북한의 종교는 시대적 상황 여건에 의해 개방적 통제라는 불가피한 대응이 필요하게 되었다.

그러나 북한의 종교는 북한 주민들의 신앙의 욕구가 표출되고 중앙 조직 차원으로 취합되어서 당의 허락을 얻어낸 '내부로부터의 개방'으로까지 이어지지는 못하였다. 이 문제는 북한 종교에 대한 국

....
417 고태우(1989), p. 161.

제사회와 시대적인 요구가 있었더라도 현재까지 변함이 없는 종교 정책의 기저에는 김일성 주석이 1975년에 말한 교시가 그대로 관철되고 있다.

"우리는 종교를 반대하면서도 왜 중앙 종교 단체를 조직해 놓고 있는가 하고 이야기들이 많습니다. 아직 우리는 조국을 통일하지 못하고 있으며, 국제적으로는 많은 종교인들이 있으므로 우리가 종교를 인정하지 않는다고 하면 우리를 반대하는 적들이 많아지기 때문입니다. 우리나라를 방문하는 많은 외국인들과 재일동포는 우리에게 왜 종교를 믿지 못하게 하는가 하고 묻곤 합니다. 그래서 우리도 종교는 허용하지만 인민들이 각성이 되어 믿지 않는다고 말하고 있으며, 우리 조국 남반부에는 종교인들이 살고 있는데, 우리가 종교인들을 다 죽인다고 하면 그들도 우리를 반대하는 데 합세할 것이 아닙니까. 그래서 우리는 불필요한 중앙 종교 조직을 만들고 있는 것입니다."[418]

이 지침은 북한 사회에 종교 중앙 조직이 이용 차원에서 출범할 수 있는 원인을 제공했다. 그렇지만 1994년 7월 8일 사망하기 전해에 김일성 주석은 종교에 대해서 "종교에 대한 올바른 이해를 가지고 종교를 믿는 사람들과의 사업을 잘하는 것이 매우 중요하다. 남조선 종교인들이 조국통일을 위하여 헌신적으로 투쟁하고 있는 것[419]을

418 고태우(1989), pp. 164~165.
419 남한불교에 대한 『로동신문』 기사는 1974년 11월 3일의 "민주헌정 실시하라, 민족자립경제를 확립하라, 구속된 학생들과 인사들을 석방하라, 서울대

높이 평가하여야 하며, 그들과 단결하여야 한다."[420]고 종교 정책의 변화를 시사하였다.

김일성 주석이 말한 종교에 대한 내용 변화를 실천할 북한 종교의 중앙 조직은 공식적 종교 단체와 합법적 종교 활동을 내재하고 있다. 공식적 종교 단체는 노동당의 조국통일전선부[421] 산하 제6국 소속으로 당의 감독하에서 북한 사회를 주체사상의 확립을 통해 공산주의 사회를 건설하는 것에 기여하기 위해 결성된 것을 의미한다.[422]

학교 불교계 학생들 시위, 남조선 기독교학생 총연맹 선언문 채택하였다." 라는 것과 1980년 12월 14일의 "남조선 군사 불한당들이 불교 승려들과 신자들을 탄압" 등이 기사화되었고, 1985년 11월 1일의 "남조선 불교도들이 민중불교운동연합을 조직, 반파쇼 투쟁을 결의하였다."라는 내용이 기사화되어 남한 불교계의 민주화 운동이 북한에 알려지게 되었다. 한편 조선노동당 기관지 노동신문에 남한 종교인들의 민주화 운동에 대한 기사는 1973년에 처음으로 기사화되었다. 이 기사 내용은 남한에 있었던 일에 대한 사실보도와 북한의 중앙단체가 이에 대하여 발표한 성명서 등을 실었다. 김흥수·류대영(2002), p. 125.

420 박완신, 『21세기 북한종교와 선교통일』 개정판(서울 : 지구문화사, 2002), p. 140.

421 약칭 '통전부'로 불리는 이 기관에는 조국평화통일위원회, 조국통일민주주의전선, 조선아세아태평양평화위원회, 해외동포원호위원회 등으로 조직되어 있으며, 해외동포나 남한 내 민간단체를 대상으로 한 공개적인 통일전선을 총괄한다. 북한 내의 교회 설립이나 공개적인 법회 개최 등의 일은 통일전선적 판단에 의해서 실행되었을 가능성이 높다. 강성산 총리의 사위로 남한으로 망명한 강명도에 의하여 분단 후 최초로 1988년에 세워진 봉수교회는 통전부 종교 담당인 제1부부장 강관주의 주도하에 지어졌다고 증언했다. 강관주는 김일성의 어머니 강반석의 조카이다. 김흥수·류대영(2002), pp. 162~163.

422 1980년 10월 노동당 제6차대회에서 채택한 조선노동당 규약 전문에는 "조선노동당의 당면 목적은 공화국 북반부에서 사회주의의 완전한 승리를 이룩하며, 전국적 범위에서 민족 해방과 인민민주주의의 혁명과업을 완성하는 데 있으며, 최종 목적은 온 사회의 주체사상화와 공산주의 사회를 건설하는 데 있다."라고 규정하고 있다. 박완신(2002), pp. 160~161.

그러나 사실 북한의 종교가 변화할 수 있었던 것은 북한이 1980년대 중반 이후 주체사상의 기조 아래서도 종교에 대한 포용을 구체화시키면서 각 종교 단체들의 사회적 위상도 함께 변했기 때문이다. 북한이 헌법 등 각종 법에서 명시적으로 종교의식이 가능한 건물을 건설하거나 종교의식을 비로소 허용한 것은, 그간 북한의 정권이 외세의 개입을 위한 매개체로서나 체제 위협의 요인으로서 종교가 영향을 못 미친다는 내부 진단이 있었기 때문이다. 즉, 북한 정권의 기반이 확고해졌고, 그로 인해 북한의 종교를 체제 내에서 나름대로 인정을 한 것이다.

2. 북한 신종교 정책의 본격화와 종교 패러다임의 변화

북한의 신종교 정책은 1950년대 북한의 사회주의 체제 수립에 맞추어 1960년대부터 부분적으로 허용되기 시작한 제한적인 종교 정책이라고 할 수 있다. 대다수의 사회주의국가들의 종교 정책 변화도 이러한 방향으로 추진되었다. 하지만, 사회주의국가들의 종교 소멸 의도와 다르게 구소련이나 현재의 중국과 같이 북한도 시대적 변화에 따라 현실적으로 종교에 대한 제한 범위가 축소되고, 종교적 활동의 수준이 점진적으로 확대되는 방향으로 나아가고 있다. 해방 이후 종교에 대한 억압 정책과 다르게 1960년대부터 조금씩 나타나기 시작한 북한의 신종교 정책에 의해서 현재 조성된 북한식 사회주의 체제의 종교의 특징은 다음과 같다.

첫째, 1961년 5월 '조국평화통일위원회' 결성에 종교 단체의 참여

등 북한 중앙 조직 단체로서 종교 단체의 공적 지위 확인과, 1973년 7월부터 종교 활동의 공식성이 제고되었다는 사실이다. 1958년을 기점으로 농업협동화 완료 등 사회주의 체제가 제도화되면서 1960년대 초반 종교 단체들도 새로운 사회주의 체제에 맞게 활동하도록 허용하는 신종교 정책이 나타난 것이다. 이는 1965년 불학원 설립 등 종교 단체 설립의 허용과 종교 시설물 복원에 대한 국가의 토지 증여와 공사비 등 국가의 적극적인 지원으로 뒷받침되었다.

둘째, 1970년대 북한 종교 단체의 국제 교류 등 공식적 활동 허용이라는 신종교 정책의 점진적 실현 속에서 1980년 11월 조선불교도연맹의 체계화 등 기존 종교의 내적 문화와 다원화가 이루어졌다는 사실이다. 이에 따라 1990년대부터 각 종교 단체가 표방하는 교리성에 대한 인정과 문화적 특성을 고려한 대내외적 활동을 적극 보장하였다.

셋째, 이러한 흐름 속에서 1988년을 분기점으로 종교 단체의 조직과 존재 기반이 한층 강화되었다는 사실이다. 중앙 조직과 지방 조직 간의 연대가 강화되고, 교육 및 역경 사업과 종교의례의 보존 등을 통하여 불교법회 개최 등 종교의식과 신앙의 통일성도 강화하였다.[423]

현재 북한 신종교 정책의 본격적 추진은 서방세계를 향한 개방화 정책의 자세를 취하는 동시에 대외 교류의 창구로 종교를 활용하겠다는 의지까지 포함하고 있다. 이에 따라 해방 이후 북한 사회와 그

....
423 김현웅, 『북한 선교 전략』(전주 : 전주대학교 출판부, 2001), p. 50.

체제하에서 존립하고 있는 북한의 종교는 현재까지 3단계의 패러다임의 변화를 겪고 있다고도 볼 수 있다.

<표 5-10> 북한 종교의 시대적 패러다임[424]

구분		키워드	관계 요인		
시대	시기		이념성	국가성	종교성
김일성	1945~1994	종교 존립과 체제 복무	사회주의 이념 체제 표방	종교 자체 부정, 그러나 필요성 인식	사회적 전통과 관습의 제한적 유지
김정일	1994~2011	국제 교류와 종교 수용	체제 수호와 종교 가치 수용	종교에 대한 인정	국제사회의 요청과 활용
김정은	2012~현재	조직 자립과 변화 요구	신체제에 대한 요구 반영과 필요에 따름	체제 변화 시기 적응 및 자산 가치 인식	체제 복무와 자립 강조

제1기는 김일성 국가주석 집권기로서 1945년부터 1994년까지로 구분할 수 있다. 조선이라는 봉건시대에서 북조선이라는 근대국가로 변화하는 과정에서 기존의 북한 종교는 새롭게 등장한 사회주의 체제로의 복무라는 대의 아래 종교에 대한 부정적 흐름에서 종교 자체의 존립이 우선시되었다. 다음으로 제2기는 김정일 국방위원장 집권기로 1994년부터 2011년까지로 분류한다면, 국가와 북한 사회로부터의 종교 조직의 필요성과 가능성이 종교 정책에 크게 반영된 상황이었다.

그리고 2012년부터 제3기로 구분할 수 있는 현재까지 김정은(金正

....
424 이 표는 필자가 정리한 것이다.

恩) 국무위원장**425** 집권기의 북한에서 국가는 물론 개인, 즉 북한의 주민들조차 장마당과 같이 시장개방 등 경제적 상황에 따라 새롭게 변모하였다. 교류 등에 의한 북한 밖의 정보가 다양하게 유입되고 있다. 더불어 관광자원으로서의 종교가 부각되고 인도적 지원과 같은 방식이 종교를 통해 전개되면서 북한 체제로부터 종교적인 자산 가치가 새롭게 부각되고 있다.

또한 북한 체제에서의 종교가 변화를 가질 수밖에 없었던 이유에 시대적인 상황 변수가 다양하게 작용하였다. 제1기에서는 국토분단 및 한국전쟁, 그리고 북한식 문화혁명을 거치면서 기존의 북한 종교에 많은 변화가 일어났다. 제2기에는 종교 교류에 대한 국제사회의 적극적 요구와 더불어 북한 내의 식량난 및 경제난으로 말미암아 북한 종교에 대한 인정과 필요성의 흐름으로 변화될 수밖에 없는 상황을 맞이하게 되었다. 제3기는 갑작스러운 권력 이동과 새로운 권력 구축과 함께 시장화의 진전 속에서 종교 조직으로서의 자립을 강요받고 체제 복무성이 더 가중되고 있다. 현재 북한에서 애국적이고 자립할 수 있는 종교는 지속가능성이 크다고 볼 수 있다. 따라서 전통 종교이면서, 동시에 사찰 문화재 등의 관광자원을 지닌 불교가 유리하게 종교 지속 및 발전이 가능한 조건을 지니고 있는 것이다.

하지만 북한 사회 내에서 종교의 패턴(pattern)과 달리 북한 종교

....

425 김정은 조선로동당 비서는 1984년 1월 8일생으로, 2012년 4월 11일 제4차 노동당대표회의에서 노동당 제1비서로 추대되었고, 4월 13일에 열린 북한 최고인민회의에서 국방위원회 1위원장에 추대되어 고 김정일 국방위원장의 직책을 모두 세습하였다.

의 현실적 문제는 당국과 법문으로도 주민들의 종교의 자유를 공식 인정했으나, 분단 이후 종교의 혜택을 누리지 못한 북한 주민들이 국가가 종교화되면서 종교 활동에 대한 매력을 갖고 있지 않는데 있다. 독일의 종교철학자로 동양학의 권위자 막스 뮐러(Max Müller, 1823~1900)가 "종교가 제도화될 때, 특히 그것이 강력한 국가의 종교가 되었을 때 낯선 세속적인 요소가 원래의 토대를 침해하며, 인간의 이해관계는 그 종교의 창시자가 그의 가슴이 품었던 순수성과 단순성을 해친다."[426]고 한 것처럼 북한의 종교 제도화로 인해 나타나는 폐해는 주민들이 여전히 종교에 큰 관심을 갖지 않는다는 문제점과 상통하는 것이라고 볼 수 있다.

그러나 이러한 부정적 현실에서도 향후 북한 주민들이 진정한 의미의 종교적 성찰과 문화적 가치를 누릴 수 있도록 해야 한다는 종교적 지향은, 북한에 사찰 등 불교 문화재 등이 현존하고 있고, 1만 명이 넘는 불교도들이 종교 생활을 하고 있다는 점에 크게 주목해야 한다. 또한 북한 지도자들도 점차 종교와 불교를 새로운 시각으로 이해하려고 한다는 점을 고려하여 남과 북의 종교계가 서로의 공존과 상생에 필요한 방식과 방향을 제시할 수 있는 준비가 되어 있어야 한다. 따라서 지금은 비록 약소하지만 남북 불교 교류를 통한 북한불교의 유의미한 변화에 착목하면서 북한불교의 지속가능성과 발전 가능성을 바라봐야 한다.

....

426 막스 뮐러, 『종교의 과학에 대한 변명』, 젝크 워덴버그, 「종교의 연구에 대한 거전적인 접근」, Vol. 1.(Mouton, the Hague, Paris : Mouton & Co.; 1973), p. 88.

제4절 북한불교의 지속가능성

1. 북한불교의 현실

북한의 종교에서 불교는 그리스도교와 마찬가지로 가장 활발한 조직 활동을 하고 있다. 또한 사찰 등 문화재와 그 이용 빈도 등을 고려할 때 교세가 실제로 가장 크다고 할 수 있다. 교세는 해방 이전과 비교할 때 6 · 25전쟁 이후에 현저히 약화되었다. 일제시대 1930년에 조선총독부 학무국에서 조사한 것을 보면, 일제가 제정한 조선사찰령(1911년 6월 3일 제정)에는 전국에 있던 31본산 중에서 9개 본산이 북한에 있었다. 또 사찰은 403개소, 포교당은 49개였으며, 승려는 1천 572명에 포교사가 72명이었고, 신도는 37만 5천 438명으로 알려졌다.

북한 당국은 1946년 3월 5일 「토지개혁에 관한 법령」을 통해 사찰 중에서 5정보 이상의 토지를 소유한 곳의 토지를 무상으로 몰수했고, 1948년에는 산업국유화를 추진하며 종교는 물론 기업체 재산도 몰수했다. 전쟁을 거치면서 북한 지역의 사찰은 많이 파괴되고 불교의 세력 또한 급격히 줄어들어 명맥을 유지하는 데에도 여러 가지 어려움을 겪었다.

조선불교도연맹은 1946년 12월 26일 결성되었다. 이후 수차례 개칭과 잠적 과정을 거쳐 1972년 중반에 '조선불교도연맹 중앙위원회'(이하 조불련)란 조직의 공식 명칭을 사용하며 오늘에 이르고 있다. 북한불교를 총괄하고 있는 조불련이 창립할 때 연맹원 수는 375,438명이었다.

조불련의 강령을 보면, "전 조선 불교의 통일 단결과 신앙 자유의 확보를 기하며, 불교도의 노동 정신을 앙양시켜 국가산업 경제부흥 발전사업을 협조하는 데 있다."라고 하였고, 그 교의는 "석가여래의 교법을 신해(信解)하여 견성성불함을 목적으로 하여 교주 석가여래의 홍법(弘法) 이래 용수의 대승사상과 달마 혜능의 선지와, 원효의 원융만행(圓融萬行)과 보존의 집로연력(執勞連力) 정신과 서산·사명 및 용운의 애국적 행원(行願)을 전통으로 하여 등등상전(燈燈相傳)으로 이를 계승하고 있다."[427]고 명시하였다.

오늘날의 조불련은 1983년 4월 2일 제3대 위원장으로 선출된 고 박태화 대선사로부터 4대 유영선 위원장, 5대 심상진 위원장, 6대 강수린 위원장까지 조직 정비와 운영을 통해 연맹원 수가 약 1만 명

....

[427] 조성렬, 「북한불교의 특징과 성격」, 『북한학연구』 제6권 제2호(동국대 북한학연구소, 2010), pp. 65~66. 재인용. ; 조선중앙통신사, 「1949년 종교현황」, 『조선중앙연감』(평양 : 조선중앙통신사, 1950).

필자(오른쪽)의 북한 방문 당시, 금강산 표훈사 주지 스님과(1991년)

표훈사 스님들과

정도이고, 해방 이전 1,600여 명에 달하던 승려는 현재 300여 명이 등록되어 있다. 지난 2012년 11월 초순경 제6대 위원장으로 선출된 강수린 위원장을 중심으로 수행과 전국 단위의 조직 사업을 전개하고 있다.

북한의 스님들은 초기에는 해방 이전부터 승려 생활을 해 온 노장 스님들과의 인척 관계를 중심으로 조직되었으나, 2000년대에 들어오면서 김일성종합대학 종교학과 등을 통해 양성된 30~40대 소장 승려들이 묘향산 보현사, 금강산 표훈사, 평양 광법사, 개성 영통사 등을 중심으로 수행과 조직 사업을 추진하고 있다. 승려 교육기관으로는 1965년경 양강도 삼수갑산의 중흥사에 설립한 불학원(佛教學院)에서 학인 30명을 3년 코스로 승려 교육이 이루어지는 것으로 알려졌으나, 1990년대 초기에 평양 광법사로 불학원이 옮겨졌다고 한다. 현재 교육 과정은 부정기적으로 개설되지만 승려의 교육과 양성은 불학원이 담당하고 있으며, 특정 시기에 지역별로 개설되는 불교 강습소를 통해서도 승려 교육이 이루어진다.

북한 스님들은 '부처님오신날', 열반절 등 4대 불교 명절, 그리고 각종 행사에서 검정색, 회색의 장삼 위에 홍(紅) 가사를 수한다. 그러나 2000년대 이전까지는 장삼은 거의 사용하지 않고 검정색, 회색 두루마기를 위에 입고 대가사 대신에 일본식 형태의 낙자를 수하고 행사에 참가하였다. 또한 음식에 대해 특별히 구애받지 않고 담배 등 기호품도 애용하고 있다. 그리고 신도들의 불교 신행 활동은 북한 사찰에서 이루어지는 것은 거의 없다.

매달 정기법회나 일요법회는 특별히 없으나 주로 부처님오신날,

성도절, 열반절 등 법회가 1988년 5월부터 정기적으로 봉행되고 있음을 북한 언론을 통해 알 수 있다. 다만, 출가일의 경우는 정월대보름 행사로 대체되는 경우가 더 많다. 그 밖에는 정국 변화에 따른 행사로 조국 통일 기원 법회와 같은 시사적인 내용의 법회가 개최되기도 한다.

해방 직후 기록상으로 사찰은 1,793개였으나 오늘날 현존 사찰은 68개소로, 6·25 한국전쟁 과정에서 다행히 피해를 덜 입었거나 일부가 남아 있는 것과 전소된 것을 '국보 유적지'로 정하여 복원한 것이 대부분이다. 남한 조계종이 복원한 금강산 신계사와 천태종이 일부 지원한 개성 영통사를 포함하였다. 해방 이전 1939년 12월 말에 조선총독부 학무국의 조사 기록으로는 403개의 사찰이 있었고, 또 일제 31본산제에서 평양의 모란봉 영명사, 황해도 신천군 패엽사, 황주군 성불사, 평남 평원군 법흥사, 평북 영변군 보현사, 함남 함흥군 귀주사, 안변군 석왕사, 강원 고성군 유점사와 건봉사 등 9개 대본산이 있었다.

북한 불교 신도는 현재 공식적으로는 1만 명이라고 하며 부처님오신날 사찰에 오는 숫자 등을 합쳐 10만 명까지 말한다. 북한의 총인구 2,200만 명 중에서 약 0.2퍼센트가 종교 인구로 파악되고 있다. 불교를 비롯한 북한 종교 단체의 신도들은 대부분 당원으로서 당국으로부터 사찰이나 교회, 성당에 다니는 것을 허가받은 사람들로 국한되어 있고, 각 종교의 신도 수는 당국이 허가한 사항이 아니고 종교계가 임의로 파악해서 보고한 내용으로 볼 수 있다.

종교 활동으로는 정초와 대보름, 단오, 동지 등 민속 절기와 더불어 불교 명절에도 절 등을 찾아 종교적인 가피를 얻고 있다. 사찰이나 교회, 성당에서 행해지는 법문, 설교 등에서도 주체사상과 연관된 내용이 중심을 이룬다. 여기에서 사용되는 불경이나 사경집, 그리고 성경, 찬송가 등은 행사나 집회 후에는 개인이나 사찰과 교회, 성당 외부로 반출을 허용하지 않는 것이 원칙이다.

1945년 해방과 전쟁을 거쳐온 오늘날 북한 지역의 불교 교세는 〈표 5-11〉과 같다. 조불련 중앙위원회의 1991년 발표에 따르면, 현재 조불련 가입자는 약 1만 명이다. 불교의 4대 명절에 불교 행사를 허용한 1988년도를 기점으로, 1992년도에 북한의 헌법이 개정되자 북한 전역에서 약 10만 명의 신도가 각 불교 행사에 참여했다고 한다. 이 수치는 조불련 소속 약 300명의 승려도 포함한다. 또한 중앙당 소속의 책임지도원이 담당하는 유물보존총국(한국의 문화재관리국 기능)에 소속된 불교 신도도 포함한다.

〈표 5-11〉 북한불교의 교세 현황[428]

구분	한국전쟁 이전 (~1950년)	한국전쟁 이후 (1950~2014년)
교역자 수	732명 (비구, 비구니 포함)	300여 명 (비구니 없음)
신도 수	375,488명	10,000명

----

428 이지범, "오늘날 북한불교의 현황", 「북한불교의 재발견 시리즈 5」, 『불교닷컴』(http://www.bulkyo21.com) 2012년 4월 13일. 이 기사 중 〈표 4. 조불련 주요 활동과 교류 형태〉를 인용한 것이다. ; 「오늘날 북한불교의 현황」, 『대한불교조계종 정각사』(http://www.junggaksa.com) 2012년 5월 26일. 이 기사 중 〈표 3. 북한 지역 불교 현황 비교〉를 인용한 것이다.

구분	한국전쟁 이전 (~1950년)	한국전쟁 이후 (1950~2014년)
사찰 수	518개소(31본산 포함)	68개소(신계사, 영통사, 안변 석왕사 포함)
주무 기관	북조선 불교총무원	종단 조선불교도련맹 중앙위원회 (신도회 : 조선불교도련맹 전국신도회)
비고 (근거 자료)	•『조선중앙연감』 (1950년 刊)	• 월간『조선』(2004년 8월호) • 평양 영명사는 현재 사찰이 아닌 국가기 관—흥부초대소로 사용되며 캄보디아 시아누크 국왕 망명 시 거주함.

2. 북한에서 보는 불교의 지속가능성

전 세계적으로 종교는 다양하게 발생하여 유포되어 왔다. 그러나 북한에서는 아직도 종교 자체를 기본적으로 부정하고 있는 것이 사실이다. 북한의 종교는 현재 외형적으로는 많이 변화되었으나, 그 내용 면에서 달라진 것은 종교 자체의 교리적인 측면보다도 정책적인 방향이 시대적 상황에 따라 변화되어 왔음에 따른다. 아직도 천주교나 기독교에 대해서는 제국주의의 약소국 침략 도구로 이용되는 종교로 인식하고 있으며, 불교에 관해서는 봉건시대에 체제 유지에 기여하고 기생했던 종교로 평가 절하되어 왔다. 그러나 북한은 여러 차례에 걸친 헌법 개정을 통해 '종교의 자유'를 명문화하면서 종교에 대한 부정적인 요소를 없앴다.

사실상 북한 주민들이 분단 70년 동안 종교의 혜택을 받지 못한 상황하에서, 통제된 사상체제 교육과 제약 여건이 많은 생활을 하고 있기 때문에 현재 북한 주민들은 종교의 필요성이나 신앙생활의 필요성을 느끼지 않고 있다. 남한의 종교인들과 일반 국민의 신앙생활과 비교하는 것 자체가 무의미하다.

그러나 불교의 경우 북한에서도 1990년대를 전후하여 정기적인 법회를 열고, 가정과 사찰에서 불공 등이 행해지면서 인민들의 불교에 대한 이해 수준이 점차 "믿음으로 전환"되고 있는 증거를 보이고 있다. 또한 북한 당국이 6 · 25 한국전쟁 시 불타버린 전통 사찰을 복원함에 있어서 국가 경제가 어려움에도 지속적으로 진행해 왔고, 신도들도 나름대로 보시 동참하는 것으로 보아 종교적인 이해가 미흡하게나마 진전된 것을 엿볼 수 있다. 이는 종래 부정적이고 강압적이던 북한의 종교 정책의 변화를 실질적으로 엿볼 수 있는 대목이다.

북한 지도자들은 과거에 불교를 봉건적 잔재로 평가하였으나, 역사적 사실로 국난에 처했을 때 구국에 앞장섰던 임진왜란 등에서 서산 · 사명 성사와 같은 '애국 승려'와 일제강점기 만해 한용운 성사 등의 예를 통하여 불교를 '애국 종교'로 긍정적 평가를 하고 있다. 특히 전통 양식의 고건축물인 사찰 건축을 '주체 건축'으로 부르는 등 북한의 정통성을 강화할 때에는 불교의 문화유산이나 불교사상을 이용할 수밖에 없다. 이러한 기저에는 불교의 전통문화가 토착화되어 있기 때문이다. 이에 반하여 조선말 강제 개항 시부터 침입했던 서구 열강 제국이 선교사를 앞장세웠기 때문에 기독교 · 천주교가 '미제 앞잡이'니 '미제 스파이'로 불신 내지 부정되어 온 것도 사실이다.

현재 북한에서 보는 불교의 모습에 대해 우선 그들이 주장하고 정의하는 수준에서 드러난 내용을 객관화시키고자 한다. 여기에서는 북한불교의 현황을 가장 많이 기술하고 있는 자료 「주체의 나라」 제1권을 참고하여 살펴본다.

불교의 기원과 영향에 대해 "불교는 기원전 6~5세기경에 인도에서 발생하여 기독교, 이슬람교와 함께 3대 종교의 하나로 번성하여 세계에 널리 퍼진 종교로서 우리나라에 들어온 것은 세 나라 시기인 4세기 70~80년경이다. 그 이후 수 세기를 두고 발전과 쇠퇴의 길을 걸어오는 과정에서 불교는 우리 인민의 의식과 생활 풍습, 문화 등 사회생활의 많은 영역에 이러저러한 형태로 정착되고 커다란 영향력을 끼쳤다."[429]고 평가하고 있다.

조선시대 말기까지의 불교에 대해서는 "근대에 와서 불교는 이조 봉건국가의 억제의 방향으로 기울어진 장려와 억제의 양면 정책을 배경으로 쇠퇴의 길"을 걸어왔다고 하였다. 또한 일제강점기 "조선을 강점한 일제의 노골적인 간섭과 탄압 정책 등으로 하여 자유로운 발전을 심히 저지당하여 왔다."[430]고 주장하였다. 따라서 조선시대의 억불숭유 정책과 일제의 일본불교화 정책을 부정적으로 평가하였다.

그리고 해방 이후 북한 공산정권이 수립된 다음의 불교에 대해서는 "우리나라 불교는 해방 후 공화국 정부의 올바른 종교시책으로 하여 독자적인 교권과 교리를 주장하고 교세를 넓혀가며 호국불교의 명맥을 잇는 자기 발전의 길을 걷게 되었다."[431]고 평가하였다. 더욱이 "우리나라의 첫 공화국 헌법(1948. 9. 9)은 신앙의 자유를 법조문화 하였으며, 국가는 종교 단체의 결성과 그 활동에 대하여 간섭

....
429 「주체의 나라(1)」, 『우리나라 불교』(1989), p. 120.
430 「주체의 나라(1)」, 『우리나라 불교』(1989), pp. 120~121.
431 「주체의 나라(1)」, 『우리나라 불교』(1989), p. 121.

하지 않고 오히려 종교인들과 그 단체의 권익을 보호하는 정책을 실시하였던 것이다."[432]라며 각종 법률과 제도적 정비를 통해 공식적인 종교 활동이 가능해졌다고 주장한다.

북한 정권 수립 후로부터 북한의 불교가 더욱 발전하였다는 그들의 주장은 "이러한 제도적 조치하에서 공화국 북반부에서는 800여 명의 승려들과 10만여 명의 불교도들이 500여 개소의 사찰을 거점으로 자유로운 신앙생활을 하였다. 1945년 12월 26일에는 불교도들의 권익을 옹호하고 대표하는 사회단체로서 조선불교도연맹이 결성되었다. 연맹은 발고여락(拔苦與樂)을 기본이념으로 하고 현세에 지상정토를 건설할 것을 강령으로 내세웠다."[433]라며 구체적으로 불교 조직의 결성 및 활동 성격을 서술하는 것으로 나타났다.

그리고 북한불교의 쇠락에 대해서는 한국전쟁 당시 미군의 폭격 등을 원인으로 제시하고 있다. 1950년대 이후 북한불교의 변화 등그 변천 과정에 대해서 "1950년 6월 25일에 일어난 전쟁은 새 조국의 탄생과 함께 방금 자기 발전의 개화기에 들어선 불교에 대한 사상 최대의 말살 행위이기도 하였다. 미군의 대규모 폭격으로 이 땅 위의 모든 것이 파괴되는 속에서 각지 사찰들이 파괴·소각되었으며, 거기에서 생활하고 있던 불교계 핵심들이 무참히 살해되었다."[434]라는 평가와 함께 북한의 불교가 한국전쟁에서 극심한 피해를 입었다고 기록하고 있다. 또한 전쟁으로 인한 불교계의 피해를

....
432 「주체의 나라(1)」, 『우리나라 불교』(1989), pp. 120~121.
433 「주체의 나라(1)」, 『우리나라 불교』(1989), p. 122.
434 「주체의 나라(1)」, 『우리나라 불교』(1989), p. 122.

상세하게 적고 있다.

"당시 불교의 피해 정도에 대해서는 금강산지구의 불교 유적물의 파괴 상황을 놓고서도 잘 알 수 있다. 372년 고구려 봉건국가가 정식으로 불교를 받아들이고 그것이 점차 전국 각지로 전파되면서부터 예로부터 '신선'이 사는 '선산'으로 불리었으며 기암괴석이 많고 일만 이천 봉우리를 헤아리는 경치가 아름다운 금강산지구에도 불교가 들어왔다. 고구려, 신라, 고려, 이씨왕조에 이르기까지 역대 봉건왕실 세력의 불교에 대한 장려와 억제라는 양면적인 정책의 영향을 받으면서도 수많은 사찰이 세워졌으며, 이 지구는 불교 전파의 중요 거점의 하나로 되었다. 미군들은 전쟁 초기에 벌써 유점사, 정안사, 신계사, 정양사, 표훈사를 비롯한 사찰 건물들과 암자들 백수십 채와 그곳에 보존되어 있던 대부분의 축조물과 유물들을 파괴하였다. 미 공군은 제일 큰 사찰이던 유점사를 30여 차례에 걸쳐 폭격을 하고, 장안사에 대해서는 8시간 동안 연속 폭격하여 완전히 파괴하였으며, 신계사를 하루아침에 집중 폭격으로 폐허로 만들었다. 1949년 공화국 정부에 의해 건립되었던 '금강산 특수 박물관'(신계사에 설치)에 보관되어 있던 금강산의 귀중한 문화 유물 수천 점도 이때 모두 불타고 파괴되어 없어졌다. 이 밖에도 3년간의 전쟁으로 명산대찰로 소문났던 묘향산의 보현사, 평양 금수산의 영명사 등 사찰들의 절대다수와 불교문화 유적들의 과반수가 파괴·소각되었으며, 청정한 도량에서 수도 정진에 전념하던 수많은 승려와 신도들이 무고하게 희생되었다."[435]라고 전쟁 중에 북한 지역의 불교 피해를 당국이 조사하고 통계화하고 있음을 알 수 있다.

전쟁 이후 파괴된 사찰들은 복구하여 북한의 국보로 지정하는 등의 시책을 내렸다고도 적고 있다. "전후 모든 것이 잿더미로 되어버린 상태에서 불교는 또다시 재건되지 않으면 안 되었다. 공화국 정부는 어려운 조건에서도 신앙생활의 거점을 잃은 불교도들에게 신앙의 터전을 마련해주기 위하여 수많은 국가 자금을 들여 전쟁 시기 파괴·소각되었던 묘향산의 보현사, 금강산의 표훈사, 정방산의 성불사 등 수많은 사찰을 복구·개건하였다. 또한 불교 사찰들을 비롯한 유적·유물들을 우리 선조들의 창조적 재능과 지혜를 보여주며 인민들에게 민족의 슬기와 자긍심을 갖게 하는 귀중한 문화적 재부로 인정하고 국보로 등록, 보존 관리하도록 조치를 하였다."[436]고 서술하고 있다.

그러한 실례로 묘향산 보현사의 개건과 보존 과정에 대해 "묘향산 보현사는 11세기 초에 창건되어 이조시대에 고쳐 지은 우리나라에서 역사가 가장 오랜 큰 사찰의 하나로서 선조들의 뛰어난 건축술과 훌륭한 예술적 기교를 잘 보여줄 뿐만 아니라 서산대사와 같은 명승의 애국적 소행이 깃든 것으로 이름난 사찰이다. 그러나 이 귀중한 묘향산 보현사의 기본 건물인 대웅전과 만세루를 비롯한 여러 건물들은 지난 전쟁 시기 미군의 폭격에 의해 완전히 불타버렸다."[437]고 한다.

이후 보현사는 "김일성 주석이 전후에 묘향산을 여러 차례 방문

....
435 「주체의 나라(1)」, 『우리나라 불교』(1989), p. 123.
436 「주체의 나라(1)」, 『우리나라 불교』(1989), pp. 123~124.
437 「주체의 나라(1)」, 『우리나라 불교』(1989), p. 124.

하여 보현사 대웅전과 만세루 등을 원상대로 복구하도록 지시하여, 1965년 당시 건물의 모습을 찍은 대웅전의 사진과 그에 기초하여 이조 시기의 것으로 복원된 '대웅전복구형성안', 고려 시기의 것으로 복원된 '만세루복구형성안'을 마련하고 국가 차원에서 복구 인력과 자재·장비, 시공 등을 제공하여 보현사 대웅전은 1976년, 만세루는 1979년에 각각 원상대로 복구되었고 다른 건물들과 탑들도 복구되었다."[438]고 한다.

　북한은 사찰과 문화재를 복원하며 승려를 포함한 신도들의 종교 생활에도 여러 조치를 단행했는데, "나라에서는 이렇듯 전후 복구 건설 시기부터 오늘에 이르기까지 수많은 사찰을 옛 모습 그대로 복원하여 그것을 귀중한 문화재로 보존 관리하여 그 문화사적 가치를 완전히 빛내도록 하였을 뿐 아니라, 불교 전문 교직자와 승려들을 배치하여 교인들이 신앙생활의 거점이 되게 하고 있다. 복원된 사찰들을 거점으로 현재 1만여 명의 불교도들이 불법을 만들어 신앙생활에 정진하고 있다. 공화국 정부의 올바른 종교 정책으로 재건의 길을 걸어온 우리나라 불교는 오늘 호국불교의 명맥을 이어 자기의 고유한 모습을 가지고 종교 활동을 다각적으로 벌이고 있다. 무엇보다도 사찰들에서 승려들의 수도 정진과 신도들의 기원 예식들, 불교 3대 기념일인 성탄절, 성도절, 열반절 기념 예식과 여러 가지 불교 의식들이 전통적으로 내려오는 의례대로 진행되고 있다."[439]고 서술

....
438 「주체의 나라(1)」, 『우리나라 불교』(1989), p. 124.
439 「주체의 나라(1)」, 『우리나라 불교』(1989), pp. 124~125.

하여 불교 의식과 형식에 대해 전통성을 부여하고 있다고 한다.

한편 북한불교의 이념과 추구하는 목적에 대해서는 "불교계는 발고여락의 기본 이념과 현세에서의 지상 정토 건설 목적을 실현하는 데서 근본 문제가 나라의 평화와 통일을 실현하는 데 있다는 판단 아래 통일 사업, 반전 평화의 실현을 1차적 과제로 내세우고 사회 활동을 적극 벌여 나가고 있다. 외세의 남조선 강점으로 인한 나라의 분열이야말로 우리 민족과 불교도들에게 가장 큰 고(苦)로 된다고 인정하며, 이로부터 각지 사찰들을 중심으로 조국통일기원법회와 반전·평화를 위한 의례들이 수시로 진행되고 있다. 지난 1998년 1월 20일 묘향산 보현사에서 조선불교도연맹 중앙위원회와 각급 지방 조직의 교직자들, 각지 사찰의 주지들과 묘향산지구의 스님, 신도들이 모여 '조국평화통일기원법회'를 성대히 진행하고, 전쟁의 악을 자비의 선으로 짓누르고 통일이냐 분열이냐 하는 갈림길에 놓인 나라와 민족의 운명을 구원하기 위하여 애국애족의 본분을 다할 것을 서원한 것은 그 한 실례이다."[440]라고 한 것에서 나타나고 있다.

이러한 이념과 활동을 하고 있는 북한의 불교 조직은 "불교도들은 우리나라에서의 사회주의·공산주의 건설이 곧 현세에서의 지상 정토 건설로 된다는 인식 아래 국가사업과 경제관리 활동에 적극 참여하고 있다. 무엇보다도 최고인민회의로부터 지방인민회의에 이르기까지 각급 주권기관들에 불교도들도 대의원으로 선거되어 주권기관 사업에 참여하고 있으며, 불교도들의 신앙생활과 이익을 대변하고

....

440 「주체의 나라(1)」, 『우리나라 불교』(1989), p. 125.

있다. 조선불교도연맹 중앙위원회 위원장인 박태화 대선사는 최고 인민회의 대의원으로서 국가 정사에 직접 참가하고 있으며, 중앙과 지방의 수많은 연맹 교직자들과 승려들이 도ㆍ시ㆍ군 인민회의 대의원으로 활동하고 있다. 각지 사찰들에서 신앙생활을 하고 있는 승려들과 신도들은 사찰의 관리와 유지보수는 물론 약초 생산과 경제 건설에 대한 물질적 및 노력적 지원 등 여러 가지 방법으로 사회주의 경제 건설에 기여하고 있다."[441]에서도 볼 수 있듯이 불교가 국가 정책에 따른 조직사업과 활동을 한다는 것을 알 수 있다.

불교 교단과 신도들의 활동에 대해서 그것은 "불교도 매 개인들은 공민으로서의 동등한 자유와 권리를 가지고 아무런 제한 없이 사회정치 활동과 경제생활에 참여하며 법과 국가의 관심과 배려를 받으며 복된 생활을 향유하고 있다. 또한 우리나라 불교는 평화와 정의의 이념으로부터 반제ㆍ친선ㆍ단결을 위한 국제적 연대성 운동에 적극 참가하고 있으며, 불교 국제기구는 물론 여러 나라 불교 조직 및 단체들과의 친선 협조 및 교류 사업을 활발히 벌이고 있다. 각기 사찰들에서는 세계평화의 날, 인권옹호의 날 등 국제적인 날들에 즈음한 행사들과 전쟁을 반대하고 평화를 위한 국제기구와 조직 및 다른 나라들과 연대성 법회와 같은 행사들을 수시로 개최하고 있다."[442]고 한다.

또한 "우리나라에서의 불교도들의 모든 활동은 자기의 권익옹호

....
441 「주체의 나라(1)」, 『우리나라 불교』(1989), p. 125.
442 「주체의 나라(1)」, 『우리나라 불교』(1989), p. 125.

단체인 조선불교도연맹을 중심으로 하여 이루어진다. 연맹은 중앙위원회로부터 도·시·군에 이르기까지 정연한 조직체계가 서 있으며, 승려들과 신도들, 연맹원들은 이 체계에 구성되어 신앙생활과 사회활동을 하고 있다. 연맹은 불타의 평화와 평등의 이념에 따라 전쟁을 반대하고 평화를 수호하기 위한 아세아 지역 불교도들의 국제기구인 '아세아불교도평화회의'의 성원으로 적극 활동하고 있다. 또한 세계 각국 불교 조직과 단체들이 국제기구인 '세계불교협회'에 가입하여 이 기구의 지역 센터로 활동하고 있다."[443]고 밝히고 있다.

북한에서도 경전 번역과 승려 교육이 시행된다는 것에 대해서는 "나라의 관심하에 호국불교의 명맥을 잇기 위한 사업도 중시되고 있다. 3년제 불교 학원이 설립되어 해마다 불교 전문 교직자들과 승려들이 양성되는 등 도제 양성과 역경 사업이 순조로이 이루어지고 있다. 또한 고려 봉건국가에서 인쇄한 불교 경전의 총서인 팔만대장경(고려대장경) 원본을 해제한 것을 비롯하여 불교에 관한 과학 이론적 연구가 이루어지고 있다."[444]고 하면서 "묘향산 보현사의 보존고에 보관되어 있는 팔만대장경은 현재 세계에 남아 있는 여러 나라 대장경 가운데서도 가장 완비된 것으로 세계에 널리 알려져 있으며, 오늘 불교에 대한 연구에 중요한 사료적 가치를 지니고 있다. 여기에는 석가모니가 써놓은 불경으로부터 시작하여 그 후 인도, 중국, 조선의 불교학자들이 써놓은 불경책을 비롯, 6천7백여 권이 포함되어

....
443 「주체의 나라(1)」, 『우리나라 불교』(1989), pp. 125~126.
444 「주체의 나라(1)」, 『우리나라 불교』(1989), p. 127.

있다. 그 구성은 대체로 석가모니 교리를 기술한 법장(혹은 경장)과 그 제자들이 석가모니 교리를 해석해 놓은 논장, 그리고 불교의 계율을 써놓은 율장 등 크게 세 부분으로 되어 있다. 유능한 불교 학자들에 의해 이 팔만대장경 해제본은 이미 출판되었으며 불교 연구에 크게 이바지하고 있다."[445]고 소개하고 있다.

이처럼 북한의 지도자와 사회에서 불교를 보는 관점에 대해 "우리나라 불교는 이렇듯 공화국 정부의 올바른 종교 정책에 의해 독자적 교권·교리·교세를 가진 평등과 정의에 충실하고 조국 통일과 부강 조국 건설에 유익한 진보적인 종교로서의 참모습을, 호국불교의 전통을 계승하고 있는 것이다."[446]라고 평가하고 있다. 따라서 조국 통일과 부강 조국 건설에 앞장서고 있으며 호국불교의 전통을 계승하고 있다고 하였다.

그럼에도 북한의 종교 실태와 불교의 실제 역사를 감안해 보면, 북한 주민들은 반세기 동안 거의 종교의 혜택을 받지 못한 상태이다. 주민 대부분은 종교가 무엇인지도 알지 못한다. 또한 북한 주민들은 같은 지역 내에 있는 사찰이나 교회, 성당이라 하더라도 임의적으로 혼자서 참배하거나 종교의식에 거의 참여하지 않는다. 헌법상 종교적 행위를 보장하고 있지만, 북한 주민들의 종교 활동은 극히 제한적으로 이루어지거나 순수한 종교적 측면에서 이루어진다고 볼 수 없이 특정한 목적에 따라 동원되는 경우가 더 많다고 할 수 있

....
445 「주체의 나라(1)」, 『우리나라 불교』(1989), p. 127.
446 「주체의 나라(1)」, 『우리나라 불교』(1989), p. 127.

다. 사찰의 경우에는 버스 같은 대중교통 수단이 아주 열악한 데다, 더구나 개인적인 신행 생활을 하기 위해 산중 깊숙이 있는 사찰에 간다는 것은 불가능하다. 그러므로 남북한의 종교 문화 교류가 북한 주민들에게 종교의 필요성을 새롭게 느끼게 하고, 내적으로 축적되어 있는 종교심을 다시 확장할 수 있는 계기를 마련하는 데 중요한 방안이 된다고 할 수 있다.

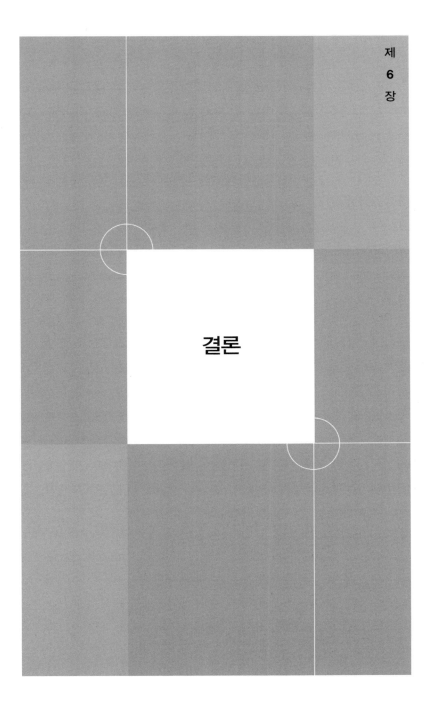

결론

조선왕조 봉건체제에서 민중의 삶과 민권을 향상시키기 위해 정치개혁을 주창한 것은 실학파의 실사구시와 김옥균을 중심으로 한 개혁당의 행동이었다. 척족 중심의 수구당과 외세 청국 세력을 제거하고 인민 평등권과 기본권을 보장하는 자주적 근대국가 수립을 도모했던 개화당의 개혁운동이 갑신정변을 일으켰으나 삼일천하로 끝나고 말았다. 개화당의 중심인물이었던 김옥균, 박영효, 홍영식 등은 유대치, 오경석 같은 불자 지도자와 이동인, 탁몽성 등 개화 승려들의 지도 아래 봉은사와 화계사, 백담사를 밀모처(아지트)로 하였다. 개화당은 우리나라에서 민중의 인권과 참정권, 계급 타파를 정치에 실현하고자 했던 최초의 민권운동이었다.

1910년 강제 항일 합방 이후 일제강점기에 항일 독립투쟁의 선봉에 선 일본 유학승과 혜화전문 학승들에게 사회주의가 대안으로 만연하기 시작하였다. 불교계의 항일 독립투쟁은 선학원을 거점으로 활발히 전개되었다. 민족주의 성향, 사회주의, 무정부주의 승려들의 중심은 만해 한용운이었다. 1921년 도쿄불교청년회의 김경주, 박성형, 서울불교청년회의 감사국, 우봉운, 이종천 등이 사회주의 학승으로 활발히 활동하였다. 운암 김성숙은 김원봉과 함께 사회주의, 무정부주의자로서 의열단원이었고 상하이임시정부와 국내외를 넘나들며 항일투쟁을 하였다. 1930년대 혜화전문학교 학승 중심의 민족주의 성향의 김법린 등은 비밀결사 만당(卍黨)을 조직하여 활동하였는바, 그 중심 지도자는 만해 한용운 스님이었다.

1945년 해방 후 각계각층의 수많은 정치조직이 난립하였을 때 사회주의 승려들의 활동도 활발하였다. 불교 사회주의를 주장하는 선리참구원(선학원), 혁명불교도동맹, 조선불교혁신회, 불교청년당, 불교여성총동맹, 선우부인회, 재남이북승려회 등 7개 불교 단체가 모여 불교혁신총연맹(위원장 장상봉, 부위원장 김용담(만해 상좌))을 결성하였고, 친일 청산과 불교 혁신, 불교 대중화, 미신 타파를 주장하였다. 사회주의 승려들이 구체적으로 드러난 것은 김구, 김규식이 참석한 1946년 4월과 8월에 평양과 해주에서 열린 '전조선 제정당 사회단체 연석회의'에 동참한 승려들로부터 비롯된 것이다.

이들은 김용달, 김해진, 장산봉, 곽서순과 이부열, 한보국(만해 아들) 등이었다. 연석회의에는 남북한 56개 정당과 사회단체가 참석하였고 불교 단체로는 북한에서 북조선불교연합회(회장 김세률), 남한에서 전국불교도연맹(위원장 김용담), 불교청년당(위원장 백석기)이었다. 이들은 1946년 12월 26일 북조선불교도총연맹(1972년에 조선불교도연맹 중앙위원회로 개칭) 결성 시 대부분 상무위원으로 취임하여 북한 불교계를 이끌었다. 한국전쟁 이전에 56명의 사회주의 성향의 승려가 월북하였다. 이 중 김용담 등 사회주의 승려 일부가 북한에 잔류하였다가 6·25 한국전쟁 시기에 서울로 넘어와 태고사(현 조계사)를 점거하고 남조선불교도연맹(위원장 김용담—만해 스님 상좌)을 창립하여 9·28 수복까지 90여 일간 인민군 지원, 사상교육 등을 펼쳤다.

이렇게 불교계 사회주의 승려들이 결합되어 조선민주주의인민공화국, 즉 북한이 탄생하였다. 북한은 절대적인 지도자들로 남북 분단 70년 동안 북한을 통치해 온 김일성 주석과 그의 아들 김정일 국방위원장이 1994년 7월 8일과 2012년 12월 17일 각기 사망하였고, 지금은 김일성 주석의 손자인 김정은 국무위원장의 3대 세습 정권이 통치하고 있다. 북한은 오늘날 김일성—김정일 주의, 즉 주체사상으로 '민족 자주 사회주의'를 건설하는 이념적 토대를 구축했고, 이를 통한 북한 사회의 집단화로 북한의 종교는 사회주의 건설을 위해 복무하는 인민 단체조직으로 국가와 종속적 관계에 있다.

1948년에 제정되어 14차례 개정된 북한 헌법에서 인민은 종교의 자유를 보장받지만, 그 자유에는 한계점이 분명하다. 종교를 미신과 동일 선상에 두고, 미신을 타파한다는 명목으로 종교에 대한 각종 규제를 가했다. 이로 인해 종교인들은 숙청당하거나, 월남하거나 북한 체제에 순응할 수밖에 없었다.

북한의 종교는 1988년을 기점으로 새 과제를 맞았는데, 바로 개방과 자립이다. 개방은 해외동포와 남한 종교계와의 실질적 교류를 의미하였고, 자립은 당과 법으로부터 공식 인정받은 종교 단체로서 조직을 정비하는 것을 의미한다. 이는 종교가 외세 개입의 주요한 매개체 혹은 체제에 위협을 줄 요소가 아니라는 내부 진단이 있었기 때문이다. 즉, 북한 정권의 기반이 확고해져 북한의 종교를 체제 내에서 나름대로 인정한 것이다.

그동안 북한 정권은 구소련이나 중국처럼 종교를 계급투쟁의 대상으로 보았다. 불교, 유교, 그리고 도교 등의 우리나라 전통 종교는 모두 반동적이고 착취 계급을 위해서 복무하는 것으로 결론지어 왔다. 기독교 등에 대해서는 서구 자본주의의 침략의 첨병이거나 미제국주의의 앞잡이 등으로 규정하고 인민들에게 교육해 왔기 때문에 그 한계 상황의 틀을 벗어날 수 없었다.

하지만 1960년대부터 조금씩 실행되어 온 북한의 신종교 정책이 1980년대를 기점으로 본격적으로 추진되었다. 본질적으로 사회주의 건설 이념에 따라 종교를 궁극적으로 소멸시키려는 의도이지만, 인민들 속에 종교가 엄연하게 존재하는 현실에서 애국적 활용 및 제한적 인정의 신종교 정책은 의도와 달리 종교의 활동 폭을 넓히는 방향으로 변화되어 왔다. 현재 중국에서처럼 제한적이지만 종교 활동이 보장된다면 전통적인 애국 종교인 불교는 남북 교류와 협력에 따라 지속적으로 발전될 가능성이 높다. 따라서 이는 남과 북의 이념적 틀을 극복하는 사회문화적 종교 교류의 커다란 의미를 제시하는 것이기도 하다.

현재 조불련은 조선노동당의 통일전선부 6국의 지도를 받으며, 또한 조국전선중앙위원회 제6국에 속한다. 북한 종교 단체의 활동은 사회안전부의 소관사업으로 1962년부터 운영되고 있다. 조불련은 중앙위원회에서 업무 전체를 관장하며, 서기국에서 각 업무를 조율해 시행한다. 별도 기구로는 승려 대상 교육기관인 불교학원이 있고, 법계자격고시위원회가 있다. 이 두 기관은 평양시의 모란봉구역 흥부동에 있는 조불련 청사에 있다.

서기국은 조불련의 사무행정을 총괄하는 조직인 만큼 다양한 하부 부서를 갖는다. 경리부, 교육부(교양부에서 개칭), 국제부, 조직부, 포교부(신설) 등 5개 부서다. 현재 조불련에는 강수린 위원장과 연암 리규룡 부위원장, 소명 차금철 서기장 등이 주요 임원이다. 각 부서의 담당자는 리승한 교육부장, 한성기 국제부장과 혜안 리영호, 그리고 청담 류인명 책임부원 등이 활동한다. 차금철 서기장은 원불교 관련 업무를 2004년부터 담당하고 있다.

북한의 지역별 불교 조직은 시ㆍ군 위원회 명칭으로 전국에 있다. 총 10개의 시ㆍ도당 위원회와 각 시ㆍ군에 50개의 위원회가 있다. 조불련은 2003년에 신설한 조불련 전국신도회가 신도 조직과 조직의 구성과 운영을 주도하며, 조불련의 서기국과 협의하며 각 교류 행사를 진행한다. 조불련 전국신도회는 회장, 부회장, 위원의 관리직과 일반 신도로 조직을 구성하고 있다. 특히 운무 라영식 회장과 안심행 리현숙 부회장은 전국신도회의 중심이며, 이외에도 선죽 리명희 위원이나 신정애 위원, 성각 정영호 평양시 신도회 회장이 주로 활동한다.

조불련의 주요 업무는 첫째, 남한을 포함한 제3국과의 종교와 교류하는 것이다. 조불련은 남한 불교계를 비롯한 국제 불교계와 교류 협력하는 북한불교의 공식 조직이다. 둘째, 북한불교의 정체성을 유지하는 것이다. 이를 위해 불학원 등을 통해 승려 교육을 진행하는 것이다. 셋째, 민족 문화유산으로 사찰 관리를 수행하는 것이다.

이제 우리는 종교를 북한 사회의 한 부문으로 이해해야 한다. 조선불교도연맹의 조직과 역할을 재조명함으로써 향후 남북한의 종교교류가 정상화되기 위해 북한 종교에 대한 연구들을 풍부화시켜야 한다. 뿐만 아니라 사학과 인문학, 정치학 등의 역사적 연구 성과들을 바탕으로 북한이 자신들의 사회주의 체제와 종교가 공존할 수 있다는 것에 대해서 안심할 수 있도록 발전된 내용을 제공해서 북한에서 종교 생활이 실질적으로 자유롭게 자리할 수 있도록 해야 한다.

〈표 6-1〉 북한불교 현황 요약

> 1) 해방 직후 : 31본산 1793개 사찰 중 9개 대본산 540여 개 사찰,
>   승려 1,600여 명, 신도 38만 명
> 2) 현재 : 약 68~70개 사찰, 300여 명 스님, 신도 1만 명
> 3) 종단 : 조선불교도연맹 중앙위원회(위원장 : 지성 강수린)
> 4) 사찰의 기능
>   ① 문화재, 전통문화 보전, 전통 건축(주체)
>   ② 인민 휴식 공간
>   ③ 관광자원
>   ④ 종교 자유의 증거
> 5) 승려 : 기혼승, 장발 · 일부 삭발(보현사), 평상시 양복 착용
>   가사 : 홍가사, 장삼 : 검은 옛 양복
> 6) 의식 : 석문의범
> 7) 종단 성격 : 조계종과 유사
> 8) 조불련 스님들은 모두 결혼한 대처승이며, 비구니(여승)는 없다.
> 9) 8만대장경 완역 : 25권 해제본을 1992년 15권으로 재발간,
>   남한에 보급되었음.

참고 문헌

1. 국내 문헌

가. 단행본

강기희 역, 『붓다의 마지막 여로』, 서울 : 민족사, 2003.

경남대학교 북한대학원 편, 『남북한 관계론』, 파주 : 한울아카데미, 2005.

──────────, 『북한연구방법론』, 파주 : 한울아카데미, 2005.

고태우, 『북한의 종교 정책』, 서울 : 민족문화사, 1989.(약호 : N.R.K)

고태우, 『북한사 100장면』, 서울 : 가람기획, 1996.

국토통일원, 『북한의 종교 실태』, 서울 : 국토통일원, 1981.

국토통일원, 『북한의 종교 정책』, 서울 : 국토통일원, 1989.

김갑철 · 고성준, 『주체사상과 북한사회주의』, 일산 : 문우사, 1988.(약호 : 김갑철)

김광식, 『한국 근대불교의 현실인식』, 민족사학술총서 42, 서울 : 민족사, 1998.

김병로, 『북한 종교 정책의 변화와 종교 실태』, 서울 : 통일연구원, 2002.

김흥수 · 류대영, 『북한 종교의 새로운 이해』, 서울 : 다산글방, 2002.

김희태 · 정베드로, 『박해 : 북한 지하교회의 실상』, 서울 : 북한정의연대, 2013.

내외통신사 편, 『내외통신』 제322호(1983.03.11.), 서울 : 내외통신사, 1983.

동국대학교 불교문화연구원, 『북한불교의 이해』, 서울 : 인문한국 연구단, 2013.

라미경 · 길병옥 외, 『통일정책연구』, 서울 : 통일연구원, 2005.

레닌, 김탁 역, 「사회주의와 종교」, 『레닌 저작집 3-3』, 서울 : 전진출판사, 1990.

류성민, 『김정일 이후의 북한선교』, 서울 : 모퉁이돌선교회, 2008.

문장순, 『북한 종교의 이해』, 서울 : 도서출판 대명, 2007.

민주평화통일자문회의, 『진실된 결합을 모색하는 통일논의 리뷰』, 서울 : 민주평화통일자문회의 사무처, 2004.

박승덕, 『기독교와 주체사상』, 서울 : 신앙과 지성사, 1993.

―――, 「기독교에 대하는 주체사상의 새로운 관점」, 『기독교와 주체사상』, 서울 : 신앙과 지성사, 1993.

박영규, 『남북한 통합과 통일인프라 확장 방안』, 서울 : 통일연구원, 2005.

박영호 외, 『통일 시나리오와 통일 과정상의 정책 추진 방안 : 이론적 모델과 전문가 인식 조사』, 서울 : 통일연구원, 2002.

―――, 『한반도 평화정착 추진 전략』, 서울 : 통일연구원, 2003.

박완신, 『북한종교와 선교통일론』, 서울 : 지구문화사, 1996.

박종철 외, 『평화번영정책의 이론적 기초와 과제』, 서울 : 통일연구원, 2003.

북미주 기독학자회, 『기독교와 주체사상』, 서울 : 신앙과 지성사, 1993.

북한연구소, 『북한총람(1945~1982)』, 서울 : 북한연구소, 1983.

―――, 『북한총람(1983~2002)』, 서울 : 북한연구소, 2003.

―――, 『북한총람(2003~2010)』, 서울 : 북한연구소, 2011.

―――, 『북한』, 68·73·82·95·98·102·122·137·141호, 90년 7월호, 서울 : 북한연구소.

(사)좋은벗들, 『북한식량난과 북한인권』, 서울 : 좋은벗들 북한연구소, 2004.

사회와 사상 편집위원회 편, 『사회와 사상』 12월호, 서울 : 한길사, 1989.

서재진, 『북한의 맑스-레닌주의와 주체사상 비교연구』, 서울 : 통일연구원, 2002.

신광수(법타), 『북한불교연구』, 서울 : 민족사, 2003.

──────, 『북한불교답사기』, 서울 : 민족사, 1998.

──────, 『(사)조국평화통일 불교협회 : 평불협 10돌 백서』, 서울 : 여래기획, 2002.

신광수(법타) · 차종환, 『21세기를 맞는 오늘의 북한』, 서울 : 양동출판사, 2005.

이금순, 『대북인도적 지원의 영향력 분석』, 서울 : 통일연구원, 2003.

역사문제연구소, 『역사비평』계간 2호, 서울 : 역사비평사, 1988.

윤여상 · 한선영 · 윤중근, 『2014 북한 종교 자유 백서』, 서울 : 북한인권정보센터, 2014.

윤여상 외, 『2014 북한 종교 자유 백서』, 서울 : 북한인권정보센터, 2014.

이서행 · 신광수(법타) 외, 『한국정신문화원 편 : 남북 사회문화 교류와 북한의 한국학』, 서울 : 백산서당, 2004.

이우영 · 조한혜정 외, 『탈분단 시대를 열며』, 서울 : 삼인, 2000.

임순희, 『조선녀성 분석』, 서울 : 통일연구원, 2003.

임혜봉, 『일제하 불교계의 항일운동』, 서울 : 민족사, 2001.

정태혁, 『북한의 불교』, 서울 : 국토통일원, 1979.

──────, 『북한의 종교』, 서울 : 국토통일원, 1979.

──────, 『불교와 공산주의』, 서울 : 국토통일원, 1979.

조광, 「북한의 종교 현황과 종교적 심성」, 『민족의 화해를 향하여』, 서울 : 새남, 1996.

조민, 『평화통일의 이상과 현실』, 서울 : 백산서당, 2004.

존 물리뉴, 천형석 역, 『중요한 것은 세계를 변화시키는 것이다 : 마르크스주의 철학 입문』, 서울 : 책갈피, 2013.

내외통신사 편, 「최근 북한의 종교 실태와 정책」, 『내외통신』 제627호(1989.02.17), 서울 : 내외통신사, 1989.

통일부, 『2005 북한이해』, 서울 : 통일부, 2005.

──────, 『2008 북한이해』, 서울 : 통일부, 2008.

──────, 『2009 북한이해』, 서울 : 통일부, 2009.

———,『2013 북한이해』, 서울 : 통일부, 2013.

———,『2010 통일백서』, 서울 : 통일부, 2010.

———,『2012 통일백서』, 서울 : 통일부, 2012.

———,『2013 통일백서』, 서울 : 통일부, 2013.

———,『2015 통일백서』, 서울 : 통일부, 2015.

통일부 교류협력국 편,『월간 남북교류협력 및 인도적사업 동향』, 서울 : 통
　　　일부 교류협력국, 2001.

―――――――――,『월간 남북교류협력 및 인도적사업 동향』, 서울 : 통
　　　일부 교류협력국, 2003.01~2005.11.

―――――――――,『월간 남북교류협력 동향』171호, 서울 : 통일부 교
　　　류협력국, 2005.

통일부 통일교육원 편,『자주 묻는 통일이야기 50』, 서울 : 통일부 통일교
　　　육원, 2009.

통일부 통일교육원 연구개발과 편,『통일문답』, 서울 : 통일부 통일교육원,
　　　2003.

통일부 통일정책실 편,『통일백서』, 서울 : 양동문화사, 2005.

하종필,『북한의 종교문화』, 서울 : 선인, 2003.

———,『남북한 종교통합 방안』, 서울 : 선인, 2005.

한국정신문화연구원 편,『북한의 실상』, 서울 : 고려원, 1986.

홍사성,『북한불교의 재인식』, 서울 : 월간불교사, 1989.

황병덕 외,『국제적 통일역량 강화 방안』, 서울 : 통일연구원, 2003.

E.베비 외,『북한연구방법론』, 서울 : 북한대학원대학교, 2005.

나. 연구논문

고태우,「북한의 불교」,『북한학보』13집, 서울 : 북한연구소 · 북한학회,
　　　1989.(약호 : 북한학보 13집)

김규일,「북한의 종교 정책 변화를 통해 본 북한선교의 전략에 대한 연구」,

아세아신학대학 대학원 석사논문, 2006.

김원곤, 「세계화시대 북한의 종교 정책과 종교 자유에 관한 연구」, 『선교신학』 제26집, 서울 : 한국선교신학회, 2011.

김홍수, 「북한종교의 변화와 사회적 환경」, 『종교연구』 제32집, 성남 : 한국종교연구, 2003.

남궁경, 「북한의 종교 정책과 장충성당의 건립」, 가톨릭대학교대학원 석사논문, 2001.

북한연구소, 「부처님 자비가 북녘에도 깃들기를」, 『북한』, 서울 : 북한연구소, 1950.

신광수(법타), 「남북한 불교 교류를 위한 제언」, 『현대불교』, 서울 : 현대불교사, 1990.

─────, 「사찰 방문에서 나타난 북한 현지지도사업의 특성과 종교정책의 변화」, 『북한학연구』 Vol. 13, No. 1, 서울 : 동국대 북한학연구소, 2017.

윤진숙, 「종교의 자유의 의미와 한계에 대한 고찰」, 『법학연구』 제20권 제2호, 서울 : 연세대 법학연구원, 2010.

조성열, 「북한불교의 특징과 성격」, 『북한학연구』 제6권 제2호, 서울 : 동국대 북한학연구소, 2010.

최영호, 「주체사상에 대하여」, 『역사비평』 계간 2호, 서울 : 역사연구소, 1988.

최희숙, 「북한 종교 정책의 변화 전망」, 이화여대 대학원 북한학협동과정 석사논문, 2003.

다. 기타 자료 : 신문기사, 잡지

국민일보, 「지난 7월 평양 봉수교회서 설교, 최재영 목사가 전하는 北 종교 실상」(2013.10.24.)

노컷뉴스, 「北, 칠골교회 리모델링… '새 모습 드러내'」(2014.07.25.)

노컷뉴스, 「통일부, 조계종 금강산 신계사 방문 허용」(2013.10.11.)

데일리NK, 「통일부, 북 종교 단체 외화벌이 수단 불과」(2011.09.20.)

데일리NK, 「김정은 시대, 종교 자유 더 악화… 지하교회 타격」(2012.01.04.)

데일리NK, 「북, 가혹한 탄압 속에서도 종교인 꾸준히 늘어」(2012.06.28.)

데일리NK, 「남북 불교계 잇달아 접촉」(2012.10.23.)

불교닷컴, 「북한 지역 현존 사찰은 64곳」(2010.01.05.)

불교닷컴, 「북한불교는 살아 있다」(2012.02.20.)

연합뉴스, 「北, 첫 러시아정교회 교회당 완공」(2006.08.13.)

연합뉴스, 「김정일 사후 평양 러 정교회 성당서도 추도식」(2011.11.26.)

이정, 「북한의 사찰과 문화재」, 『불교평론』 5호, 서울 : 만해사상 실천선양
　　회, 2000.

이지범, 「북한불교의 역사」, 불교닷컴 칼럼(2012.05.01.)

이지범, 「북한의 불교교육기관」, 불교닷컴 칼럼(2012.07.03.)

중앙일보, 「푸틴, 소련 건설한 레닌 맹비난」(2016.01.26.)

천지일보, 「북한, 종교탄압 개선될 기미 거의 없다」(2011.07.12.)

크리스천투데이, 「방북한 7대종단대표, 남북종교인교류 정례화」
　　(2011.09.27.)

프레시안, 「러시아정교회가 스탈린을 높이 평가하는 까닭?」(2017.12.03.)

한국일보, 「남북 불교, 금강산 신계사서 통일기원 법회」(2013.10.13.)

헤럴드경제, 「불교, 기독교 등 남북 종교계 잇단 만남」(2014.06.29.)

2. 북한 문헌

가. 단행본

강근조 · 최경혜, 『평양의 어제와 오늘』, 평양 : 사회과학출판사, 1986.

강운빈, 『주체사상의 창시와 역사적 의미』, 평양 : 사회과학출판사, 1983.

강충희, 『조국통일 3대 공조』, 평양 : 평양출판사, 2005.

강충희 · 원영수, 『6 · 15자주통일시대』, 평양 : 평양출판사, 2005.

고림, 『주체철학입문』, 도쿄 : 구월서방, 1988.

———, 『주체철학입문』, 도쿄 : 구월서방, 1989.

『금강산 안내도』, 조선평양, 1989.

김영, 『선군정치와 조국통일』, 평양 : 평양출판사, 2004.

김인옥, 『김정일 장군 선군정치리론』, 평양 : 평양출판사, 2005.

김일성, 『김일성 저작집 45 : 회고록 「세기와 더불어 1」(1912.04~1930.
05)』, 평양 : 조선로동당출판사, 1996.

———, 『세기와 더불어 제1권』, 평양 : 조선로동당 출판사, 1992.

———, 『세기와 더불어 제2권』, 평양 : 조선로동당 출판사, 1992.

———, 『세기와 더불어 제3권』, 평양 : 조선로동당 출판사, 1992.

———, 『세기와 더불어 제4권』, 평양 : 조선로동당 출판사, 1993.

———, 『세기와 더불어 제5권』, 평양 : 조선로동당 출판사, 1994.

———, 『온 사회를 주체사상화하기 위한 인민정권의 과업』, 평양 : 삼학사,
1982.

———, 「우리 민족의 대단결을 이룩하자」, 『조선중앙년감(1992)』, 평양 :
조선중앙통신사, 1992.

———, 『조국의 자주적 평화통일 방침』, 평양 : 조국통일사, 1974.

———, 『주체사상을 구현하기 위한 조선인민의 투쟁에 대하여』, 평양 : 조
선노동당출판사, 1983.

———, 『주체의 혁명적 가치를 높이 들고 사회주의, 공산주의 위업을 끝까
지 완성하자』, 평양 : 조선노동당출판사, 1988.

김정일, 『맑스레닌주의와 주체사상의 기치를 높이 들고 나아가자』, 평양 :
조선노동당출판사, 1984.

———, 『주체사상에 대하여』, 평양 : 조선노동당출판사, 1982.

———, 『주체의 혁명관을 튼튼히 세울 데 대하여』, 도쿄 : 재일본조선인총
연합회중앙상임위원회, 1988.

———, 『쿠바신문 그란마 사장이 제기한 질문에 대한 대답』, 평양 : 조선노
동당출판사, 1989.

김재호,『김정일 강성대국 건설전략』, 평양 : 평양출판사, 2000.

김철우,『김정일 장군의 선군정치』, 평양 : 평양출판사, 2000.

김철희,『주체의 인생관』, 평양 : 사회과학출판사, 1984.

───,『주체의 인생관』, 평양 : 사회과학출판사, 1988.

류연식 · 로남,『금수강산 우리조국』, 평양 : 사회과학출판사, 1986.

리용준,『천하명승 금강산』, 평양 : 조선사회과학출판사, 1989.

『묘향산 안내도』, 조선평양, 1989.

박득준,『조선근대교육사』, 평양 : 사회과학출판사, 1988

박용곤 · 김화효,『주체사상 입문』, 도쿄 : 구월서방, 1989.

송국현,『세계의 김정일』, 평양 : 평양출판사, 2001.

송승환,『우리민족제일주의와 조국통일』, 평양 : 평양출판사, 2004.

심병철,『조국통일문제 100문 100답』, 평양 : 평양출판사, 2003.

심상진,『불교도들의 참다운 삶』, 평양 : 조선불교도련맹 중앙위원회, 2001.

오익제,『현세의 한울림』, 평양 : 평양출판사, 1999.

윤성식,『자주통일의 기치 따라』, 평양 : 평양출판사, 2004.

일본조선연구소,『조선민주주의인민공화국 국민경제발전 통계집(1946~
        1960)』, 평양 : 외국문출판사, 1961.

장석,『김정일 장군 조국통일론연구』, 평양 : 평양출판사, 2001.

정인덕 · 리형민,『21세기 태양찬가』, 평양 : 평양출판사, 2005.

정하철,『우리는 왜 종교를 반대하는가』, 평양 : 조선노동당, 1959.

『정치사전』, 평양 : 조선사회과학출판사, 1973.

조선로동당중앙위원회직속 당력사연구소,『김일성 저작선집』1 · 2 · 5 ·
        30권, 평양 : 조선로동당출판사.

조선민주주의인민공화국 사회과학원 력사연구소,『력사사전』, 사회과학원
        역사연구소(일본 도쿄 학우서방 번각 발행), 1972.

────────────────────,『력사사전』, 평양 : 사회
        과학원출판부, 1973.

조선사회과학원 철학연구소,『철학사전』, 서울 : 도서출판 힘, 1988.

조선사회과학원 역사연구소, 『조선통사』, 서울 : 도서출판 오월, 1988.

외조총련, 『조선화보』, 도쿄 : 조선화보사, 1988. 11.(일어판)

조선중앙통신사, 『조선중앙년감(1950)』, 평양 : 조선중앙통신사, 1950.

───, 『조선중앙연감(1982)』, 평양 : 조선중앙통신사, 1982.

───, 『조선중앙연감(1983)』, 평양 : 조선중앙통신사, 1983.

───, 『조선중앙연감(1984)』, 평양 : 조선중앙통신사, 1984.

───, 『조선중앙연감(1985)』, 평양 : 조선중앙통신사, 1985.

───, 『조선중앙년감(1992)』, 평양 : 조선중앙통신사, 1992.

───, 『조선중앙연감(2001)』, 평양 : 조선중앙통신사, 2001.

───, 『조선중앙연감(2002)』, 평양 : 조선중앙통신사, 2002.

───, 『조선중앙연감(2003)』, 평양 : 조선중앙통신사, 2003.

───, 『조선중앙연감(2004)』, 평양 : 조선중앙통신사, 2004.

조성백, 『세계를 매혹시키는 김정일 정치』, 평양 : 평양출판사, 1999.

지승철 외, 『대성산 일대의 유적을 통하여 본 고구려의 강성 과학백과』, 평
양 : 과학백과사전출판사, 2005.

최기환, 『영원한 태양 김일성 주석』, 평양 : 평양출판사, 2002.

───, 『6 · 15시대와 민족종교』, 평양 : 평양출판사, 2005.

최봉익, 『조선철학사 개요』, 평양 : 사회과학출판사, 1986(서울 : 한마당 재
판, 1989).

조선불교도연맹 중앙위원회, 『태양의 따사로운 품』, 평양 : 조선불교도연맹
중앙위원회 평양인쇄공장, 1995.

통일문학편집부 편, 『통일이 보인다』, 평양 : 평양출판사, 2005.

평양사회과학역사연구소 편, 『발해사』, 서울 : 한마당, 1989.(『조선전사』 제
5권 발해사 전제, 과학백과사전출판사, 1979)

평양출판사 편, 『주체의 나라 1호』, 평양 : 평양출판사, 1989.

한석봉 외, 『우리나라 불교 주체의 나라 1권』, 평양 : 평양출판사, 1989.

허종호, 『주체사상에 기초한 남조선혁명과 조국통일 리론』, 평양 : 사회과
학출판사, 1975.

홍정자, 『하나는 전체를 위하여 전체는 하나를 위하여』, 평양 : 평양출판사, 2004.

Buddhist Temples in D.P.R.K, "Published by The Central Committe of the Korea Buddhist Federation D.P.R.K.", 1989.

KIM, JONG IL, 『Brief History』, 평양 : 외국문출판사, 2000.

──────────, 『On the Juche idea of on Party』, 평양 : 외국문출판사, 1985.

JO, Song Baek, 『The Leadershyo philosophy of KIM. JONG. IL』, 평양 : 외국문출판사, 1999.

3. 외국문헌

가. 단행본

서정균, 「주체사상의 창시」, 『조국』 3, 4월호, 미국 조국통일 미주협회, 1989.

미국 조국통일 미주협회 편, 『조국』 창간호~26호(7, 8월호), 미국 조국통일 미주협회, 1989.

미주현대불교 편, 『미주현대불교』, 뉴욕 : 미주현대불교, 1990.02.

일본조선총연맹 편, 『조선화보』 9, 10월호, 도쿄 : 조선화보사, 1989.

탁진 김강일 · 박홍제, 『김정일 지도자』 제2부, 도쿄 : 동방사, 1984.

井上周入, 『現代朝鮮(金正日 秘書)』, 도쿄 : 응산각출판사, 1983.

나. 기타 자료 : 신문

자유아시아방송(RFA), 「'2014 세계 박해 순위' 북한 1위」(2014.01.14.)

자유아시아방송(RFA), 「소련과 사회주의국가의 종교탄압」(2018.07.10.)

習近平, 全國宗敎工作會議上的講話, 發展中國特色社會主義宗敎理論全面提高新形勢下宗敎工作水平(人民網, 2016.04.24.)

ABSTRACT

A Study on the North Korean Buddhism Federation

Shin Kwang—su(Buddhist name 'Beopta')
Department of North Korean Studies
Graduate School of Dongguk University

In the Joseon Dynasty feudal system, the Reform Movement of the Kaewang Party, which promoted the establishment of an independent modern state to guarantee people's equal rights and basic rights, caused a sudden change, but ended three days later. Kim Ok—gyun, Park Young—hyo, and Hong Young—sik, the main figures of the Gaehwa Party, made Bongeunsa, Hwagyesa, and Baekdamsa under the guidance of Buddhist leaders such as Yu Dae—chi, Oh Kyung—seok, Lee Dong—in, and Tak Mong—seong. After the forced colonization of Korea by Japan, socialism began to prevail as an alternative to Korean monks in Japan and to Hyehwa Buddhist college students who were at the forefront of the Japanese independence struggle.

The anti—Japanese independence struggle of the Buddhist world was actively developed based on Sunhak Institute. Manhae Han Yong—un was at the center of the nationalist, socialist, and anarchist monks. In the 1930s, Kim Hae—rin, a nationalist tendency in Hyehwa Buddhist College, organized the Mandang, a secret association organization. The red monk Unam Kim Seong—sook, along with Kim Won–bong, was a member of heroic corps as the Socialist and Anarchist and they fought against the Provisional Government of Shanghai in China and both at home and abroad.

After the liberation in 1945, many political organizations from all walks of life were active. The Socialistic Buddhism Innovation Federation consisted of Chairman Jang Sang–bong and Vice–Chairman Kim Yong–dam (Deputy of Manhae) insisted on pro–Japanese settlement, Buddhist innovation, Buddhist popularization, and superstition. In April and August 1946, when Kim Gu and Kim Gyu–sik attended, they participated in the Chosun Party–Social Organization Curriculum in Pyongyang and Haju. Prior to the Korean War, 56 socialist monks had defected to North Korea, they played a pivotal role in establishing the North Korean government. The North Chosun Buddhist General Federation was established on December 26, 1946 and started supervising all of the Buddhist activities in the Democratic People's Republic of Korea.

However, With Kim Jong–un taking the helm of the communist regime, North Korean leadership shows a hereditary succession of the three generation from Kim Il–sung since its foundation in 1948. North Korea has established an ideological foundation for building "national independence socialism" through Kim Il Sung–Kim Jong Ilism, or Juche idea. This allowed religion to play the role of a social group serving in the construction of socialism, based on the collectivization of society. In other words, religion is subordinate to the state. The North Korean regime, like the former Soviet Union and China, viewed religion as a target of class struggle. Traditional Korean religions, such as Buddhism, Confucianism, and Taoism, as well as Christianity, have all concluded that they are reactive and serve the exploited class. Religion was thus subject to oppression.

North Korea's new religious policy, which has been gradually implemented since the 1960s, was promoted in earnest from the 1980s. North Korea, in essence, intends to ultimately exterminate religion in accordance with the socialist construction ideology, but in the reality that religion is strictly present among the people, the new religion policy of patriotic use and limited recognition is progressively pursued like the former Soviet Union and China. This is, of course, because of the internal diagnosis by the North Korean authorities that religion is not a threat to the major vehicle or regime of foreign intervention. In other words, the foundation of the regime was firmly established, and North Korea's religion was recognized within its regime.

However, in the former Soviet Union and China, the new religious policy has been changed in a way that expands the activities of religion, contrary to intention. Currently limited, like China, if religious activity is guaranteed, traditional patriotic religion, Buddhism, is likely to continue to develop through inter-Korean exchanges and cooperation. This also suggests the great meaning of socio-cultural religious exchange that overcomes the ideological framework of North and South.

The North Choson Buddhist General Federation(hereafter Chobulyon), which was renamed in 1972, currently has about 10,000 believers, about 300 registered monks and 68 jurisdictions. Chairman Kang Soo-rin, who was elected as the sixth chairman in November 2012, is conducting a national-wide organizational project, and is training monks through a Chobulyon-affiliated organization called Bulhakwon.

Since May 1988, North Korean monks have held regular rituals at the four major Buddhist holidays, including Buddha's Day and Nirvana, and they hold traditional red lyrics on black or gray Jangsam at various events. Chobulyon's main task is to firstly to exchange with religion with third countries, including South Korea, since Chobulyon is the official organization of North Korean Buddhism and cooperates with South Korean Buddhists and international Buddhists, secondly to maintain the identity of North Korean Buddhism by educating monks through Bulhakwon, and thirdly to manage temples as a national cultural heritage.

It is very crucial to understand religion as a part of North Korean society. By reexamining the organization and role of the Korean Buddhism Federation, the sufficient research of North Korean religion is needed in order to normalize religious exchange between the two Koreas.

In addition, based on historical research such as history, humanities, and political science, it is necessary to make North Korea aware that their socialist system and religion can coexist. This will play an important role in the practical freedom of religious life in North Korea. Therefore, This paper is predicated on the notion that the relation between religion and peaceful unification of the Korean Peninsula.

Key words: North Korean Religion, North Korean Buddhism, Korean Buddhism Federation, Inter−Korean Buddhist Exchange, Inter−Korean Religious Exchange

북한불교 백서

—조선불교도연맹을 해부하다

초판 1쇄 찍음 2020년 10월 14일
초판 2쇄 펴냄 2022년 3월 28일

지 은 이   중화 법타
발 행 인   정지현
편 집 인   박주혜

대   표   남배현
기   획   모지희
마 케 팅   조동규, 김관영, 조용, 김지현
구입문의   불교전문서점 향전(www.jbbook.co.kr) 02-2031-2070
펴 낸 곳   (주)조계종출판사
           서울 종로구 삼봉로 81 두산위브파빌리온 831호
           전화 02-720-6107 | 팩스 02-733-6708
           출판등록 제2007-000078호(2007. 04. 27.)

ⓒ 중화 법타, 2020

ISBN 979-11-5580-146-8 93220